AF241046

HISTORIQUE

DU

1er Corps de Cavalerie

Historique

du

1er Corps de Cavalerie

(Mars 1917 – Décembre 1918)

RÉDIGÉ

Sous la haute direction du Général FÉRAUD

PAR LE

Colonel BOUCHERIE

Préface par le Général de MITRY

CHARLES-LAVAUZELLE & CIE

Éditeurs militaires

PARIS, Boulevard Saint-Germain, 124

LIMOGES, 62, Avenue Baudin | 53, Rue Stanislas, NANCY

Mon cher Boucherie,

En acceptant de présenter au lecteur l'*Historique des opérations du* 1er *corps de cavalerie en
1917 et 1918*, j'ai tenu d'abord à donner à son
auteur, qui fut, au début de la guerre, un de mes
plus habiles et de mes plus dévoués collaborateurs,
une marque de mon amicale reconnaissance ; mais
j'ai voulu surtout saisir l'occasion que vous m'of-
friez de glorifier notre cavalerie, dans laquelle
j'eus l'insigne honneur d'exercer pendant deux
ans un important commandement, et de lui apporter le témoignage public de mon admiration pour
le dévouement, l'ardeur et l'esprit de discipline
qu'elle ne cessa de manifester pendant toute la
guerre, et sous l'empire desquels, aux heures critiques de 1914, de 1917 et de 1918, elle sut fournir
les efforts incomparables qui lui furent demandés.

Généralement inconscients, à l'ouverture des hostilités, des destinées que devaient leur réserver la
puissance et la précision toujours croissantes du
feu, vivant sous l'impression de souvenirs d'un
autre siècle, ne rêvant que chevauchées audacieuses, chocs légendaires et tournois à l'arme
blanche, nos cavaliers virent s'évanouir, les unes
après les autres, toutes leurs illusions et se dresser
bientôt devant eux l'impérieuse obligation d'opposer à l'ennemi, non plus les pointes de leurs lances

et les poitrails de leurs montures, mais des bras armés de carabines et des corps résolus à ne jamais céder.

On les vit alors, en Picardie, sur l'Yser et devant Ypres, misérablement armés, mais grandis par un insurmontable courage et leur esprit de sacrifice, tenir tête, pendant des semaines, à un adversaire dix fois supérieur et puissamment outillé, et finalement briser ses efforts.

Ce fut ensuite, pour la cavalerie, la participation à la guerre de tranchées, pendant laquelle, tout en développant ses moyens d'action, elle perfectionna chaque jour ses procédés de combat et forma cette admirable pépinière d'officiers qui devait, au cours de la guerre, fournir à l'infanterie plus de cinq mille volontaires, dont le plus grand nombre, hélas ! tomba sur les champs de bataille.

Puis vint, en 1917, la bataille de l'Aisne, où les superbes régiments de cuirassiers à pied de la division Brécard accomplirent, à Laffaux, les prodiges de valeur dont on ne pourra, sans émotion, lire le poignant récit dans votre *Historique*.

Ce fut enfin la grande bataille de 1918, où, tandis que le 2ᵉ corps de cavalerie agissait dans les Flandres et sur l'Ourcq, vos divisions, après avoir, au mois de mars, livré devant Noyon et Montdidier d'héroïques et sanglants combats, devaient, bientôt après, sous l'énergique et habile impulsion de leur chef, le général Féraud, se jeter au-devant de l'ennemi débouchant au sud de l'Aisne, lui disputer âprement le terrain, ralentir et enrayer sa marche sur la Marne, et, malgré la disproportion des forces et l'énorme étendue du front, donner à notre haut commandement le temps de faire intervenir ses réserves pour immobiliser l'adversaire.

Tous ces combats, tous ces faits d'armes, brillants épisodes de la grande épopée de 1917 et 1918 qui sont mal connus du public, ne devaient pas rester dans l'ombre, et vous venez de les mettre en lumière d'une façon saisissante pour le plus grand renom de notre arme, et pour la gloire de tous ceux, morts et vivants, qui en furent les acteurs, pour la gloire de ces soldats d'élite auxquels le général Féraud, dans son ordre du jour d'adieux, décernait ce suprême éloge :

« Vous pouvez être fiers de la tâche accomplie, parce que tous, sans exception, vous vous êtes consacrés à cette tâche de toute votre énergie et de tout votre cœur. »

Paris, octobre 1923.

Général DE MITRY,

Ancien commandant du 2e corps de cavalerie,
Ancien commandant d'armée.

NOTE

sur l'Historique du 1er Corps de Cavalerie

L'historique du 1ᵉʳ corps de cavalerie a été établi d'après les documents déposés aux Archives de la guerre et en écartant soigneusement les faits qui ne sont pas confirmés par un témoignage officiel.

Les différentes parties de cet historique correspondent, en principe, chacune à une période caractérisée par un événement particulièrement important ; il a paru qu'il serait ainsi possible de mettre plus nettement en lumière les transformations successives apportées à l'organisation de la cavalerie et l'évolution imposée à ses procédés de combat par l'expérience même de la guerre.

Il semble qu'à l'heure où la réorganisation générale de l'armée est à l'étude et où le rôle de la cavalerie est parfois le sujet de discussions passionnées, le témoignage indiscutable des faits pourra, en rappelant les services rendus par notre arme avec des moyens toujours insuffisants, affirmer les services qu'il lui sera possible de rendre dans l'avenir avec une organisation plus appropriée aux conditions de la guerre.

CHAPITRE PREMIER

LE 1er CORPS DE CAVALERIE AU DÉBUT DE 1917

I. — Organisation et composition du 1er corps de cavalerie au début de 1917. — Etat-major et quartier général. — Éléments non endivisionnés et divisions.

Les transformations apportées, dans le courant de l'année 1916, à l'organisation de la cavalerie ne répondaient que très imparfaitement aux nécessités nouvelles de la guerre.

L'adoption du fusil mitrailleur et la création d'une deuxième section de mitrailleuses dans chaque régiment avaient heureusement accru ses moyens matériels, mais l'organisation de l'escadron à trois pelotons, dont le seul avantage était de permettre une identification plus complète entre ses formations et celles de l'infanterie, avait entraîné une diminution de l'encadrement en officiers, une réduction des effectifs et une rigidité de manœuvre contraires au bon emploi de l'arme.

La création des régiments de cuirassiers à pied avait augmenté l'effectif du soutien affecté aux divisions, mais aux dépens des groupes cyclistes, qui étaient en partie sacrifiés malgré leurs inappréciables services ; et de même, l'organisation des groupes d'A. M. C., si elle leur avait apporté un renfort important en moyens de feu, ne pouvait compenser l'insuffisance de leur dotation en artillerie.

Les états-majors des corps de cavalerie avaient sans doute été renforcés de quelques officiers ; mais, privés de services, dotés d'un matériel de liaison trop précaire, ils ne possédaient pas, en réalité, les moyens nécessaires à l'existence et à la conduite d'une grande unité. Enfin, malgré les leçons de la guerre, les commandants des corps de cavalerie n'avaient pu obtenir ni les soutiens d'infanterie, ni l'artillerie, ni le génie dont ils avaient besoin pour intervenir effectivement dans la conduite du combat.

Au début de mars 1917, le 1er corps de cavalerie comprend : un état-major et un quartier général, des éléments non endivisionnés et deux divisions de cavalerie, la 1re D. C. et la 3e D. C.

L'état-major et le quartier général comprennent :

Un chef d'état-major ;

Six officiers ;

Un fonctionnaire du service de l'intendance ;

Une prévôté (vingt gendarmes), sous les ordres d'un officier ;

Un détachement de sapeurs télégraphistes et un détachement de sapeurs radiotélégraphistes (trente hommes environ et deux officiers) ;

Un peloton d'escorte ;

Une section de mitrailleuses sur voitures de tourisme ;

Des secrétaires, plantons, cyclistes ;

Trente voitures automobiles de liaison ;

Des camions automobiles et hippomobiles pour le transport du matériel.

Les éléments non endivisionnés sont réduits à (1) :

Un groupe d'A. M. C. ;

______

(1) Pendant la période où le corps de cavalerie est employé en secteur (novembre 1916, février 1917), ces E. N. E. seront renforcés d'un service d'aviation (escadrille F/63 et 85e compagnie d'aérostiers), d'une artillerie de corps (batteries d'A. L.) et d'éléments du génie (compagnie 5/17 du 1er génie et détachement territorial du 8e génie).

Un équipage de pont Delacroix ;
Deux groupes de transport de matériel ;
Une section sanitaire automobile.

Chacune des divisions comporte :

Un état-major et des services (intendance, trésor et postes) ;
Trois brigades de cavalerie à deux régiments de quatre escadrons et deux sections de mitrailleuses chacun ;
Un groupe d'artillerie de trois batteries ;
Un groupe cycliste fort de moins de deux cents hommes ;
Un régiment de cuirassiers à pied ;
Une ambulance de cavalerie.

II. — Le corps de cavalerie en secteur dans la forêt de l'Aigle.

Les 1ᵉʳ et 2ᵉ corps de cavalerie, après avoir été rassemblés, en juillet 1916, dans la région d'Amiens, au moment des premiers succès de l'offensive Alliée sur la Somme, avaient, pendant de longues semaines, attendu vainement l'occasion de s'employer en fournissant seulement des renforts à pied aux divisions d'infanterie engagées.

Aux débuts de l'automne, la situation sur le front de la Somme ne laissant aucune espérance de pouvoir employer les corps de cavalerie en masse, le haut commandement décida de les employer en secteur.

Cette solution présentait un double avantage : celui de permettre la relève d'unités d'infanterie demeurées de longs mois sans repos, celui aussi de ne pas laisser inutilisés des régiments instruits et bien encadrés.

Le 19 novembre 1916, le 1ᵉʳ corps de cavalerie relève la 81ᵉ division d'infanterie territoriale dans le secteur de la forêt de l'Aigle, secteur calme où l'activité se limite de part et d'autre à des tirs d'artillerie et des actions de patrouilles.

Le quartier général du corps de cavalerie est installé à Compiègne. La 1ʳᵉ division de cavalerie occupe le sous-secteur de Francport et la 3ᵉ division de cavalerie celui de Choisy-au-Bac. La garnison de chaque sous-secteur comprend : un régiment de cavaliers à pied, un régiment de cuirassiers à pied, un groupe cycliste et l'artillerie d'une division de cavalerie (1).

Cette solution permettait de maintenir les unités sous les ordres de leurs chefs organiques, mais elle entraînait l'emploi d'un nombre exagéré d'officiers et surtout celui de tous les états-majors. Elle ne fut pas acceptée par le général commandant le groupe d'armées du Nord, qui prescrivit (2) de réunir les deux sous-secteurs sous les ordres du commandant du sous-secteur de Francport et de renvoyer à l'arrière le général de division devenu ainsi disponible, pour lui confier la surveillance générale de tous les éléments non employés aux tranchées.

Les unités du 1ᵉʳ corps de cavalerie se consacrèrent activement à l'organisation défensive du secteur qui leur était confié : les réseaux de fil de fer furent renforcés et doublés de nouveaux réseaux, les tranchées furent approfondies et améliorées, des abris, des postes de secours, des postes de commandement, des observatoires furent créés, une deuxième ligne de résistance fut organisée. Enfin, un service actif de patrouilles assura le contact constant de l'ennemi, tandis que de fréquents coups de main étaient dirigés contre ses lignes de défense, afin à la fois de faire des prisonniers et d'avoir des renseignements précis sur l'état des travaux.

Pendant les dernières semaines de février, les postes avancés signalèrent des explosions et des incendies qui, dans l'opinion générale, semblaient indiquer les préparatifs de repli de l'ennemi.

Ce séjour des régiments du 1ᵉʳ corps de cavalerie aux tranchées fut pour eux une précieuse école de travail, de patience, d'endurance et d'énergie, qui contribua à développer leur aptitude à la guerre.

---

(1) Le régiment de cavaliers à pied, constitué sur l'ensemble des régiments à cheval, comprend trois bataillons à quatre compagnies de cent hommes et douze sections de mitrailleuses.
(2) 16 janvier 1917.

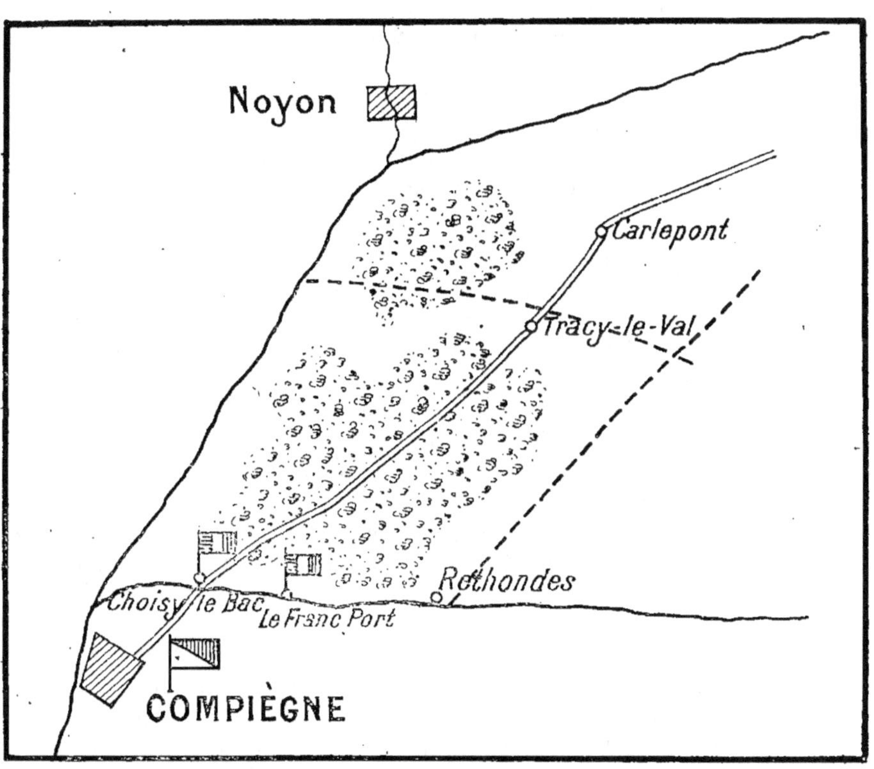

1re *période*, avant le 16 avril 1917. Q. G. Compiègne.
1er sous-secteur, *Le Francport*, 1re D. C., un régiment de cuirassiers à pied, un groupe cycliste, un régiment de cavaliers démontés, artillerie, en ligne.
2e sous-secteur, *Choisy-au-Bac*, 3e D. C., même effectif, en ligne.

2e *période*, après le 16 avril 1917. Q. G. Compiègne.
1° Un sous-secteur Francport. Tous les éléments à pied des deux D. C. sont placés sous les ordres d'un général de division.
2° Une zone arrière. Tous les éléments non en ligne sont à l'instruction sous les ordres d'un général de division.

III. — Le 1er corps de cavalerie à l'instruction au camp de Crèvecœur. — Le général Féraud est nommé au commandement du 1er corps de cavalerie.

Les progrès réalisés par les armées alliées sur la Somme au cours de l'année 1916 devaient être développés, au printemps de 1917, dans une action offensive d'ensemble exécutée, au nord de l'Oise, par l'armée française et par l'armée anglaise.

L'organisation du front d'attaque, entreprise dans les derniers mois de 1916, étant presque achevée à la fin de janvier 1917, le commandant en chef décida de réunir le corps de cavalerie au camp de Crèvecœur pour lui permettre de s'entraîner et de se préparer à des opérations actives.

Un ordre du groupe d'armées du Nord (27 février) prescrit à la 1re armée, dont dépend le 1er corps de cavalerie, de le faire relever et de le rassembler pour le 13 mars au camp de Crèvecœur.

Quelques jours plus tard, le général Féraud est nommé au commandement du 1er corps de cavalerie, à la place du général Conneau appelé à de nouvelles fonctions (7 mars 1917).

Le séjour du 1er corps de cavalerie au camp devait se prolonger pendant trois ou quatre semaines, et une note du groupe des armées du Nord fixait les directives générales d'après lesquelles serait établi l'emploi du temps. (Note n° 2527 du 7 mars.)

La présence simultanée du 1er corps de cavalerie et de la 62e division d'infanterie aux alentours du camp de Crèvecœur à partir du 15 mars sera mise à profit :

1° Pour faciliter dans les divisions de cavalerie l'instruction de détail des petites unités ;

2° Pour faire manœuvrer les divisions de cavalerie, en liaison avec la 62e division d'infanterie, dans des situations de guerre analogues à celles qui se présenteront au cours des prochaines opérations du groupe d'armées du Nord.

L'intention du commandant du 1er corps de cavalerie est :

1° De perfectionner et de développer l'instruction des cadres, et en particulier celle des cadres supérieurs (généraux, état-major, chefs de corps) par des exercices sur la carte basés sur l'étude des conditions d'emploi d'une grande unité après la rupture du front ennemi ; ces exercices lui permettront d'établir dans le corps de cavalerie l'unité de doctrine indispensable à son emploi ;

2° De perfectionner l'instruction du combat à pied des petites unités (escadrons), par des exercices pratiques exécutés sous la direction d'officiers d'infanterie dont l'expérience sera mise à profit ;

3° De développer l'instruction des cadres et de la troupe par des manœuvres combinées exécutées avec les divisions d'infanterie stationnées au voisinage du camp.

L'instruction des liaisons, de la signalisation, l'emploi des avions, la mise en œuvre des moyens d'action nouveaux (gaz, grenades, F. M. etc...) doivent être étudiés dans des exercices exécutés à l'intérieur des régiments.

Un programme d'ensemble fut établi sur ces bases, mais deux jours plus tard, le 1er corps de cavalerie était rappelé en toute hâte sur le front et aucun des exercices prévus ne put être exécuté.

CHAPITRE II

LE CORPS DE CAVALERIE AU MOMENT DU REPLI ALLEMAND (MARS 1917)

I. — La situation générale le 15 mars 1917. — Entrée en ligne du corps de cavalerie.

II. — Le 1er corps de cavalerie du 16 au 22 mars, son rôle. — La 1re division de cavalerie du 16 au 22 mars. — La 3e division de cavalerie du 16 au 22 mars. — Retrait du corps de cavalerie.

III. — Enseignements tirés de ces opérations. — *a)* La cavalerie en liaison avec l'infanterie ; le renseignement ; la couverture. — *b)* Les liaisons au cours d'opérations actives ; emploi des A. C. M. ; organisation des ravitaillements.

I. — La situation générale le 15 mars 1917. — Entrée en ligne du 1er corps de cavalerie. — Missions confiées aux 1re et 3e divisions de cavalerie.

L'attaque préparée par le haut commandement allié au nord de l'Oise devait s'exécuter dans les premiers jours d'avril.

De nombreux indices semblaient indiquer que l'intention de l'ennemi était d'évacuer ses positions avant cette date ; mais aucune preuve sérieuse n'ayant confirmé cette opinion, les dispositions prévues avaient été maintenues.

Ces prévisions étaient pourtant justifiées, dans la nuit du 15 au 16 mars, des patrouilles pénètrent sur différents points du front dans les tranchées allemandes qu'elles trouvent sans défenseurs et le 16 au matin, toute la première ligne ennemie est occupée par les avant-gardes françaises.

Il est désormais évident que les Allemands se replient sur les positions dont l'aviation a depuis longtemps déjà signalé l'organisation.

Le commandant du groupe des armées du Centre décide aussitôt de porter en avant les Ire et IIIe armées ; chacune de ces armées réglant sa progression d'après les principes établis dans le projet d'offensive générale, prendra comme direction de marche, la Ire armée : Noyon et Chauny ; la IIIe armée : Guiscard et Saint-Simon.

L'état-major du 1er corps de cavalerie et la 1re division de cavalerie sont mis à la disposition de la IIIe armée, tandis que la 3e division de cavalerie est mise à la disposition de la Ire armée.

II. — Le corps de cavalerie du 16 au 22 mars. — Son rôle. — La 1re division de cavalerie du 16 au 22 mars. — La 3e division de cavalerie du 16 au 22 mars.

A. — *Corps de cavalerie.*

La IIIe armée après avoir prescrit dès le 16 mars au 1er corps de cavalerie (E. M.) et à la 1re division de cavalerie d'être rendus respectivement pour le 18 mars : le 1er corps de cavalerie à Cantigny, la 1re division de cavalerie à Hargicourt, leur donne l'ordre, le 18, de continuer leur mouvement, l'état-major du 1er corps de cavalerie jusqu'à Beaulieu-les-Fontaines, qu'il devra occuper le 19 ; la 1re division de cavalerie jusqu'à la transversale Ham-Guiscard, que ses têtes de colonnes devront atteindre le 19 à 6 heures.

La situation du général commandant le 1er corps de cavalerie est mal définie, il n'a plus sous ses ordres que la 1re division de cavalerie, qui reçoit directement les instructions du général commandant la IIIe armée, il ne peut donc intervenir sans se substituer au général de division lui-même. Dans ces conditions, il décide de laisser toute liberté d'exécution au général commandant la 1re division de cavalerie et de n'intervenir effectivement que pour faciliter la transmission des ordres et des renseignements.

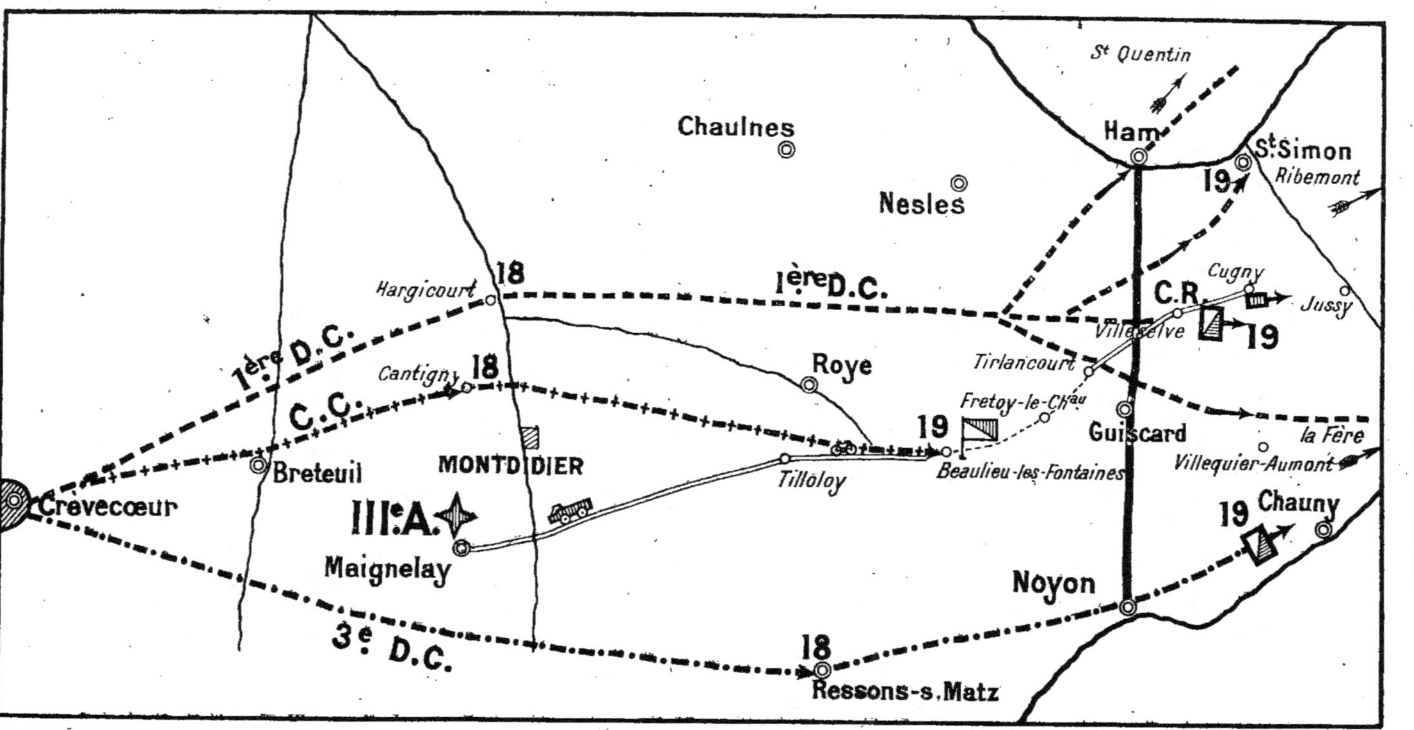

Le 1ᵈʳ C. C. réuni à l'instruction au camp de Crèvecœur reçoit l'ordre, le 16 mars dans la nuit, de porter pour le 18, la 3ᵉ D. C. vers Ressons-sur-Matz, à la disposition de la Iʳᵉ armée, et la 1ʳᵉ D. C. à Hargicourt à la disposition de la IIIᵉ ; et, pour le 19, la 3ᵉ D. C. vers Chauny, la 1ᶠᵉ D. C. vers Cugny, et le C. C. vers Beaulieu-les-Fontaines.

Liaisons. — Villeselve C. R. à l'avant, estafettes ; — Villeselve C. R. à P. C. du C. C., estafettes, puis téléphone ; Beaulieu P. C. à Tilloloy, estafettes. ; — Tilloloy à P. C. armée, autos.

Les unités du corps de cavalerie éprouvent les plus grandes difficultés pour traverser la zone organisée qui constituait le front de combat des armées françaises et allemandes ; les quelques passages rapidement créés à travers une épaisseur de réseaux et de tranchées qui dépasse parfois huit et dix kilomètres, sont encombrés par des troupes de toutes armes, et la circulation est d'autant plus difficile que les voitures s'embourbent à chaque pas dans le terrain insuffisamment solide encore qui remblaye les tranchées. Au delà, les routes sont coupées par de profonds entonnoirs et le rétablissement du passage exige un nouveau travail.

La circulation des voitures automobiles est impossible, celle des bicyclettes elle-même est difficile et, en attendant que les lignes téléphoniques puissent être rétablies, le seul moyen pratique de liaison demeure l'estafette à cheval.

En arrivant à Beaulieu-les-Fontaines (19 mars), le commandant du corps de cavalerie essaie vainement de se mettre en communication avec la IIIe armée, dont le poste de commandement est à Maignelay ; un poste de T. S. F., qui a péniblement suivi, ne peut se faire entendre (1) et les liaisons doivent être assurées vers l'arrière et vers l'avant par une série de postes d'estafettes à cheval ou à bicyclette.

Un ordre spécial organisera le lendemain plus complètement les liaisons vers l'avant :

1º En vue de seconder la 1re division de cavalerie dans l'établissement de ses liaisons, le corps de cavalerie fera fonctionner à partir du 21 mars un centre de renseignements à Villeselve.

Ce centre de renseignements sera composé de :

a) Deux officiers, quatre cavaliers d'escorte, un cycliste, une auto légère ; il s'installera à Villeselve à partir de 15 heures ; il se reliera à la 1re division de cavalerie (P. C. ; Château-Gaillard) et au centre d'atterrissage d'avions de Château-Bonneuil ;

b) Une ligne téléphonique sera construite dans l'après-midi, reliant Tirlancourt (poste du C. A. C. relié lui-même à Fretoy-le-Château : P. A. d'armée) avec le centre de renseignements de Villeselve (ligne placée pour 17 heures).

2º A partir du moment où la ligne téléphonique fonctionnera, le personnel du centre de renseignements sera réduit à un officier, deux cavaliers et deux téléphonistes ;

3º Le centre de renseignements de Villeselve sera poussé sur Cugny,

---

(1) L'armée ayant modifié les longueurs d'onde de ses postes sans que le corps de cavalerie en ait été averti.

dès que l'avance de la 1ʳᵉ division de cavalerie justifiera ce déplacement.

Enfin les officiers de l'état-major du corps de cavalerie sont détachés auprès des grandes unités engagées en première ligne, afin de se mettre au courant de leur situation.

Le quartier général du 1ᵉʳ corps de cavalerie devient ainsi un véritable centre de renseignements où sont recueillies et transmises toutes les nouvelles importantes, et le commandant de la IIIᵉ armée, devant les résultats obtenus, adressera le 22 des félicitations spéciales au commandant du corps de cavalerie.

La question du ravitaillement devient critique. Les régiments, mis en route le 16 avec un seul jour de vivres, n'avaient pu être rejoints par leurs trains régimentaires et avaient consommé leurs vivres de réserve ; le pays, ruiné, était sans ressources. On put heureusement constituer un échelon de ravitaillement sur camions ; cet échelon poussé en avant dès que la remise en état des routes le permit, parvint enfin à ravitailler partiellement, le 20 au soir, les voitures de la 1ʳᵉ division de cavalerie, qui, depuis le 17 étaient dépourvues de vivres.

Le 1ᵉʳ corps de cavalerie assura enfin l'évacuation sur l'arrière des malheureux habitants, femmes, enfants, vieillards que l'ennemi avait refoulés, dans la zone évacuée par lui et qui, sans vivres, parfois à peine vêtus, se trouvaient dans le plus complet dénuement.

Le 22 mars, le 1ᵉʳ corps de cavalerie reçut l'ordre de se diriger sur Compiègne, les 1ʳᵉ et 3ᵉ divisions de cavalerie doivent être regroupées, entre le 23 et le 24, dans la zone Compiègne-Crépy-en-Valois.

B. — 1ʳᵉ *division de cavalerie : Sa mission du 16 au 22 mars*

Les ordres adressés par la IIIᵉ armée à la 1ʳᵉ division de cavalerie lui prescrivaient de franchir le lendemain 19, dès 6 heures du matin, la transversale Ham-Guiscard, avec mission :

1º D'éclairer dans les directions de La Fère, Ribemont, Saint-Quentin ;

2º De marcher sur Ribemont et de briser les résistances ennemies entre la Somme et l'Oise ;

3° de déterminer le front sur lequel l'ennemi voudrait tenir et de fixer la ligne sur laquelle nos troupes viendront s'établir à portée de canon de ces positions.

Les difficultés de terrain retardent de plusieurs heures le mouvement de la 1re division de cavalerie ; celle-ci se porte sur Cugny en deux colonnes ; elle est éclairée par trois escadrons de découverte dirigés : l'un sur Ham - Saint-Quentin ; l'autre sur Gaulancourt - Saint-Simon ; le troisième sur Guiscard - Tergnier. Vers 13 heures, la découverte est au contact de l'ennemi sur la voie ferrée Ham - Tergnier. En fin de marche, les avant-gardes occupent Cugny après en avoir chassé les Allemands.

Le 20, la 1re division rejette les arrière-gardes ennemies au delà du canal Crozat, entre Jussy et Saint-Simon, puis se maintient dans la région de Cugny, tandis que les 2e et 3e divisions d'infanterie coloniale, qui suivent au plus près, essaient vainement de franchir le canal dont tous les ponts sont détruits.

Le détachement de découverte dirigé sur Ham - Saint-Quentin parvient jusqu'à Rouppy, où il signale une nouvelle ligne de défense.

Le 21, la 43e brigade d'infanterie coloniale, ayant réussi à franchir le canal à Jussy et s'étant emparé de Saint-Simon, le commandant de la 1re division de cavalerie décide de construire des passerelles à Saint-Simon et à Jussy, afin de porter au delà du canal deux détachements de découverte qui, renforcés du groupe cycliste, devront forcer le front Clastres - Montescourt - Remigny. La 43e brigade d'infanterie coloniale sera prête à appuyer l'action de la cavalerie.

Les passerelles sont achevées à la nuit et les cyclistes, soutenus par deux escadrons, s'emparent de Montescourt et de Lizerolles, mais malgré une énergique résistance, qui leur coûte de lourdes pertes, ils doivent se retirer sur les avant-postes d'infanterie.

Dans la matinée du 22, les 26e et 27e divisions d'infanterie, après avoir relevé l'infanterie coloniale, portent leurs avant-gardes renforcées de cavaliers à pied jusqu'à la lisière nord-est du canal, entre Saint-Simon et Liez, où elles se relient à la 25e division d'infanterie.

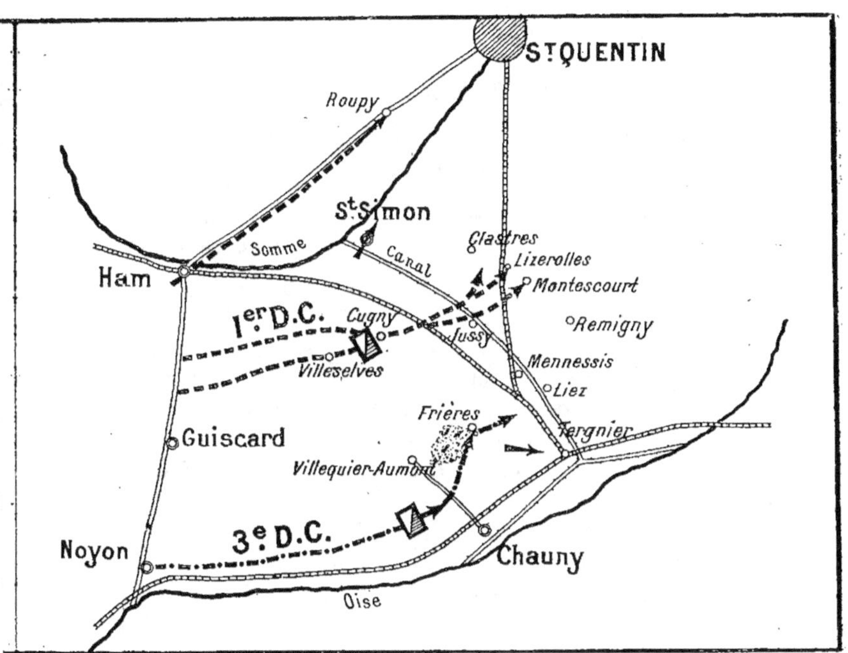

1re *D. C.* — 19. 1re D. C. marchant en 2 colonnes atteint Cugny. Ses 3 esc. de découverte sont arrêtés sur la voie ferrée Ham-Tergnier. — 20. 1re D. C. rejette les arrière-gardes ennemies au delà du canal Crozat entre Jussy et Saint-Simon. — 21-22. Construction de passerelles à Jussy et Saint-Simon. Attaque sur Montescourt, Lizerolle. Contre-attaque ennemie. La 1re D. C. se maintient sur la rive Nord du canal.

3e *D. C.* — 19. La 3e D. C. atteint le front Villequier, Aumont, Chauny, couvrant la marche de l'infanterie. — 20-21. La 3e D. C. se porte à la lisière Est des bois de Frières, afin de couvrir la marche de l'infanterie, mais ne peut déboucher au delà.

L'ennemi, de son côté, occupe avec des forces supérieures les hauteurs qui commandent la vallée et rend ainsi impossible une nouvelle tentative de percée.

Dans la soirée, la 1re division de cavalerie reçoit l'ordre d'être rendue le 24 au sud de Compiègne.

C. — 3e *division de cavalerie : Sa mission du 16 au 22 mars*

La 3e division de cavalerie a reçu le 18 mars l'ordre de se porter sur la Fère avec mission :

De poursuivre et de disperser les arrière-gardes ennemies.
De s'emparer des ponts de l'Oise de façon à couper la retraite de l'ennemi vers le Nord.
De reconnaître la ligne d'arrêt des armées allemandes.

Le 19 mars, après une marche rendue particulièrement pénible par l'encombrement des routes et par les obstacles du terrain, la 3e division de cavalerie, dépassant les têtes de colonne de l'infanterie, atteint le front Chauny-Villequier-Aumont, et prend le contact de détachements ennemis au nord de Chauny.

Le 21, elle se porte à la lisière nord des bois de Frières afin de couvrir la marche de l'infanterie ; elle reconnaît par des détachements les passages du canal Crozat de Tergnier à Jussy, mais ne peut déboucher au delà des bois de Frières, dont les lisières sont battues par l'artillerie allemande.

Dans la soirée, un ordre de la 1re armée la rappelle dans la région de Noyon, d'où elle est dirigée le lendemain sur Compiègne.

III. — Enseignements tirés de ces opérations. a — Observations générales sur l'emploi du corps de cavalerie. b — La cavalerie en liaison avec l'infanterie. c — Les liaisons au cours d'opérations actives. d — Emploi des A. C. M. e — Organisation des ravitaillements.

Les opérations de mars 1917 avaient, pour la première fois depuis 1914, permis à la cavalerie de participer à cheval à des opérations actives ; elles présentaient des enseignements utiles que le commandant du Ier corps de cavalerie crut devoir signaler spécialement au commandant en chef.

a) *Observations générales sur l'emploi du corps de cavalerie.*

L'éloignement initial du corps de cavalerie de sa zone d'action a retardé son entrée en ligne et lui a imposé un effort considérable dès les premiers jours.

La répartition égale du corps de cavalerie entre les Ire et. IIIe armées ne répondait ni à la nature du terrain ni aux conditions de bon emploi de l'arme ; il eût été préférable de le maintenir groupé sous les ordres de son chef et de l'affecter à la IIIe armée, appelée à opérer dans une région plus. favorable à son emploi.

Il aurait pu, dans ces conditions, déblayer rapidement tout le terrain jusqu'au canal Crozat et faciliter ainsi la progression de l'infanterie, puis tenter de forcer le passage du canal.

Cette action de vive force contre les passages du canal exigeait d'ailleurs un sérieux soutien d'infanterie ; le manque d'artillerie a entraîné l'échec de la 1re division de cavalerie.

b) *La cavalerie en liaison avec l'infanterie.*

L'infanterie, lourdement chargée, et de ce fait liée à la route, a besoin de cavalerie pour la renseigner et pour l'éclairer, sinon le moindre obstacle l'arrête pendant des heures.

Les escadrons de la 1re division de cavalerie ont facilement ouvert la route aux colonnes d'infanterie à Villeselve et à Cugny, en débordant largement la résistance de l'ennemi aux lisières de ces localités ; les Allemands qui, même avec des effectifs limités, pouvaient opposer une résistance de front assez sérieuse pour exiger le déploiement des avant-gardes d'infanterie, se sont retirés dès qu'ils ont senti leur ligne de retraite menacée.

c) *Les liaisons au cours d'opérations actives.*

L'organisation des liaisons a une importance capitale,.

car, seule, elle peut assurer la transmission régulière et en temps voulu des ordres et des renseignements.

Les différents moyens de liaison employés ont donné lieu aux observations suivantes :

Avion. Les avions mis à la disposition de la 1re division de cavalerie (aviation d'artillerie) n'ayant jamais opéré avec de la cavalerie n'ont rendu aucun service faute de l'instruction et de l'entente préalable nécessaires ; à signaler plusieurs confusions entre ces avions et des avions ennemis, qui en ont profité pour attaquer les postes de commandement.

T. S. F. N'a rendu aucun service, le matériel automobile, trop lourd, étant arrivé tardivement, et les postes du corps de cavalerie n'ayant pu, malgré des tentatives renouvelées, s'accorder avec les postes de l'armée.

Téléphone. A rendu de très bons services, quand il a été établi, c'est-à-dire après plusieurs jours.

Autos. N'ont rendu aucun service aux débuts des opérations les routes étant coupées.

Estafettes. Ont seul assuré régulièrement le service des liaisons (à cheval ou à bicyclette).

Centre de renseignements. L'organisation de centres de renseignements renforcés en moyens de liaisons, placés sous l'autorité d'un officier et poussés sur les axes de transmission, a rendu les meilleurs services.

d) *Emploi des A. C. M.*

Les A. C. M. n'ont pu franchir la zone dévastée, deux voitures seulement ont été employées dans une reconnaissance exécutée au delà de Ham.

Le matériel en service, trop lourd et trop délicat, est lié à la route et son utilisation dépend essentiellement de l'état des routes.

c) *Organisation des ravitaillements.*

Les ravitaillements ont présenté les plus grandes difficultés, les trains régimentaires n'ayant pu suivre les colonnes de cavalerie ; la quantité de vivres emportée dans le paquetage (un jour de vivres) a été tout à fait insuffisante.

CHAPITRE III

LES OPÉRATIONS D'AVRIL 1917

I. — Le corps de cavalerie est ramené sur la Marne : reconstitution des unités et perfectionnement de leur instruction. — Les instructeurs d'infanterie. — Manœuvres et exercices divers.

II. — Réorganisation matérielle du corps de cavalerie. — Prescriptions relatives à la tenue, au paquetage, aux approvisionnements en vivres et en munitions. — Réglementation du mouvement des trains régimentaires et des trains de combat.

III. — Organisation du commandement. — Le quartier général, son déplacement. — Le poste de commandement. — Les liaisons en station et en cours d'opérations (téléphone, T. S. F., pigeons, avions, estafettes).

IV. — Préparation de l'offensive des 17 et 18 avril 1917. — Rôle attribué au corps de cavalerie. — L'offensive d'avril 1917. — Le corps de cavalerie est ramené sur la Marne.

I. — Le corps de cavalerie est ramené sur la Marne. — Reconstitution des unités et perfectionnement de leur instruction. — Les instructeurs d'infanterie. — Manœuvres et exercices divers.

La stabilisation du front allemand dans la région de Saint-Quentin-La Fère ne justifiait plus la présence du corps de cavalerie en première ligne ; dès le 23 mars, les 1re et 3e divisions de cavalerie sont ramenées aux environs de Compiègne, d'où elles sont dirigées peu après sur la vallée de la Marne. Le 28 mars, le 1er corps de cavalerie est réuni dans la région de Mareuil-sur-Ourcq (Q. G. du C. C.)

Le Haut commandement a en vain essayé de tenir secrets ses projets ; on parle déjà d'une puissante offensive préparée entre Soissons et Reims, et le déplacement du corps de cavalerie vers la Marne ne peut que confirmer cette hypothèse.

Les régiments du corps de cavalerie ont dû fournir pendant les dernières opérations un effort considérable, certains ont subi des pertes sérieuses ; tous auraient besoin de quelques jours de repos pour remettre en état leur personnel et leur matériel ; mais aux demandes qui lui sont adressées à ce sujet, le G. Q. G. répond seulement, que la situation générale exige le départ immédiat du 1er corps de cavalerie qui sera sans doute employé sous peu.

Il fallait, dans ces conditions, poursuivre la réorganisation et l'entraînement des régiments au cours même de leur déplacement.

Afin de limiter la fatigue imposée aux troupes, on diminua la longueur des étapes en même temps qu'on mit à leur disposition des moyens de transport supplémentaires destinés à leur permettre d'alléger les chevaux et les voitures.

Afin de perfectionner l'instruction des régiments, en tenant compte des enseignements résultant des dernières opérations, on leur fit exécuter, au cours même des étapes, quelques exercices simples de liaison et de combat à pied, ces derniers furent dirigés par des officiers d'infanterie dont on mit ainsi à profit l'expérience.

Des directives nettement établies, la bonne volonté générale et le désir de tous d'être prêt pour la bataille, le sentiment de confiance et les espoirs qu'avaient fait naître les dernières opérations permirent d'obtenir des résultats heureux, malgré le peu de temps dont on disposait et des difficultés de tous ordres.

II. — Réorganisation matérielle du corps de cavalerie. — Prescriptions diverses relatives à la tenue, au paquetage, aux approvisionnements en vivres et en munitions. — Réglementation du mouvement des trains régimentaires et des trains de combat.

Les ravitaillements en vivres et en munitions, pendant les opérations du mois de mars, avaient présenté les plus grandes difficultés ; ces difficultés résultaient sans doute, pour une large part, de l'impossibilité où l'on s'était trouvé de faire suivre les équipages, en raison de la rapidité des marches et du mauvais état des chemins, mais elles résultaient aussi d'une préparation insuffisante.

Les nécessités de la guerre avaient, en effet, imposé l'augmentation des moyens matériels (munitions, explosifs, grenades, masques, etc...) mis à la disposition des combattants sans que les prescriptions relatives au paquetage et à l'équipement aient été mises en harmonie avec ces dotations nouvelles.

De même, le chargement, le ravitaillement, la marche des équipages n'étaient soumis à aucune règle précise.

Le général commandant le corps de cavalerie décida de profiter des enseignements acquis par expérience pour donner aux régiments l'organisation qui leur faisait défaut.

Il fut admis, comme principe, que les cavaliers devaient emporter sur leurs chevaux les vivres et les moyens matériels de combat dont ils avaient besoin pour se suffire à eux-mêmes pendant une période de trois ou quatre jours.

Il parut en outre indispensable de prévoir en vue d'opérations actives :

1º Un paquetage approprié, et cela aussi bien pour les régiments à cheval que pour les régiments à pied et les groupes cyclistes ;

2º Le transport du matériel et des engins indispensables au combat (grenades, matériel de signalisation, explosifs, munitions) ;

3º Le chargement et l'approvisionnement des voitures automobiles (voitures de tourisme, camions A. C. M.) ;

4º La composition des trains régimentaires et leur chargement ;

5º L'organisation de la marche des colonnes de voitures (voitures automobiles et voitures à chevaux) afin qu'elles puissent suivre, le plus rapidement possible et sans les gêner dans leurs mouvements, les colonnes de chevaux.

Ces différents principes furent établis dès les premiers jours d'avril dans une note intitulée : *Prescriptions générales au sujet de l'organisation matérielle des unités du 1er corps de cavalerie en vue d'opérations actives* (1).

Dans cette instruction, le commandant du corps de cavalerie portait à deux jours de vivres, dix kilos d'avoine, et deux cent-quatre cartouches, les approvisionnements emportés sur le cheval ; le paquetage était organisé de manière à permettre au cavalier de prendre facilement les objets dont il pouvait avoir besoin et en particulier d'avoir avec lui, au moment du combat à pied, tout l'indispensable.

Les régiments à pied pouvaient, en cas de marches longues et rapides, adopter un paquetage allégé, le complément des effets convenablement alloti étant chargé sur des camions,

Le chargement des munitions, des explosifs, de l'essence, des outils et des vivres sur les diverses voitures était prévu, de même que les quantités à emporter étaient fixées.

Enfin, des prescriptions particulières déterminaient la répartition et les conditions de marche des équipages, du train de combat et du train régimentaire divisé lui-même en trois échelons : un échelon léger, un échelon de ravitaillement et un échelon lourd.

Ces différentes prescriptions, qui furent immédiatement appliquées, apportèrent dans l'organisation des régiments une uniformité et un ordre qui facilitèrent à la fois leur existence matérielle et leurs déplacements.

---

(1) Cette note comprenait :

a) *Paquetage* : Prescriptions générales ; paquetage du cavalier monté ; paquetage du cavalier à pied (régiment à cheval) ; dotation en outils des escadrons ; paquetage du cavalier des régiments à pied ; paquetage du chasseur cycliste ; transport des sacs et des 1/2 sacs ; paquetage des équipes de fusils-mitrailleurs.

b) *Transport du matériel de combat* : grenades, dotation et transport ; matériel de signalisation ; explosifs ; matériel du génie ; approvisionnements en munitions

c) *Chargement et approvisionnement des groupes et des voitures automobiles* : approvisionnement en munitions, explosifs et vivres des autos-canons mitrailleuses ; prescriptions générales pour les camions et les voitures de tourisme.

d) *Composition et chargement des équipages régimentaires.*

e) *Mouvement des trains de combat et des trains régimentaires.*

III. — Organisation du commandement. — Le quartier général du corps de cavalerie. — Déplacement. — Le poste de commandement. — Les liaisons en station et en cours d'opérations (téléphone, **T. S. F.**, pigeons, avions, estafettes).

Le commandement ne peut exercer son action efficacement et en temps voulu que s'il reste en liaison constante avec les unités sous ses ordres.

L'insuffisance des liaisons à tous les échelons avait entraîné, au moment du repli allemand, des retards parfois considérables, aussi bien dans la transmission des renseignements que dans la réception des ordres.

Cette insuffisance des liaisons résultait parfois d'un manque de moyens, mais elle était le plus souvent aussi la conséquence du mauvais emploi de ces moyens ; il parut nécessaire dans ces conditions de fixer les principes généraux à observer.

Il fut admis que les liaisons devaient être réalisées en période d'opérations par l'intermédiaire :

Du poste de commandement, complété par le poste d'observation — organe de commandement.

Du centre de renseignements — organe de recueil et de transmission des renseignements.

De la permanence du quartier général — organe de transmission des renseignements.

Ces trois éléments ne devaient pas constituer trois échelons indépendants de composition invariable, mais ils devaient être considérés comme les anneaux d'une même chaîne susceptibles de s'étendre ou de se resserrer suivant les besoins.

La composition et l'importance de chaque élément (P. C., C. R. et Q. G.) demeurant proportionnées à l'importance de l'unité (corps de cavalerie, division, brigade, régiment) dont il dépendait, mais le principe d'organisation restant le même à tous les échelons et comportant également l'obligation pour chacun d'eux de maintenir, en cas de déplacement, une permanence réduite au besoin à un planton.

Les moyens de liaison employés, variables suivant le cas, étaient, en principe, vers l'avant, jusqu'à l'échelon division :

L'estafette (le plus souvent à cheval, à bicyclette, en auto).
Les signaux.
L'avion.
Le téléphone.
Exceptionnellement le pigeon.
Et vers l'arrière, à partir de l'échelon division :
L'estafette (auto, cycliste, cheval).
L'avion.
Le pigeon.
Le téléphone et la T. S. F., le plus souvent.

Les postes de T. S. F. automobiles ayant donné de nombreux mécomptes en raison de leur poids qui ne leur avait pas permis de suivre les divisions de cavalerie, le commandant du corps de cavalerie demanda et obtint qu'on mît à sa disposition quatre postes de T. S. F. hippomobiles du type dit « Maroc », postes qui étaient surtout destinés à assurer les liaisons intérieures du corps de cavalerie.

IV. — Préparation de l'offensive des 17 et 18 avril 1917. — Rôle attribué au corps de cavalerie. — L'offensive d'avril 1917. — Le corps de cavalerie est ramené sur la Marne.

Le 27 mars, un ordre du G. Q. G. rattachait le 1er corps de cavalerie, qui achevait de se rassembler dans la région de Mareuil-sur-Ourcq, à la Xe armée, dont le quartier général venait de s'installer à Crugny.

Le 1er avril, le commandant de la Xe armée convoquait à son quartier général les commandants des corps d'armée placés sous ses ordres pour leur faire connaître les projets du haut commandement et les missions qui leur seraient éventuellement confiées.

Le groupe d'armée de réserve (Ve armée, VIe armée, Xe armée) doit exécuter une puissante action offensive sur le front compris entre Soissons et Reims.

Les Ve et VIe armées, qui tiennent déjà les premières lignes, ont pour mission de faire brèche dans les positions ennemies ; tandis que la Xe armée, renforcée des 1er et

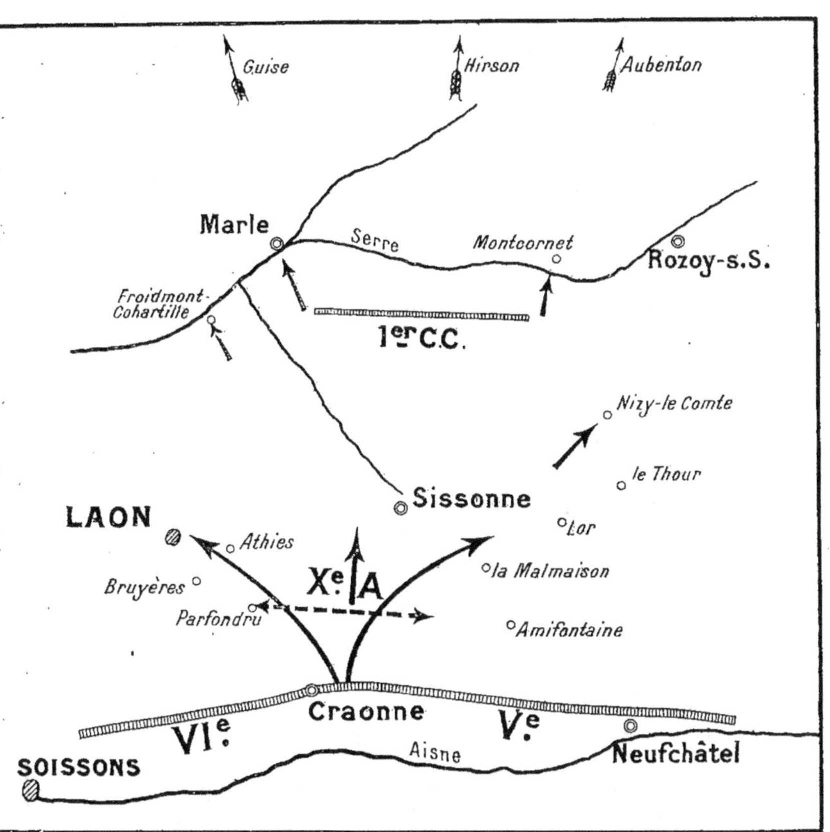

Les Vᵉ et VIᵉ armées attaquant en 1ʳᵉ ligne doivent ouvrir la route à la Vᵉ armée chargée d'exploiter le succès et qui dispose des 1ᵉʳ et 2ᵉ C. C.

2e corps de cavalerie, exploitera leur succès. L'action offensive des Ve et VIe armées sera caractérisée par une succession d'assauts ayant chacun pour but l'occupation d'une des lignes de résistance de l'ennemi ; ces assauts seront préparés, appuyés et protégés par une puissante artillerie et chacun d'eux sera exécuté par des troupes de renfort dont la progression est soigneusement réglée.

Le rôle particulier de la Xe armée est fixé dans les ordres 337 S et 417 S :

Les Ve et VIe armées attaquent en vue d'enlever la totalité des positions ennemies et de prendre pied sur le front (N.-E. Amifontaine, E. Des Bruyères).

La Xe armée a pour mission de déboucher, aussitôt la rupture accomplie, sur le front Amifontaine (exclu)-Parfondru, pour poursuivre immédiatement l'exploitation en direction générale du nord-est vers Nizy-le-Comte, Montcornet, Marle, Froidmont-Cohartille...

La Xe armée (quatre corps d'armée et deux corps de cavalerie) doit suivre au plus près les Ve et VIe armées avec cinq divisions en première ligne. Les corps de cavalerie s'échelonneront entre les colonnes d'infanterie, le 1er corps de cavalerie à l'aile gauche de l'armée, le 2e corps de cavalerie à l'aile droite ; jusqu'au moment où ils pourront déboucher.

L'instruction particulière du 4 avril précisait ainsi le rôle du 1er corps de cavalerie.

La mission du 1er corps de cavalerie dans la première partie des opérations, est de saisir le plus tôt possible les débouchés nord de la Serre, de Montcornet à Marle, pour se porter ensuite sur la ligne Aubenton-Hirson-Guise, en vue de détruire aux points sensibles la grande ligne de rocade allemande qui passe par Hirson.

Le corps de cavalerie devra en se portant en avant couvrir le déploiement de la Xe armée dans le terrain libre de la région de Sissonne et, s'il parvient à franchir la Serre, assurer le débouché ultérieur de cette armée au nord de la rivière sur le front Marle-Montcornet.

La marche du corps de cavalerie jusqu'à la Serre sera couverte par deux avant-gardes : l'une à l'Est, constituée par la 1re division de cavalerie tout entière se portant de Sissonne sur Montcornet ; l'autre à l'Ouest, constituée par une brigade de la 3e division de cavalerie renforcée d'une batterie et d'un groupe d'A. M. C., se portant par Marchais

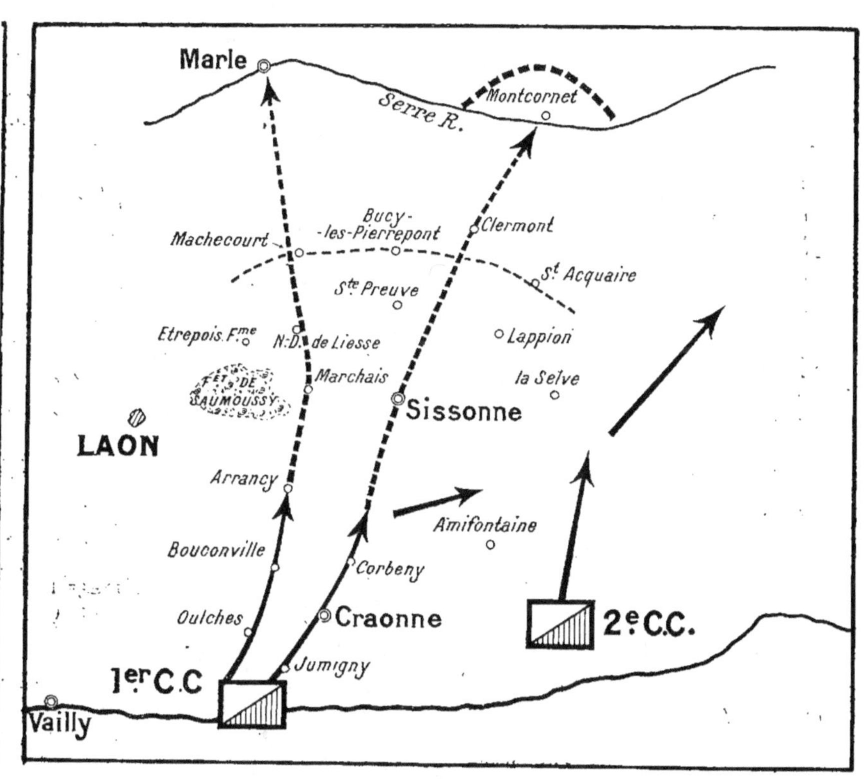

Le 1er C. C. couvert à gauche par une flanc-garde et se reliant à droite avec le 2e C. C. doit se porter sur Montcornet pour assurer au plus tôt à la Xe armée les débouchés de la Serre.

et Notre-Dame-de-Liesse sur Marle ; le gros du corps de cavalerie (3e D. C., régiments à pied, artillerie lourde) (1) suivra la direction générale Sissonne-Saint-Pierremont, prêt à appuyer l'une ou l'autre de ses avant-gardes. Chacune des avant-gardes du corps de cavalerie doit être précédée dans sa direction de marche par des détachements de découverte, forts, en principe, d'un escadron, soutenus par des auto-mitrailleuses et orientés sur Aubenton-Hirson-Vervins-Guise.

Le commandant de la Xe armée, dans un ordre du 10 avril, fixait le dispositif à réaliser pour le jour de l'attaque et réglait dans tous leurs détails les mouvements singulièrement difficiles que devaient exécuter les colonnes de la Xe armée avant de pouvoir déboucher :

L'avant-garde de gauche du 1er corps de cavalerie (brigade de la 3e D. C.) est orientée par Oulches et Bouconville sur Arrancy ; l'avant-garde de droite (1re D. C.) se dirigera par Jumigny et Craonne sur Corbeny, tandis que le gros du 1er corps de cavalerie se portera sur Jumigny.

Un ordre spécial du commandant du corps de cavalerie et une instruction détaillée précisaient les conditions d'exécution de l'opération, ainsi fixée par l'ordre de la Xe armée.

La mission du 1er corps de cavalerie doit se décomposer en actions tactiques successives : débouché au delà des lignes de l'infanterie ; conquête des lignes de crêtes qui marquent sur le terrain les étapes de sa progression...

Au moment de la rupture du front ennemi, le 1er corps de cavalerie, qui aura suivi au plus près la progression de l'infanterie, dépassera celle-ci sous la protection de ses avant-gardes.

Après avoir dépassé l'infanterie, il devra couvrir la marche de la Xe armée vers le Nord, tandis que le 2e corps de cavalerie la couvrira vers l'Est.

Il ne pourra remplir sa mission qu'en s'emparant des lignes de hauteur successives qui s'échelonnent jusqu'à la Serre, et sur lesquelles l'ennemi pourrait tenter de se réorganiser.

La conquête de ces différentes crêtes reviendra à la 1re division de cavalerie qui sera très utilement appuyée par l'action de la brigade de la 3e division de cavalerie détachée sur la gauche à l'Ouest du canal de Sissonne...

----

(1) Le commandant du corps de cavalerie avait obtenu un renforcement en artillerie lourde ; un groupe de 120 à tracteur et un groupe de 105, prélevés sur l'artillerie employée aux attaques, devait être mis à sa disposition au moment de la rupture. Cette solution n'était pas sans inconvénients en raison de l'arrivée tardive de cette artillerie d'exploitation.

Le 1er corps de cavalerie devra enfin s'emparer des passages de la Serre par une action combinée ae ses avant-gardes (1re D. C. sur Montcornet ; brigade de la 3e D. C. sur Marle,) tandis que le gros, se portant sur Saint-Pierremont, sera prêt à appuyer l'une ou l'autre.

Les instructions du commandant du 1er corps de cavalerie prescrivent à ce dernier de marcher dans un dispositif largement échelonné en profondeur et étalé en largeur ; toutes les unités, jusqu'à l'escadron, évitant l'entassement et adoptant les formations les moins vulnérables.

Les découvertes fortement constituées (escadrons et auto-mitrailleuses), seront soutenues par les avant-gardes qui se tiendront prêtes à déborder et à canonner les résistances qu'elles pourraient rencontrer.

Le corps de cavalerie attaquera l'ennemi partout où il le rencontrera, il cherchera à le devancer sur la Serre pour l'empêcher de s'y rétablir. Devant un ennemi supérieur, il tiendra le terrain, guidé dans sa conduite par la mission qu'il a reçue de couvrir la marche de l'armée et de préparer dans les *meilleures conditions* son entrée en ligne rapide.

Les difficultés de la tâche assignée à la cavalerie n'échappaient à personne, mais ces difficultés s'effaçaient devant la confiance générale que le repli allemand du mois précédent avait encore grandi.

Le 11 avril, le corps de cavalerie recevait l'ordre d'être rendu le 12 dans la région d'Oulchy-le-Château.

Le 15, il porte son quartier général à Saint-Gilles, tandis que la 1re division de cavalerie gagne Fisme et la 3e division de cavalerie Chery-Chartreuve. La brigade de la 3e division de cavalerie, qui doit être détachée sur Marchais et Marle (détachement Le Gouvello), cantonne à Goussancourt.

Le temps est sombre, froid, humide, le sol est profondément détrempé par les pluies continuelles des jours précédents, et la plupart des unités sont entassées dans des bivouacs précaires ; mais l'enthousiasme, la confiance n'en demeurent pas moins inébranlables et sont même encore grandis par tout ce qu'on dit et par tout ce qu'on voit des préparatifs d'une attaque qui dispose de moyens inconnus jusqu'alors.

L'attaque a été fixée à l'aube du 16 avril ; à 1 heure du

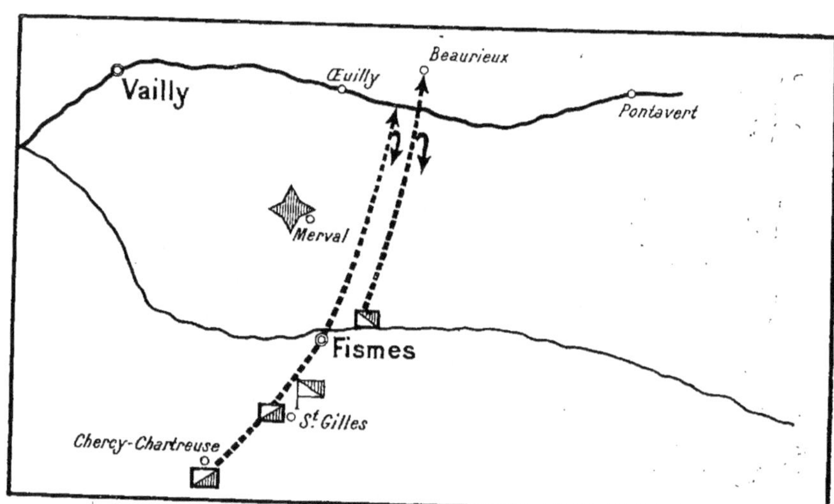

Vailly
Œuilly
Beaurieux
Pontavert
Merval
Fismes
St Gilles
Chercy-Chartreuse

matin, la préparation d'artillerie, commencée depuis plusieurs jours déjà, s'accentue sur tout le front ; aux dernières heures de la nuit, la Xᵉ armée tout entière se porte en avant ; couverte par une brume épaisse qui limite la vue.

Le commandant du corps de cavalerie est auprès du commandant de la VIᵉ armée, à la sortie sud de Merval ; les premières nouvelles sont bonnes ; l'infanterie progresse faisant de nombreux prisonniers. Le mouvement de la Xᵉ armée s'exécute normalement d'après l'horaire prévu : à 11 heures, le détachement Le Gouvello a franchi l'Aisne et s'arrête au sud-ouest de Beaurieux ; derrière lui, les têtes de colonnes de la 1ʳᵉ division de cavalerie atteignent l'Aisne ; mais peu à peu on apprend que la progression des troupes d'attaque se dissocie et se ralentit ; la situation paraît d'abord incertaine mais encore favorable ; bientôt il faut reconnaître que l'avance réalisée est insuffisante pour permettre d'espérer un succès décisif dans la journée.

Le commandement estime avec raison qu'il est imprudent de maintenir autant de troupes rassemblées dans la vallée de l'Aisne, où elles sont exposées à être surprises par le canon ennemi, et, à 15 heures, il est prescrit au 1ᵉʳ corps de cavalerie de regagner ses bivouacs de la veille. Triste retour, après tant de brillants espoirs.

Le 17, après une journée d'attente, le corps de cavalerie reçoit l'ordre de se porter dans la région de Bézu-Saint-Germain.

CHAPITRE IV

LE CORPS DE CAVALERIE EN RÉSERVE (MAI 1917). — LE SECTEUR DE BLÉRANCOURT. — LES ATTAQUES DE LAFFAUX.

I. — Le corps de cavalerie en réserve dans la région de Villers-Cotterêts - Pierrefonds. — Emploi des régiments à cheval dans le secteur de Blérancourt.
II. — Constitution de la division provisoire Brécard ; les attaques de Laffaux.

I. — Le corps de cavalerie en réserve dans la région Villers-Cotterêts - Pierrefonds. — Emploi des régiments à cheval dans le secteur de Blérancourt.

Le 1er corps de cavalerie, après avoir quitté le 18 avril au matin ses bivouacs de Fismes et de Saint-Gilles pour se rassembler plus en arrière, dans la région de Bézu-Saint-Germain, fut ramené quelques jours après, d'abord sur la Marne, à Château-Thierry (21 avril), puis au sud de Meaux, à Crécy (25 avril) ; il était nécessaire, en effet, de libérer les zones arrières du groupe d'armées de réserve, afin de faciliter le retrait des divisions qui avaient été portées en avant pour l'offensive du 17 avril ; le Haut commandement était d'ailleurs encore incertain sur l'emploi qui pourrait être fait du 1er corps de cavalerie.

Le commandant en chef ayant décidé, dans les derniers jours d'avril, d'abandonner, temporairement du moins, le projet primitif d'une offensive générale pour se borner à des actions offensives locales limitées à des objectifs restreints, la présence du 1er corps de cavalerie en réserve n'était plus justifiée, et le 25 avril il recevait l'ordre de se diriger sur Villers-Cotterêts, où il serait affecté au groupe d'armées du Nord.

Le 28 avril, le 1er corps de cavalerie est rassemblé aux environs de Villers-Cotterêts (Q. G.), la 3e division s'installe à Cayolles, la 1re division de à Gondreville ; à la même date, la 5e division qui dépend directement du groupe d'armées du Nord, se trouve réunie vers Cœuvres et Valsery.

Les effectifs du groupe d'armées du Nord sont encore très réduits, le gros des forces françaises ayant été mis à la disposition du groupe d'armées de réserve pour l'offensive générale du 17 avril ; dans ces conditions, le général commandant le groupe d'armées du Nord décide, le 27 avril, d'organiser avec les cavaliers des régiments à cheval des 1re, 3e et 5e division de cavalerie une division provisoire destinée à relever sur le front de la IIIe armée une des divisions de cette armée, et de former avec les régiments à pied, les groupes cyclistes et l'artillerie de ces trois divisions une deuxième division provisoire à pied qui participera aux attaques dirigées contre les hauteurs du Moulin de Laffaux.

Le corps de cavalerie est ainsi dissocié dès le jour de son arrivée, pour constituer deux groupements qui sont affectés l'un à la IIIe armée et l'autre à la VIe armée, tandis que son état-major demeure inutilisé à Pierrefonds.

L'ordre n° 5418 du 27 avril, du groupe d'armées du Nord, fixe les conditions dans lesquelles doit être constitué le groupement formé avec les cavaliers démontés du 1er corps de cavalerie et place ce dernier sous l'autorité du général commandant la IIIe armée :

Dans chacune des trois divisions de cavalerie (1re, 3e et 5e D. C.) il sera formé, par les soins du général commandant le 1er corps de cavalerie, un régiment à pied comprenant :

Un état-major de régiment ;
Un groupe cycliste ;
Deux bataillons comprenant chacun trois compagnies de carabines (1 par régiment à cheval) et une compagnie de mitrailleuses.
Ce groupement, placé sous les ordres d'un état-major dont le général commandant la IIIe armée fixera l'importance et que le général

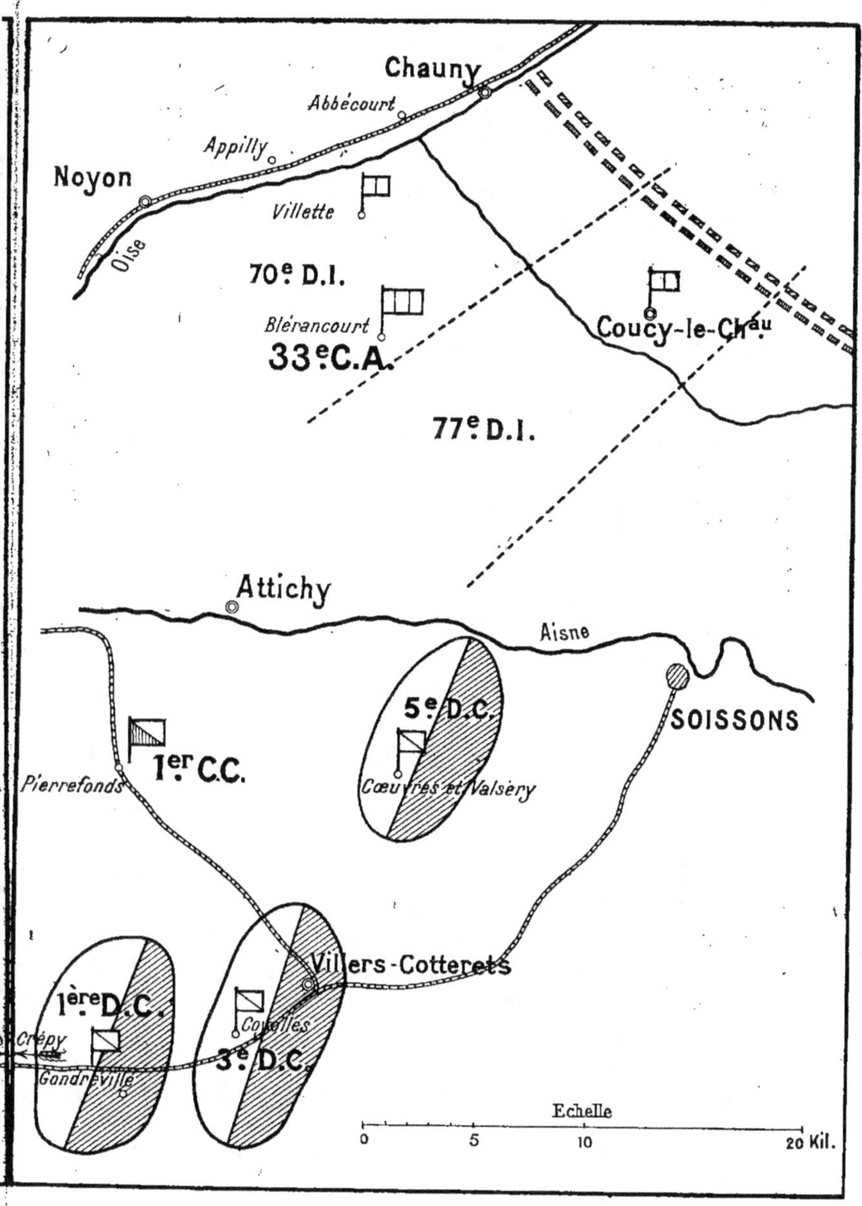

Chauny
Abbécourt
Appilly
Noyon
Oise
Villette
70ᵉ D.I.
Blérancourt
33ᵉ C.A.
Coucy-le-Chᵃᵘ.
77ᵉ D.I.
Attichy
Aisne
SOISSONS
5ᵉ D.C.
Cœuvres et Valséry
1ᵉʳ C.C.
Pierrefonds
Villers-Cotterets
1ᵉʳᵉ D.C.
Coyolles
Crépy
3ᵉ D.C.
Gondreville
Echelle
0   5   10   20 Kil.

commandant le Ier corps de cavalerie constituera, sera employé à relever et à mettre au repos une grande unité d'infanterie du front, de préférence dans la zone du 33e corps d'armée.

L'ordre particulier 657 O. P. de la IIIe armée détermine l'organisation de détail de la division provisoire de cavaliers à pied et décide de l'employer dans le secteur de Blérancourt, tenu par le 33e corps d'armée.

Le général commandant la 3e division de cavalerie est désigné pour prendre le commandement de la division provisoire, il disposera d'un commandant d'infanterie divisionnaire et son état-major, renforcé en officiers et en moyens de liaison, est constitué sur les mêmes bases que l'état-major d'une division d'infanterie.

Les 2 et 3 mai, les régiments de cavaliers à pied fournis par les 1re, 3e et 5e divisions de cavalerie sont embarqués aux gares de Crépy-en-Valois, de Villers-Cotterêts et de Pierrefonds, d'où ils sont transportés par chemin de fer jusqu'à Appily et Abbécourt, dans le secteur du 33e corps d'armée ; dès leur arrivée, ils assurent la relève des régiments d'infanterie de la 70e division d'infanterie, dont, seule, l'artillerie est maintenue sur place.

Le 4 mai, l'état-major de la division provisoire relève lui-même, à Villette, l'état-major de la 70e division d'infanterie.

Ces relèves s'effectuent sans incidents ; l'ennemi est passif, le front est calme et les cavaliers peuvent poursuivre avec activité les travaux de défense déjà entrepris par le 33e corps d'armée.

Le 18 mai, un groupement identique, constitué sous les ordres du général commandant la 1re division de cavalerie, relève la deuxième division du 33e corps d'armée (77e D. I.) dans le sous-secteur de Coucy, tandis que la 70e division d'infanterie, après quinze jours de repos, reprend son ancien secteur de Villette.

L'emploi en secteur des régiments à cheval du 1er corps de cavalerie permettait ainsi de donner quinze jours de repos à chacune des deux divisions du 33e corps d'armée (70e D. I. ; 77e D. I.), qui depuis de longues semaines étaient employées en première ligne.

II. — Constitution de la division provisoire Brécard.
Les attaques de Laffaux.

Le général commandant le groupe d'armées du Nord fixait également les conditions d'organisation du groupement formé sous les ordres du général commandant la 5e division de cavalerie, avec l'artillerie et les régiments de cuirassiers à pied des 1re, 3e et 5e divisions de cavalerie ; ce groupement, qui prenait le nom de division provisoire Brécard, était mis le 27 avril à la disposition de la VIe armée.

Le commandant de la VIe armée prescrivait au général Brécard de porter dès le lendemain matin son quartier général à Cœuvres et Valsery, et l'avisait : « qu'à partir du 29 avril il serait placé sous les ordres du général commandant le 1er corps d'armée colonial. »

Le 1er corps d'armée colonial se trouvait en ligne face aux hauteurs de Vauxaillon-Laffaux, entre le 33e corps d'armée au Nord-Ouest et le 37e corps d'armée au Sud-Est ; il devait participer, avec le 37e corps d'armée et le 6e corps d'armée, aux attaques prévues pour les premiers jours de mai contre les positions du Chemin des Dames « afin de rejeter l'ennemi sur Pinon et Vaudesson et de précipiter sa retraite au Nord du canal de l'Ailette ».

Le commandant du 1er corps d'armée colonial décide de confier à la division provisoire Brécard l'attaque directe des hauteurs de Laffaux, et pour lui permettre de reconnaître et de préparer son terrain d'action, il lui prescrit d'assurer dans la nuit du 29 au 30 avril la relève des éléments coloniaux qui occupent son futur secteur d'attaque, le secteur de Sorny. La division provisoire devra occuper ce secteur avec ses trois régiments accolés, chaque régiment ayant un bataillon en première ligne, un bataillon en deuxième ligne et un bataillon en réserve.

L'état-major et deux bataillons de chacun des trois régiments de cuirassiers à pied sont transportés dans la journée du 29 avril en camions automobiles jusqu'à Soissons, d'où, à la nuit, les bataillons de première ligne viennent s'établir sur leurs emplacements de combat.

4e cuirassiers, au nord, entre la ferme Le Rossy et les Trous.

9e cuirassiers, au centre, vers Laffaux.

11e cuirassiers, au sud, entre la route de Maubeuge et Le Fruty.

Les bataillons de deuxième ligne gagnent dans la matinée du 30 leurs emplacements, tandis que les bataillons de réserve, qui ont fait route à pied, n'occupent les leurs que le 1er mai.

Les trois groupes à cheval font mouvement dans la journée du 29 avril et s'établissent en batterie dans la nuit du 29 au 30.

Le 30 avril, à 8 heures, le général Brécard prend le commandement du secteur ; il installe son poste de commandement au sud du village de Sorny, dans une carrière aménagée située à flanc de coteau.

La division provisoire comprend :

Un état-major de division d'infanterie constitué par l'état-major de la 5e division de cavalerie ; renforcé par des éléments empruntés au 1er corps de cavalerie ;

Les services de la 5e division de cavalerie (santé, intendance, trésor et postes) ;

Un commandant et un état-major d'infanterie divisionnaire fourni par le 1er corps de cavalerie ;

Trois régiments de cuirassiers à pied (4e, 9e et 11e) ;

Une artillerie divisionnaire forte de trois groupes (groupes à cheval des 1er, 3e et 5e D. C.) ;

Le génie de la 5e division de cavalerie ;

Deux escadrons divisionnaires (15e chasseurs).

Elle est renforcée pour l'attaque projetée de :

Deux groupes d'artillerie du corps colonial.

Trois groupes d'artillerie divisionnaire de la 28e division.

Trois groupes 155 court Schneider.

Une batterie de 220.

Trois batteries de tranchée.

Un groupe d'artillerie d'assaut de quatre batteries de quatre chars.

L'escadrille C. 47.

Le ballon 76.

Deux bataillons territoriaux du 291e régiment.

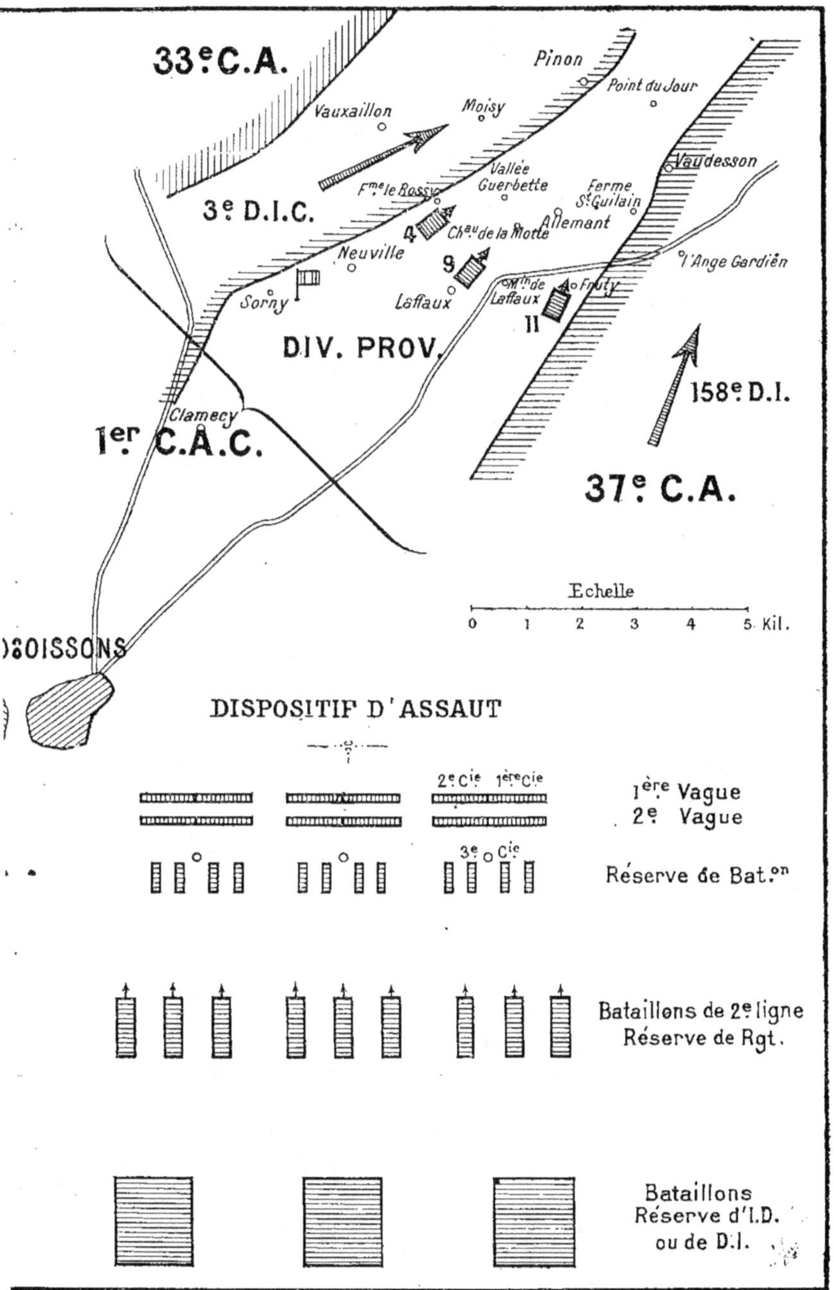
33e C.A.
Pinon
Point du Jour
Vauxaillon
Moisy
Vallée
Guerbette
Vaudesson
3e D.I.C.
Fme le Rossy
Ferme
St Guilain
Allemant
Chau de la Motte
Neuville
l'Ange Gardien
Sorny
Laffaux
Mtin de
Laffaux
Fruty
DIV. PROV.
158e D.I.
1er C.A.C.
Clamecy
37e C.A.
SOISSONS
Echelle
0   1   2   3   4   5 Kil.
DISPOSITIF D'ASSAUT
2e Cie   1ère Cie
1ère Vague
2e Vague
3e Cie
Réserve de Bat.on
Bataillons de 2e ligne
Réserve de Rgt.
Bataillons
Réserve d'I.D.
ou de D.I.

Un bataillon territorial du 301e régiment ;
Une compagnie de génie divisionnaire.

Le commandant du 1er corps d'armée colonial précise, dans un ordre en date du 30 avril, les conditions générales d'engagement de son corps d'armée :

Le 1er corps colonial avec deux divisions en ligne, à gauche, la 3e division d'infanterie coloniale, à droite, la division provisoire Brécard et une division en réserve la 2e division d'infanterie coloniale, a pour mission :

1° D'enlever les organisations ennemies des plateaux de Moisy et du moulin de Laffaux ;

2° D'exploiter le succès en progressant vers le nord-est pour venir en fin d'attaque s'établir sur la ligne Tour de Pinon-Point-du-Jour.

La zone d'action de la division provisoire est limitée :

A l'est, par les carrières de Fruty, la ferme Saint-Guillain (inclus), Vaudesson, ferme du Rosoy (exclus).

A l'ouest, par la ligne Clamecy, Sorny, Neuville-sur-Margival (inclus), ferme le Rossy, carrefour entre la vallée Guerbette et le château de la Motte (exclus), le Grand Vivier (inclus), la route entre le mamelon de la Tour et les hauteurs au sud (exclus), le chemin de terre sud-ouest-nord-ouest limitant la Faisanderie au sud.

Premier objectif de la division provisoire Brécard : carrefour entre la vallée Guerbette et le château de la Motte, lisières nord-ouest d'Allemant.

Deuxième objectif : tranchée de la Quille-tranchée du Lézard.

Troisième objectif : Faisanderie de Pinon-Point-du-Jour.

A la droite du 1er corps d'armée colonial, le 37e corps d'armée et, plus à l'Est, le 6e corps d'armée attaquent sur la ferme Vaurains-Vaudesson.

A sa gauche, le 33e corps d'armée prête à l'attaque l'appui de son artillerie.

Le commandant de la division provisoire détermine dès le 1er mai, par une série d'ordres de détail, les conditions dans lesquelles l'attaque sera préparée et exécutée.

L'aménagement de la zone d'attaque (organisation des boyaux de communication, des parallèles de départ, création de poste de commandement, d'observatoires, etc...) est assurée dans chaque sous-secteur par le régiment qui l'occupe, renforcé d'unités territoriales et d'éléments du génie.

Le plan de liaison fixe dans leur détail l'organisation des liaisons, et le service télégraphique de la division, aidé d'auxiliaires empruntés aux régiments, construit les lignes téléphoniques et les postes de signalisation nécessaires. Les coureurs sont empruntés aux escadrons divisionnaires. Enfin, un centre de renseignements organisé à Sorny, à côté du poste de commandement du général commandant la division, centralise et exploite tous les renseignements recueillis.

Des dépôts de munitions et de matériel du génie, des dépôts de vivres sont constitués dans la zone d'attaque et sur les arrières immédiats.

Des postes de secours, des relais de brancardiers, des centres d'évacuation par voiture hippomobiles et automobiles sont organisés par le service de santé de la division, qui est renforcé de deux ambulances installées, l'une à Clamecy et l'autre à Crouy.

L'artillerie commence le 1er mai la préparation de l'attaque en exécutant des tirs de destruction sur les organisations et sur les batteries de l'ennemi, et des tirs d'interdiction sur ses lignes de communication ; les résultats de ces tirs sont contrôlés par l'aviation.

L'offensive initialement fixée au 3 mai est reportée au 5, pour permettre une préparation plus complète, et dans la nuit du 4, les troupes d'attaque occupent leurs emplacements de combat.

Les trois régiments de cuirassiers à pied, accolés, sont échelonnés en profondeur ; dans chaque régiment, les colonels disposent de deux bataillons ; parmi les bataillons restant disponibles, deux sont à la disposition du commandant de l'infanterie divisionnaire, le dernier reste à la disposition du général de division.

Les bataillons de tête doivent se porter à l'attaque, deux compagnies accolées en première ligne, une compagnie en deuxième ligne ; les compagnies de première ligne formant deux vagues d'assaut distantes d'une centaine de mètres : en arrivant sur la tranchée ennemie la première vague doit s'y installer et la nettoyer, tandis que la deuxième vague s'efforcera de la dépasser pour atteindre la tranchée de soutien. La troisième compagnie, réserve du chef de bataillon, pourra, suivant les circonstances, soit appuyer la première vague, soit manœuvrer au profit de la deuxième.

Chaque régiment dispose d'une compagnie de chars d'assaut.

Aux dernières heures de la nuit, l'artillerie accentue la violence de son tir ; l'ennemi riposte peu, cependant un de ses projectiles provoque l'explosion d'un dépôt de munitions du 9ᵉ cuirassiers ; cette explosion attire son attention et entraîne quelques salves sur les réserves.

A 4 h. 45 les bataillons se portent à l'assaut, précédés par un barrage roulant de 75, réglé à la vitesse de marche de 100 mètres en deux minutes.

L'ennemi demande aussitôt par fusées l'appui de son artillerie, et celle-ci exécute quelques minutes plus tard (4 h. 52) les tirs de barrage prévus, mais déjà les vagues d'assaut ont atteint les tranchées allemandes.

A 6 heures, les bataillons de tête sont maîtres de la carrière de Fruty, du moulin de Laffaux, du château de la Motte ; les chars d'assaut atteignent le plateau, les bataillons de deuxième ligne occupent les parallèles de départ.

Tous les objectifs fixés sont atteints. La progression des divisions voisines, à gauche, la 3ᵉ division d'infanterie coloniale, à droite la 158ᵉ division d'infanterie, est malheureusement plus lente ; la division provisoire se trouve de ce fait en flèche et le feu de l'ennemi se concentre sur elle.

A partir de 6 heures le combat ne se présente plus sous la forme d'une action d'ensemble, mais sous la forme d'actions de détail. Il faut bientôt avancer pied à pied, à la grenade, nettoyer les abris un à un, réduire les nids de mitrailleuses.

L'avance continue, mais lente et difficile, à droite surtout, le long de la route de Maubeuge, où les carrières de Fruty constituent pour l'ennemi un excellent abri dont la garnison n'a pas souffert des tirs de préparation.

A droite, le 11ᵉ cuirassiers arrive à la cote 170, au nord de la route de Maubeuge, mais il est arrêté par les nombreuses mitrailleuses qui, du mont de Laffaux, paralysent ses efforts. Les chars d'assaut ne peuvent approcher suffisamment, par suite des difficultés du terrain, et leur action trop lointaine n'a pas de résultats.

Au centre, le 9ᵉ cuirassiers s'approche des carrières du ravin d'Allemant, où l'ennemi résiste avec opiniâtreté.

A gauche, le 4ᵉ cuirassiers dépasse la ligne des abris, les nettoie et s'y installe.

La deuxième position est atteinte.

La gauche de la 158ᵉ division et la droite de la 3ᵉ division coloniale n'ayant pas réussi à progresser, les flancs de la

division provisoire se trouvent découverts. Elle doit s'arrêter pour s'organiser sur les positions conquises et se reconstituer. Les pertes sont lourdes, de nombreux officiers sont
tués ou blessés.

A 18 heures, l'attaque est reprise sur le front du corps
colonial et sur le front de la 158ᵉ division ; elle donne peu
de résultats et l'ennemi réagit violemment avec son artillerie. A 20 heures, il exécute une forte contre-attaque qui
est repoussée.

La nuit du 5 au 6 mai est extrêmement pénible pour les
troupes. Un orage effroyable, qui dure jusqu'au lever du
jour, rend impossible l'organisation des positions conquises.

Le général commandant le corps d'armée colonial prescrit de reprendre l'attaque dans la journée du 6, afin de réaliser la conquête du plateau de Laffaux.

A gauche, la 3ᵉ division coloniale doit s'emparer du plateau de Moisy ; à droite, la 158ᵉ division doit porter son
front à hauteur de la division provisoire. L'assaut est fixé à
16 heures. La préparation d'artillerie commence dès 10 heures.

L'attaque débouche comme à la parade, à l'heure fixée,
précédée d'un barrage roulant, les vagues successives échelonnées à 100 mètres, et progresse énergiquement malgré
la violence du tir de l'artillerie ennemie.

A gauche le 4ᵉ cuirassiers enlève le château de la Motte,
où il s'organise.

Au centre et à droite, les 9ᵉ et 11ᵉ cuirassiers dépassent
les carrières qui bordent au sud le ravin d'Allemant ; mais
l'avance de la division ne peut être maintenue : elle se trouve,
en effet, toujours, en flèche par rapport aux divisions voisines, et à la nuit, pour éviter d'être débordée, elle doit se
replier de 200 mètres en arrière ; elle abandonne le château
de la Motte, où un escadron du 4ᵉ cuirassiers s'est énergiquement maintenu malgré un violent bombardement qui lui
a fait subir de très lourdes pertes.

Durant la nuit, l'ennemi tente en vain plusieurs contre-
attaques.

Les journées des 7 et 8 mai sont employées à organiser
les positions conquises ; les travaux sont rendus particulièrement difficiles par les bombardements incessants de l'ennemi.

Les cavaliers, à peine abrités dans des tranchées de fortune et toujours sous la menace d'une attaque, sans moyens de communication avec l'arrière, péniblement ravitaillés et seulement1 a nuit par des corvées à dos d'hommes, après avoir cruellement souffert d'une lourde chaleur, devront supporter durant la nuit du 7 au 8 une pluie diluvienne qui inonde les tranchées, arrête tous les travaux et ne permet aucun repos.

Le 8 mai dans la matinée, la division provisoire est prévenue qu'elle sera remplacée par la 2e division d'infanterie coloniale ; les bataillons de réserve sont relevés dans la nuit du 8 au 9, les bataillons de première ligne dans la nuit du 9 au 10.

Le 11 mai, la division provisoire est dissoute.

Après avoir cantonné le 10 mai dans la région de Soissons, les régiments de cuirassiers rejoignent le 11 leurs divisions respectives, tandis que la 5e division de cavalerie reconstituée est placée sous les ordres du général commandant le 1er corps de cavalerie.

La division provisoire, formée avec des éléments divers qui furent engagés sans avoir eu le temps de s'amalgamer, dotée de moyens de fortune presque toujours insuffisants, n'en avait pas moins glorieusement rempli la mission qui lui avait été confiée.

Après avoir conquis en deux jours de combats tous les objectifs qui lui avaient été assignés, elle s'était maintenue sur les positions conquises malgré le bombardement incessant et les contre-attaques répétées de l'ennemi.

Les résultats obtenus étaient considérables, l'ennemi perdait une position importante contre laquelle jusqu'alors toutes les attaques avaient échoué ; il laissait entre les mains des cuirassiers quatre cent cinquante prisonniers, des armes, des mitrailleuses, un important matériel, et les nombreux cadavres abandonnés sur le terrain témoignaient à la fois de la violence du combat et de la grandeur de ses pertes. Ce succès était malheureusement chèrement payé.

Dès le 9 mai, le commandant en chef rendait un éclatant hommage à la division provisoire en lui adressant ses félicitations officielles ; quelques semaines plus tard, après avoir

cité à l'ordre de l'armée les régiments de cuirassiers à pied,
il venait accrocher lui-même à leur étendard la croix de guerre,
témoignage de leur bravoure et de leur dévouement.

CHAPITRE V

LE CORPS DE CAVALERIE EN SECTEUR. — OR-GANISATION GÉNÉRALE DU SECTEUR DE BLÉ-RANCOURT.

I. — Le corps de cavalerie en secteur : Le secteur de Blérancourt. — Répartition des troupes. — Organisation des relèves.

Le corps de cavalerie, regroupé dans la région de Pierrefonds, après les attaques de Laffaux, et renforcé de la 5e division de cavalerie qui lui était définitivement affectée, devait être mis à la disposition de la IIIe armée pour relever dès le 15 mai le 33e corps d'armée dans le secteur de Blérancourt.

Le commandant du 1er corps de cavalerie ayant demandé que cette relève fût reportée aux derniers jours de mai, afin de donner aux régiments de cuirassiers à pied le temps de se reconstituer, le commandant du groupe d'armées du Nord décida que l'état-major du 1er corps de cavalerie remplacerait dès le 20 mai l'état-major du 33e corps d'armées, mais qu'une division de ce corps d'armée serait maintenue jusqu'au 1er juin dans le secteur de Blérancourt pour faciliter l'entrée en ligne des unités du 1er corps de cavalerie.

Le 33e corps d'armée, qui disposait de deux divisions d'infanterie, avait divisé le secteur de Blérancourt en deux sous-secteurs, cette organisation ne pouvait être adoptée sans inconvénients par le 1er corps de cavalerie qui ne disposait que de trois divisions de cavalerie. L'effectif de chacune de ces divisions étant très inférieur à celui d'une division d'infanterie, il aurait fallu, pour conserver l'organisation du 33e corps d'armée, soit disloquer une division de cavalerie au profit des deux autres, soit imposer aux deux divisions de cavalerie maintenues en secteur un service très exagéré.

Dans ces conditions, le commandant du 1er corps de cavalerie estima préférable de substituer à l'organisation en deux secteurs une répartition nouvelle en trois secteurs ; chacune des divisions du 1er corps de cavalerie étant affectée à la défense d'un de ces trois secteurs. Cette solution avait le grand avantage d'assurer à l'organisation de la défense l'esprit de suite et la continuité dans le commandement, indispensables, et de maintenir les unités de chaque division sous les ordres de leurs chefs organiques tout en permettant des relèves régulières.

Un ordre en date du 26 mai fixa, d'après ces principes, l'organisation du secteur du 1er corps de cavalerie.

La zone de Blérancourt est divisée en trois secteurs :

1º Secteur de Coucy-le-Château : 1re division de cavalerie :
Général Robillot, à Selens, poste de commandement Coucy-le-Château ;
Général de brigade commandant l'infanterie, poste de commandement Coucy-le-Château.

2º Secteur de Folembray :
Général Brécard, à Saint-Aubin, poste de commandement Folembray ;
Général de brigade commandant l'infanterie, poste de commandement Folembray.

3º Secteur de Villette : 3e division de cavalerie :
Général de Boissieu, à Quierzy, poste de commandement Villette.
Général de brigade commandant l'infanterie, poste de commandement Villette.

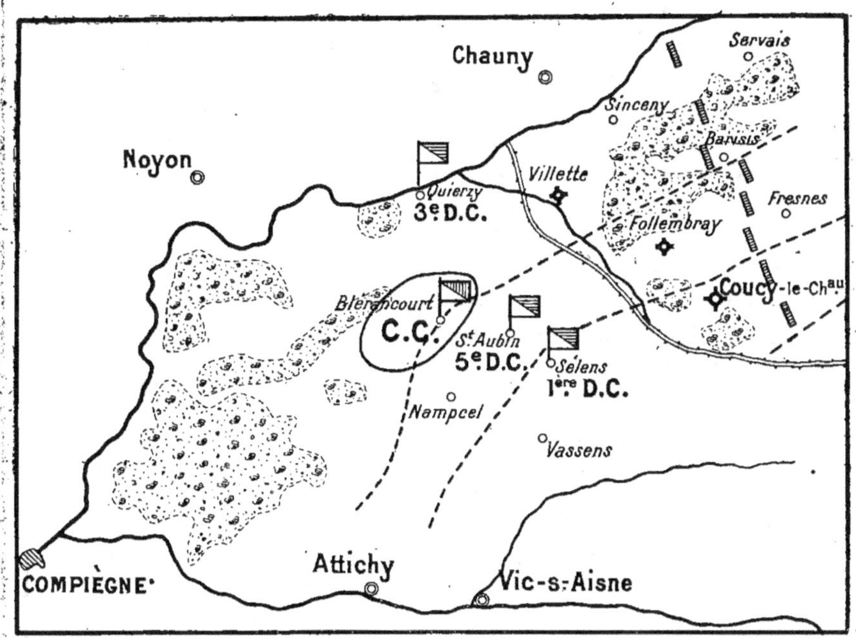

1° Secteur Coucy-le-Château, 1ʳᵉ D. C. : C. R. Courval, P. A. Cosson, Le Faux, Courval ; C. R. Berjolet, P. A. Les Berceaux, Cranne, Les Ravins.

2° Secteur Folembray, 5ᵉ D. C. : C. R. Rozières, P. A. Bois Carré, Le Plateau ; C. R. Gilotin, P. A. Normezière, Montplaisir ; C. R. Crotoir, P. A. Cote 189, Carrière, Abbaye.

3° Secteur de Villette, 3ᵉ D. C. : C. R. Barisis, P. A. Eglise, Station ; C. R. Epinois, P. A. Baillon, Ermitage ; C. R. Amigny R., P. A. Servais, Cote 92.

Chacun de ces secteurs est divisé en deux ou trois centres de résistance, chaque centre de résistance comportant deux ou trois points d'appui.

Dans chaque secteur trois bataillons sont en première ligne, deux en réserve (un en réserve de secteur, un en réserve de corps de cavalerie) (1).

Les trois bataillons en ligne sont deux bataillons de cavaliers démontés et un bataillon de cuirassiers à pied. Les deux bataillons de réserve sont deux bataillons de cuirassiers à pied.

Dans chaque division, deux brigades ayant fourni chacune un bataillon de cavaliers démontés, il reste une brigade complète, à cheval, disponible.

Les relèves sont organisées par les divisions. Les bataillons restent vingt jours en ligne et chaque brigade à cheval est reconstituée pendant dix jours.

A partir du mois d'août, les brigades à cheval des divisions furent successivement détachées dans le gouvernement militaire de Paris pour des services d'ordre. L'organisation en trois secteurs n'en fut pas moins maintenue pour les raisons déjà indiquées ; mais la division dont les brigades à cheval étaient absentes fut renforcée par des éléments empruntés aux secteurs voisins, et le général de division fut lui-même remplacé dans le commandement du secteur intéressé par un de ses commandants de brigade, ce qui assura la continuité du commandement.

Le 20 mai, le commandant du 1er corps de cavalerie prenait le commandement de la zone de Blérancourt ; la relève de l'état-major du 33e corps d'armée par l'état-major du 1er corps de cavalerie s'effectuait sans difficultés et le 1er juin, les unités du 33e corps d'armée (70e D. I.), restées temporairement en ligne, étaient en totalité relevées par des unités du 1er corps de cavalerie.

____

(1) Les 205e, 206e, 207e, 212e, 214e compagnies de mitrailleuses de position sont réparties dans la zone du corps de cavalerie sous l'autorité des commandants de secteur, qui peuvent renforcer leur secteur avec les mitrailleuses de leur groupe A. M. C.

Il existe de plus par secteur un groupe cycliste et un bataillon de travailleurs territoriaux.

II. — Le secteur de Blérancourt. — Artillerie et génie. — Organisation des services. — Organisation du territoire.

Le 1ᵉʳ corps de cavalerie ne possédant organiquement, ni commandant d'artillerie, ni commandant du génie, ni chefs de service, il fallut suppléer par des moyens de fortune à l'insuffisance de son organisation.

ARTILLERIE.

Le colonel Le Rond, récemment affecté au 1ᵉʳ corps de cavalerie, fut désigné pour remplir les fonctions de commandant de l'artillerie ; son état-major fut constitué avec des officiers empruntés aux différentes formations d'artillerie du corps de cavalerie, le matériel nécessaire (voitures, autos, matériel de liaison, etc...) fut également fourni par le 1ᵉʳ corps de cavalerie.

La faible dotation en artillerie du corps de cavalerie (un groupe à cheval par D. C.) ne lui permettait pas d'assurer par ses propres moyens la défense du secteur et il fallut le renforcer d'un certain nombre de batteries de campagne et d'artillerie lourde (deux groupes de 75 montés, trois groupes de 75 portés, un groupe de 155 long, un groupe de 155 court, un groupe de 120, un groupe de 105).

Cette artillerie fut répartie en artillerie divisionnaire (artillerie de campagne) et en artillerie de corps (artillerie lourde).

L'artillerie divisionnaire fut placée dans chaque secteur de division sous les ordres du plus ancien commandant de groupe de la division, assisté d'un état-major constitué avec des éléments empruntés aux batteries du secteur.

La proportion d'artillerie de campagne affectée à chaque secteur fut déterminée d'après l'étendue et d'après l'importance du secteur ; en principe, il fut attribué un groupe par front de bataillon (front d'un centre de résistance) ; dans chaque groupe, deux batteries furent plus spécialement destinées aux tirs de barrage, tandis que la troisième restait en réserve, à la disposition du commandant de groupe (1).

L'artillerie lourde fut placée sous les ordres du commandant de l'artillerie lourde du 1er corps de cavalerie qui fut, au début, le plus ancien des commandants de groupes lourds ; elle fut répartie en trois groupements (2).

Le rôle, les missions, les zones d'action, les liaisons des différents groupements d'artillerie furent fixés par le plan d'emploi d'artillerie.

Cette organisation fut complétée par la création à Blérancourt d'un parc d'artillerie avec une équipe de réparation (annexe pour l'artillerie lourde à Saint-Aubin), des moyens de ravitaillement et des dépôts de munitions. Le personnel nécessaire fut emprunté aux groupes d'artillerie du corps de cavalerie et aux unités de ravitaillement mises à sa disposition.

Enfin trois sections de repérages terrestres et deux sections de repérages par le son furent chargées de déterminer l'emplacement des batteries ennemies habilement dissimulées dans la forêt de Coucy, et plusieurs de ces batteries découvertes par les sections de repérages par le son purent être réduites au silence (3).

L'ensemble de cette organisation permit au corps de cavalerie d'assurer la défense du secteur de Blérancourt ; elle lui permit même d'assurer son renforcement en artillerie lorsque les circonstances l'exigèrent, mais elle présentait le grave inconvénient d'être réalisée en partie aux frais des unités de combat elles-mêmes, qui se trouvaient privées souvent de leurs meilleurs éléments détachés dans les états-major d'artillerie divisionnaire et d'artillerie lourde.

---

(1) La répartition de l'artillerie de campagne fut la suivante :

Artillerie divisionnaire de la 1re division de cavalerie, secteur de Coucy, artillerie organique 1re division de cavalerie, groupe III/213.

Artillerie divisionnaire de la 5e division de cavalerie, secteur de Folembray, artillerie organique 5e division de cavalerie, groupe 1/213-1/203.

Artillerie divisionnaire de la 3e division de cavalerie, secteur de Villette, artillerie organique 3e division de cavalerie, groupes II/213-II/203.

(2) Groupement de Praast (groupe V/108, 2 batteries de 155 L).

Groupement de Folembray (groupe VI-108, 2 batteries de 120).

Groupement de Verneuil-Coucy (groupe VIII-108, 2 batteries de 155 C. ; groupe III-118, 3 batteries de 105).

(3) S. R. O. T. 81, Guny ; S. R. O. T. 82, Sélens ; S. R. O. T. 63, Chauny ; S. R. S. 5, Pierremande ; S. R. S. 8, Frières.

GÉNIE.

L'organisation du génie du secteur de Blérancourt présenta pour les mêmes motifs des difficultés de même ordre que celles rencontrées dans l'organisation de l'artillerie.

Le génie organique du corps de cavalerie (une section de sapeurs cyclistes par D. C., un équipage de ponts Delacroix), renforcé de trois compagnies territoriales (5/6 T., 5/7 T., 10/15 T.), devait assurer à la fois les travaux de défense (travaux spéciaux), l'entretien des routes et des ouvrages d'art et les ravitaillements en matériel.

Le commandant du corps de cavalerie décida de confier les fonctions de commandant du génie du corps de cavalerie à l'officier du génie normalement affecté à son état-major, en le chargeant tout spécialement des travaux intéressant surtout l'ensemble du secteur (troisième position, entretien des routes, ateliers de fabrication et dépôts de la zone arrière), tandis que dans chaque division le plus ancien officier du génie remplirait les fonctions de commandant du génie divisionnaire et serait, à ce titre, plus particulièrement chargé des travaux et des dépôts de la zone avant.

L'organisation générale du génie comprenait dans ces conditions :

A. — *Le génie du corps de cavalerie*

Commandant du génie à Blérancourt, disposant :

De la compagnie d'équipages de ponts ;

De trois sections empruntées aux trois compagnies territoriales ;

De travailleurs (maçons, ouvriers en fer et en bois) empruntés aux différents régiments du corps de cavalerie ;

Du parc du génie et de la scierie de Blérancourt.

B. — *Le génie des secteurs*

Constitué dans chaque secteur avec le détachement de sapeurs cyclistes de la division de cavalerie renforcé d'une compagnie territoriale (moins une section maintenue au corps de cavalerie) et disposant dans chaque secteur (1) d'un dépôt de matériel (2).

AÉRONAUTIQUE.

Le service aéronautique nécessaire au secteur fut formé tout entier avec des unités détachées de l'armée :

Escadrille F 63.

26ᵉ compagnie d'aérostiers.

Le commandant de l'escadrille remplit les fonctions de commandant du secteur de l'aéronautique.

SERVICE TÉLÉGRAPHIQUE.

Le service télégraphique fut assuré pour l'ensemble du corps de cavalerie par le service télégraphique du corps, et dans chaque secteur de division par le service télégraphique de la division.

Le personnel du corps de cavalerie et celui des divisions furent complétés par des auxiliaires empruntés aux régiments.

Le service radiotélégraphique du corps de cavalerie établit un réseau de liaisons par T. S. F. entre le corps de cavalerie et l'armée ; entre le corps de cavalerie, les divisions de cavalerie, les postes de commandement des divisions de cavalerie et le poste de commandement de l'aéronautique.

Les liaisons par téléphone et par T. S. F. furent complétées par des liaisons par projecteurs et par pigeons voyageurs (3).

---

(1) Les travaux exécutés par le génie du 1ᵉʳ corps de cavalerie seront étudiés dans un chapitre spécial.

(2) Secteur de la 1ʳᵉ division de cavalerie : sapeurs cyclistes de la 1ʳᵉ division de cavalerie, 3 sections de la compagnie 5/7 T. Dépôt de Pont-Saint-Mard.

Secteur de la 5ᵉ division de cavalerie : sapeurs de la 5ᵉ division de cavalerie 3 sections de la compagnie 10/15 T. Dépôt de Folembray.

Secteur de la 3ᵉ division de cavalerie : sapeurs de la 3ᵉ division de cavalerie, 3 sections de la compagnie 5/6 T. Dépôt de Pierremande.

(3) Un colombier mobile fut affecté spécialement au corps de cavalerie et un colombier fixe à chaque division de cavalerie (colombier 38 : Margny-les-Compiègne, 5ᵉ D. C. ; colombier 41 : Haute-Fontaine, 3ᵉ D. C. ; colombier 42 : Cœuvres, 1ʳᵉ D. C.) chacun de ces colombiers fut directement relié par téléphone au central du corps de cavalerie.

La compagnie 215 de S. P. établit :

	4 postes de projecteurs de	90
2	— —	60
20	— —	35

SERVICE DE SANTÉ.

Les fonctions de directeur du service de santé furent confiées au plus ancien des médecins divisionnaires, et dans chaque division, celles de médecin divisionnaire au médecin chef de l'ambulance.

Le traitement des petits malades fut assuré dans chaque secteur par l'ambulance de la division de cavalerie intéressée et celui des blessés intransportables par une ambulance d'armée installée à Blérancourt.

Les voitures d'ambulance automobiles du corps de cavalerie furent réparties entre les centres de recueil des secteurs pour évacuer les malades ou les blessés soit sur les ambulances divisionnaires, soit sur l'ambulance de Blérancourt fonctionnant comme hôpital d'évacuation.

SERVICE DE L'INTENDANCE. — TRÉSOR ET POSTES.

Le service de l'intendance et le service des trésors et postes furent confiés dans chaque secteur aux services des divisions intéressées ; une gare spéciale de ravitaillement fut affectée à chaque division.

Les services généraux du corps (parc de bétail, centre d'abat, E. N. E.) furent rattachés à la 3e division dont le personnel fut renforcé par un personnel d'armée (ouvriers).

Un bureau annexe du bureau du payeur de la 1re division de cavalerie fut créé pour assurer le service postal du corps de cavalerie et de ses très nombreux éléments non endivisionnés.

SERVICE DES CAMPS ET CANTONNEMENTS.

Un service des camps et cantonnements fut créé, dans le courant de l'été, à Blérancourt pour diriger l'organisation des camps et cantonnements et servir d'intermédiaire entre la population civile et les troupes.

Il comprenait, à l'état-major du corps de cavalerie un officier supérieur chef de service, à chaque état-major de secteur un officier et dans les cantonnements des majors de camps ou de cantonnements.

Un plan d'ensemble des travaux d'amélioration à effectuer par ordre d'urgence fut arrêté par le commandant du 1er corps de cavalerie et les travaux furent entrepris dans chaque cantonnement par les occupants sous la surveillance des majors de cantonnements auxquels le 1er corps de cavalerie fournit le matériel nécessaire.

Les résultats obtenus furent des plus heureux et aux débuts de l'hiver on avait pu organiser, dans la zone pourtant complètement dévastée de Blérancourt, les abris nécessaires à la totalité des effectifs en hommes et en chevaux, tout en facilitant le retour de nombreux habitants.

III. — Le plan de défense. — Organisation et occupation du terrain. — Les travaux.

1° *Le plan de défense. — Etude du terrain*

Un plan de défense a pour base l'étude du terrain à défendre ; cette étude seule permet de fixer l'organisation et l'occupation de ce terrain.

La zone du corps de cavalerie comprenait trois plateaux détachés du massif de la forêt de Saint-Gobain :

Le plateau Le Crotoir ;
Le plateau de Fresnes ;
Le plateau du Point-du-Jour.

Ces deux derniers plateaux dominent au nord-est la vallée de l'Ailette.

La possession des plateaux de Fresnes et du Point-du-Jour assurait la position du 1er corps de cavalerie au delà de l'Ailette ; elle avait une importance d'autant plus capitale qu'elle couvrait son artillerie et masquait en partie son arrière-front ; l'occupation de ces plateaux par l'ennemi devait entraîner le repli de la ligne de défense à l'ouest de l'Ailette.

Le plateau Le Crotoir-Ferme-Rouge couvrait les positions du plateau de Fresnes et celles de la région de Barisis, il constituait la première étape d'une offensive ultérieure sur Saint-Gobain.

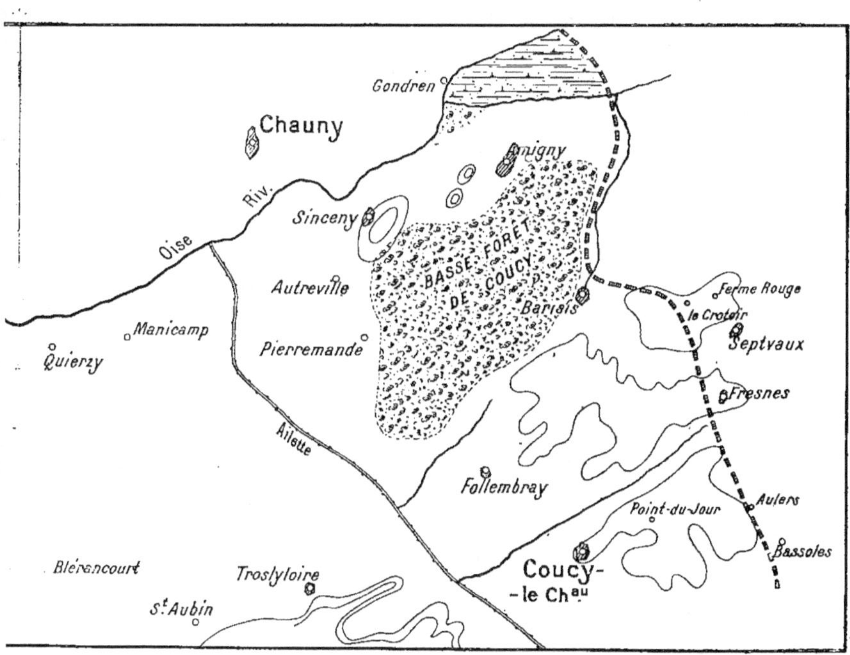
Gondren
Chauny
Amigny
Sinceny
BASSE FORÊT
DE COUCY
Autreville
Barisis
Ferme Rouge
le Crotoir
Septvaux
Manicamp
Oise
Riv.
Quierzy
Pierremande
Fresnes
Ailette
Follembray
Point-du-Jour
Aulers
Bassoles
Blérancourt
Troslyloire
Coucy-
-le Ch.au
St. Aubin

2° *Organisation du terrain*

L'organisation du terrain, basée sur les considérations précédentes, devait avoir pour but de garantir la possession des plateaux de Fresnes, du Point-du-Jour et du Crotoir, qui commandent l'ensemble du terrain à défendre (1re position), et d'interdire les débouchés de ces plateaux si l'ennemi parvenait à s'en emparer (2e position).

La première position imposée par les hasards de la bataille, barrait l'accès des plateaux de Coucy et de Fresnes. Elle comportait :

Une parrallèle de surveillance, simple ligne de petits postes ;

Une parrallèle principale occupée par le gros, et qui devait être défendue coûte que coûte.

Une parrallèle de soutien.

Une parrallèle des réduits, ligne de couverture de l'artillerie et base de départ pour les contre-attaques.

La deuxième position devait permettre la défense des plateaux situés à l'ouest de l'Ailette, si l'ennemi parvenait à s'emparer de la première position.

Jalonnée par le Malhalèle, le Haut-de-Guny, Quincy-Haute, le bois de la Tinette, le groupe du bois d'Aast, elle comprenait.

Une ligne basse, parallèle principale, s'appuyant sur l'Ailette.

Une ligne haute, couvrant les observatoires d'artillerie situés au rebord du plateau.

Une ligne de réduits placés aux environs des naissances des différents ravins qui occupent le plateau.

3° *Occupation du terrain*

L'occupation du terrain fut établie d'après les principes suivants :

a) Economiser les troupes en lignes et augmenter les troupes réservées ;

b) Echelonner les troupes en profondeur et rendre ainsi plus facile l'action des contre-attaques ;

c) Faciliter et simplifier l'exercice du commandement en cas de renforcement.

Ce résultat fut atteint :

a) En divisant le secteur en zones actives occupées en permanence et comprenant des points d'appui plus ou moins échelonnés en profondeur, et en zones passives rendues impraticables par l'accumulation des obstacles (réseaux) et par les feux croisés des zones actives voisines.

b) En groupant sous un même commandement (zone correspondante à un bataillon) les points d'appui établis en profondeur sur les différentes lignes de la première position.

Le plan de défense fut complété lui-même par une série d'annexes concernant les conditions d'emploi des différents moyens d'action du corps de cavalerie (artillerie, service télégraphique, service aéronautique, etc...)

Une de ces annexes du 18 décembre 1917 prévoit l'organisation dans chacun des secteurs d'un groupement de mitrailleuses pour « faire du harcèlement à grande distance et établir des barrages devant les points sensibles du front ».

4º *Les travaux*

Les conditions d'exécution des travaux de toute nature nécessaires à la mise en état de défense du secteur furent précisées dès l'arrivée des divisions dans la zone de Blérancourt (Note du 21 juin 1917).

Ces travaux comprenaient :

a) Les installations à réaliser pour permettre aux troupes de tenir le front pendant la mauvaise saison (construction d'abris avec poêles et braseros ; établissement de puisards, rigoles d'assèchement ; pose de cailleboutis, clayonnage des tranchées et boyaux dans les terrains peu solides ; aménagement de guérites de guetteurs, niches pour grenades, munitions, artifices éclairants). En un mot, on chercha par tous les moyens possibles à donner aux hommes le maximum de bien-être pendant le quatrième hiver de campagne.

Ces organisations, qui n'exigent qu'un faible effort quand elles sont prévues au moment où s'exécute le travail d'ensemble qu'elles viennent compléter, demandent au contraire un très gros effort quand on les entreprend après coup.

b) Les améliorations à réaliser pour rendre le front inviolable et pour le préparer en vue d'offensives ultérieures. Ces améliorations comportaient le perfectionnement des organisations de défense (réseaux, tranchées de tir), et celui des organisations de protection (abris, boyaux).

L'ensemble de ces travaux représentait un grand effort' et trois mois étaient à peine suffisants pour les mener à bien' étant donné le petit nombre de travailleurs disponibles.

Il en résultait qu'aucun instant ne devait être perdu et qu'aucun coup de pioche inutile ne devait être donné. Ce résultat ne pouvait être atteint que par la coordination des travaux et par la prévision du matériel nécessaire. En conséquence le commandant du corps de cavalerie décida de faire établir par les commandants des divisions un plan d'ensemble des travaux à exécuter aussi bien pour l'avant que pour l'arrière. Ce plan, soumis à son approbation, devrait être ensuite strictement exécuté.

5° *Organisation des cantonnements de la zone arrière*

Les cantonnements, à la rigueur suffisants pour la belle saison, risquaient de devenir tout à fait insuffisants pour l'hiver. Il importait donc de les organiser pour un séjour prolongé. Les travaux nécessaires arrêtés par les majors de cantonnement furent soumis à l'approbation du commandant du 1er corps de cavalerie, et aussitôt cette approbation reçue, ils furent commencés.

A la fin de l'automne, grâce à ces mesures, tous les cantonnements étaient munis d'installations suffisantes pour abriter les hommes et les chevaux pendant l'hiver.

IV. — Historique des principaux événements survenus pendant l'occupation du secteur de Blérancourt par le 1er corps de cavalerie.

Le 1er corps de cavalerie parvint à assurer l'intégrité du front qui lui avait été confié pendant la longue période où il occupa du secteur de Blérancourt (20 mai 1917-5 février 1918) ; ce front était sans doute par la nature même du terrain un front plutôt passif ; néanmoins il présenta toujours une réelle activité, autant par la répétition des coups de mains que par la fréquence des tirs de l'artillerie ennemie.

Les principaux événements à signaler sont, par ordre chronologique :

3 juillet. Une reconnaissance, commandée par le lieutenant Vallée du 4ᵉ cuirassiers, surprend une patrouille allemande, ramène dans nos lignes sept Allemands prisonniers.

7 juillet. Un détachement allemand attaque un petit poste à mi-côte du ravin de Normezières, au poste avancé Montplaisir. Après un violent combat à la grenade, le détachement est forcé de se retirer.

14 juillet. Après un violent bombardement, nos petits postes du Crotoir et nos travailleurs de Barisis sont attaqués. La garnison des petits postes et les travailleurs se replient suivant l'ordre donné sur la ligne de résistance puis contre-attaquent et réoccupent leurs positions.

15 octobre. Les Allemands bombardent violemment nos premières lignes du Crotoir et de la cote 189 et pénètrent ensuite en certains points de la ligne de surveillance qui a été évacuée conformément aux ordres donnés. Ils en sont chassés aussitôt par une contre-attaque à la grenade.

23 octobre. Un coup de main allemand sur les petits postes du poste avancé de Normezières est repoussé et échoue complètement.

27 octobre. Deux pelotons du 4ᵉ cuirassiers pénètrent dans le saillant de Pilen et regagnent nos lignes leur reconnaissance terminée.

5 novembre. Après une violente préparation d'artillerie, les Allemands exécutent un coup de main sur le Crotoir et sont repoussés, laissant des prisonniers entre nos mains.

22 novembre. Une reconnaissance du 4ᵉ cuirassiers pénètre sur 200 mètres de profondeur dans le saillant de Pilsen et constate le bouleversement des ouvrages et des défenses ennemies par le bombardement qui a précédé la reconnaissance.

30 novembre. Après un violent bombardement sur nos

premières lignes et sur nos arrières, un important détachement d'un sturm-bataillon exécute un coup de main sur
le poste avancé Carrières. Le détachement, violemment
contre-attaqué, se retire précipitamment laissant entre nos
mains des tués, des prisonniers et une mitrailleuse.

4 décembre. Coup de main allemand accompagné d'un
violent bombardement sur nos petits postes de Ferme-Ro-
sière et de Maison-Blanche. Il est complètement repoussé.
Quatorze cadavres allemands restent sur le terrain.

3 janvier. Trois détachements ennemis tentent, après une
violente préparation d'artillerie, d'aborder nos lignes aux
postes avancés Carrières et Normezières et subissent un
échec complet.

10 janvier. Après un fort bombardement des centres de résistance Gillotin et Rozières, un coup de main allemand
sur le petit poste Boulot est repoussé. Au cours du bombardement et du coup de main, la 5ᵉ D C perd dix tués, dont
deux officiers, trente et un blessés, dont trois officiers.

26 janvier. Trois groupes ennemis attaquent, après une
violente préparation d'artillerie, le saillant du poste avancé
des Carrières (C. R. Crotoir) et pénètrent dans les petits
postes qui ont été évacués, ceux-ci sont réoccupés après une
contre attaque.

29 janvier. Les Allemands, dans un nouveau coup de main
sur le Crotoir, laissent cinq prisonniers entre nos mains.

V. — La discipline et l'état moral des troupes. — Les incidents militaires de mai 1917. — Rôle du 1ᵉʳ corps de cavalerie.

Les espérances, peut-être exagérées, qui avaient animé
les troupes au moment des attaques d'avril 1917 firent
place à une déception le plus souvent injustifiée, lorsqu'on
apprit que la bataille n'avait pas entraîné la retraite complète et définitive de l'ennemi.

Cette déception, habilement exploitée par des agents
ennemis et par des fauteurs de désordre, fit naître dans
certains régiments un état d'esprit regrettable. La critique
systématique du commandement, auquel on attribuait des
pertes qui n'avaient jamais existé, portait une atteinte grave

à la discipline, en même temps que l'opinion partout répandue par des « semeurs de mauvaises nouvelles » que la victoire était désormais impossible, enlevait au soldat cette confiance qui jusqu'alors avait élevé son moral au-dessus de toute défaillance.

Des unités désignées pour occuper des tranchées de première ligne dans la région de Soissons refusèrent d'obéir à leurs chefs, le mouvement s'étendit, et dans la nuit du 29 au 30 mai, le 1er corps de cavalerie fut alerté pour assurer le maintien de l'ordre.

Aux premières heures du 30 mai, cinq brigades occupaient les emplacements qui leur avaient été assignés, et leur ferme attitude en imposa aux mutins, que leurs chefs parvinrent à ramener dans le devoir.

De nouveaux incidents exigèrent le lendemain l'intervention d'une brigade entière, prélevée sur le corps de cavalerie, pour isoler des unités indisciplinées.

Les troupes relevées par le 1er corps de cavalerie dans le secteur de Blérancourt n'échappent pas elles-mêmes à la redoutable contagion ; un bataillon entier, célèbre par ses services à Verdun, refuse le 2 juin obéissance à ses chefs ; le commandant du corps de cavalerie fait aussitôt intervenir une brigade de dragons et grâce à l'énergie des officiers, au calme et à l'esprit de discipline des cavaliers, les mutins sont arrêtés et l'ordre rétabli.

La confiance qu'inspire au commandant en chef et au gouvernement l'esprit de discipline des unités de cavalerie leur vaudra, durant les dernières années de la guerre, le triste et redoutable honneur d'être employées aussi bien à l'intérieur du pays que dans la zone des armées à assurer le maintien de l'ordre.

Trois brigades du 1er corps de cavalerie relevées à tour de rôle seront envoyées à Paris et dans les grands centres industriels ; des postes de cavaliers seront établis à demeure dans les gares de permissionnaires et dans les dépôts de munitions. Ce pénible service rendra la cavalerie presque impopulaire, et beaucoup, oubliant que les cavaliers ainsi employés descendent des tranchées et vont y retourner, seront bien près de les considérer comme des favorisés menant loin du front une vie sans danger.

CHAPITRE VI

LE 1er CORPS DE CAVALERIE EN SECTEUR. — INSTRUCTION ET ORGANISATION DE LA CA-VALERIE.

I. — Le centre d'instruction de Blérancourt. — Son but. — Son organisation. — Résultats obtenus.

Les transformations apportées aux procédés de combat et la mise en service de moyens d'action nouveaux imposaient au commandement l'obligation de perfectionner sans cesse l'instruction des cadres et celle de la troupe. Dans ce but, un centre d'instruction fut créé à Blérancourt.

Ce centre d'instruction fut installé auprès du quartier général, ce qui présentait le double avantage de permettre au commandant du corps de cavalerie d'exercer facilement une action immédiate et constante sur son fonctionnement, et de donner au centre les moyens d'instruction (aviation, service télégraphique, service auto, etc...) dont disposait l'état-major du corps de cavalerie.

Les fonctions de directeur du centre d'instruction furent confiées à un officier supérieur d'infanterie breveté, le commandant Boussavit, qui fut chargé d'organiser le centre lui-même d'après un programme approuvé par le commandant du corps de cavalerie.

On admit, en principe, qu'il convenait de placer les officiers, les gradés et les cavaliers détachés au centre d'instruction dans des conditions matérielles susceptibles de leur rendre le stage aussi agréable que possible et de leur faire considérer celui-ci, au sortir des tranchées, comme une période de détente utilement et activement employée. Des logements furent spécialement aménagés pour les officiers, avec un mess et un cercle où ils trouvèrent des journaux et des livres ; des baraquements confortables furent de même organisés pour loger les gradés et les cavaliers ; les sous-officiers purent prendre leur repas dans un mess ; les brigadiers et les cavaliers formant un ordinaire disposèrent d'un réfectoire qui, le repas terminé, leur servait de salle de réunion.

Enfin on créa des salles de conférences, avec le matériel de démonstration nécessaire, un terrain d'exercices avec pistes, tranchées, etc... un terrain de sports doté d'une piscine.

Les instructeurs furent choisis, soit dans les régiments, soit, pour certaines spécialités, dans les services du corps (aviation, service télégraphique, santé).

Au début, on se contenta d'organiser :

1º Un cours de chefs de section (lieutenants et sous-lieutenants).

2º Un cours de perfectionnement pour les sous-officiers candidats aux fonctions de chef de peloton.

3º Un cours de fusils-mitrailleurs (sous-officiers, brigadiers et cavaliers).

4º Un cours de grenadiers (sous-officiers, brigadiers et cavaliers).

5º Un cours de mitrailleuses (lieutenants et sous-officiers).

Plus tard, en raison des résultats obtenus, on créa :

Un stage de perfectionnement pour les officiers supérieurs.

Un cours de commandement de compagnie (capitaines, lieutenants).

Un cours de liaisons.

Un cours d'éducation physique.

En dehors des exercices d'instruction exécutés à Blérancourt les officiers et les hommes de troupe détachés au centre d'instruction participaient aux exercices de cadres organisés pour le corps de cavalerie (manœuvres avec fonctionnement des liaisons, exercices de combat).

Ils furent en outre appelés à visiter les différents centres où se trouvaient réunis des moyens d'action nouveaux.

(Aviation, chars d'assaut, artillerie lourde, etc...).

Le fonctionnement du centre d'instruction se heurta, aux débuts tout au moins, à une hostilité à peine déguisée. On redoutait d'être « mis à l'école » et on reprochait au corps de cavalerie de centraliser une instruction qui pouvait se donner dans les régiments.

Les résultats obtenus dépassèrent bientôt toute attente ; l'intérêt de l'enseignement donné rendit les stages attrayants ; les venues volontaires remplacèrent bien vite les désignations d'office ; les chefs de corps reconnurent eux-mêmes les avantages qu'ils éprouvaient à disposer ensuite d'instructeur confirmés.

Le centre d'instruction mit en contact les officiers de tous les régiments, et, en même temps qu'il permit de développer l'unité de doctrine, il fit naître aussi entre eux des liens précieux de camaraderie.

Il contribua, dans une très large mesure, à perfectionner l'instruction des cadres et de la troupe, et aux heures critiques de 1918, lorsque les cavaliers du 1ᵉʳ corps de cavalerie furent engagés au milieu des unités d'infanterie, ils surent sans peine s'adapter, grâce à l'enseignement reçu, aux procédés de combat et aux moyens d'action de celle-ci.

II. — **Projets de transformation de la cavalerie. — Formations pour le combat à pied. — Le bataillon de brigade. — Organisation des divisions de cavalerie à pied.**

Les pertes en hommes et en chevaux éprouvées dans les premiers mois de l'année, la difficulté d'assurer les fourrages nécessaires aux unités montées, déterminèrent le Haut commandement, aux débuts de l'été 1917, à envisager la transformation ou même la suppression d'un certain nombre de régiments de cavalerie.

Il parut logique au commandant du 1er corps de cavalerie de compenser ces suppressions par l'augmentation de valeur des unités conservées, et le 4 juin 1917, il adressa au G. Q. G. un rapport à ce sujet.

Les principales propositions de ce rapport concernaient :

La suppression de l'organisation des escadrons à trois pelotons, qui n'avait donné que de médiocres résultats et le retour à l'ancienne organisation à quatre pelotons, plus souple et plus maniable, complétée par une augmentation d'effectifs destinée à doter tous les pelotons de deux équipes de fusiliers mitrailleurs et à donner à l'escadron lui-même un renfort permanent de dix cavaliers pour remplacer les permissionnaires.

Le maintien à l'effectif normal des régiments à pied dont les unités présentaient toujours des déficits importants.

La réorganisation du groupe cycliste à l'effectif de quatre cents chasseurs, dont cinquante pionniers ; le groupe cycliste réduit à deux cents fusils étant incapable de remplir le service de soutien d'une division de cavalerie.

L'attribution à chaque division de cavalerie d'un deuxième groupe d'artillerie, un seul groupe étant tout à fait insuffisant, et la création d'une artillerie de corps constituée partie en artillerie de campagne, partie en artillerie lourde.

La réduction du nombre des chevaux employés dans les régiments en remplaçant une partie des voitures hippomobiles du train régimentaire par des voitures automobiles.

Le commandant du corps de cavalerie insistait également sur la nécessité d'affecter à des unités de cavalerie à cheval ou à pied les cavaliers provenant des unités supprimées, afin de maintenir dans leur milieu et dans leur encadrement des éléments excellents qui, dispersés, perdraient une partie de leurs qualités.

Il ajoutait :

Les événements récents de la Somme ont montré l'importance du rôle que pourra et que devra jouer la cavalerie à l'heure où reprendra la guerre de mouvement ; il faut conserver une cavalerie organisée, solide, capable d'agir, si l'on admet la rupture, la guerre de mouvement, la Victoire.

Des événements plus récents encore ont affirmé la nécessité de conserver des troupes à l'abri de toute atteinte par leur esprit de discipline et par la valeur de leur encadrement. Il semble qu'à ce point de vue seul il importe de conserver intactes et solidement constituées les unités de cavalerie.

La plupart de ces propositions furent adoptées par le commandement en chef, sinon dans leur application intégrale, tout au moins dans leur esprit.

La constitution des unités de cavalerie à pied employées en secteur, n'étant soumise à aucune règle fixe, il en résultait entre les divisions des différences qui parfois rendaient les relèves difficiles.

Le commandant du corps de cavalerie décida d'établir une réglementation uniforme, basée sur les principes suivants :

Maintenir dans toute la mesure du possible les liens tactiques organiques.

Constituer des unités à pied identiques aux unités d'infanterie de même ordre.

Mettre à la disposition des commandants d'unités (escadrons, bataillons) le personnel de commandement et de liaisons nécessaire.

Laisser auprès des chevaux les cavaliers indispensables pour assurer leur entretien et éventuellement leur déplacement.

Adopter une solution simple, facilement réalisable dans les escadrons.

La constitution par régiment de deux escadrons à pied à l'effectif moyen de cent vingt carabines et par brigade d'un bataillon à quatre compagnies plus une compagnie de mitrailleuses parut la solution la plus conforme aux principes indiqués. (Juillet 1917.)

Cette solution ayant donné d'heureux résultats, le commandant du corps de cavalerie proposa au général commandant en chef de l'imposer à toutes les unités de cavalerie.

Cette proposition fut l'origine de la décision du G. Q. G du 27 novembre 1917, au sujet de la réorganisation de l'escadron de cavalerie ; la réglementation adoptée pour l'emploi de la cavalerie en secteur fut étendue à la guerre de mou-

vement ; elle devait donner lieu, par la suite, avec une interprétation trop étroite, à des erreurs d'application regrettables.

La dissolution d'un certain nombre de divisions d'infanterie, en juillet 1917, détermina le commandant en chef à grouper en divisions de cavalerie à pied les régiments de cuirassiers à pied affectés à chaque division à cheval. La belle
attitude de ces régiments aux attaques de Laffaux avait
contribué à cette décision, qui permettait de constituer sans
délai et sans frais deux belles et solides divisions à pied.

Cette solution, qui répondait sans doute à une mesure d'intérêt général, avait par contre le grave inconvénient de pri-
ver les divisions à cheval d'un soutien d'infanterie dont
l'expérience de la guerre avait affirmé l'impérieuse nécessité.

Les divisions de cuirassiers à pied, constituées sur le type
des divisions d'infanterie devaient demeurer organiquement
affectées aux corps de cavalerie, chacun des deux corps de
cavalerie comprenant trois divisions à cheval et une à pied ;
dans la pratique il n'en fut rien ; les divisions de cuirassiers
à pied furent bientôt employées au même titre et dans les
mêmes conditions que les autres divisions d'infanterie, et
aux heures critiques elles firent toujours défaut aux corps
de cavalerie, dont pourtant elles faisaient partie.

III. — Perfectionnement de l'instruction des cadres et de la troupe. — Organisation générale de la défense du secteur. — Liaison des armes.

L'emploi d'unités de cavalerie dans les tranchées constituait déjà par lui-même une excellente école de décision
pour les cadres et d'endurance pour la troupe ; il pouvait
devenir en outre, pour les uns comme pour les autres, une véritable école de perfectionnement ; mais il était nécessaire
pour cela de rappeler et de préciser les principes à appliquer.

Une note en date du 21 juin 1917 fixe les principes d'après
lesquels sera établi le plan d'ensemble de l'organisation défensive du secteur confié au 1er corps de cavalerie. Cette
note indique, en particulier, les procédés à employer pour
améliorer les organisations déjà existantes, l'ordre d'urgence
des travaux, la méthode à suivre dans leur exécution.

Elle impose enfin un plan d'ensemble que chacun devra strictement observer pour éviter les improvisations plus ou moins heureuses, les pertes de temps et surtout pour donner à l'ensemble des travaux exécutés l'esprit de suite et l'homogénéité nécessaires.

L'instruction du 26 juillet 1917, après avoir mis en lumière les caractéristiques des procédés d'attaque employés par les Allemands dans leurs coups de main (bombardement préalable des points sensibles et des lignes de communication par obus explosifs et par obus toxiques, protection des troupes d'attaque au moyen d'un barrage roulant, exécution de l'attaque au moyen de troupes spécialement entraînées « Strosstrupp »), fait ressortir les moyens à employer pour se protéger contre le danger de ces attaques en particulier (abri à l'épreuve avec postes de guetteurs, défenses accessoires solides et multiples, liaison avec l'artillerie assurée en permanence).

Les notes du 28 août 1917 sur l'organisation de la défense du secteur du 1ᵉʳ corps de cavalerie et celle du 21 novembre 1917 (plan de défense) établissent les principes qui doivent servir de guide aussi bien dans l'exécution des travaux que dans la répartition des forces et la conduite à tenir en cas d'attaque

1º Economiser les troupes en ligne et augmenter les troupes réservées en limitant au tiers de l'effectif total l'effectif consacré à la défense des premières lignes, un tiers étant maintenu en réserve de sous-secteur et un tiers en réserve de secteur, ce qui permet de diminuer la fatigue imposée aux troupes en augmentant à la fois le nombre des travailleurs et les réserves.

2º Echelonner les troupes en profondeur pour faciliter le jeu des réserves et les contre-attaques.

3º Faciliter et simplifier l'exercice du commandement en groupant les mêmes zones de défense, en profondeur, sous les ordres d'un même chef.

4º Diviser le terrain à défendre en zones passives (obstruées par les défenses et battues par le feu) et en zones actives (occupées par les unités combattantes) afin de limiter l'effectif des troupes employées, d'éviter leur dispersion et de faciliter le commandement.

5° Défendre à tout prix et sans idée de repli la parallèle principale.

Ces instructions étaient complétées par celle du 18 décembre sur l'organisation de batteries de mitrailleuses et par celle du 9 décembre sur l'occupation d'une position de repli.

L'ensemble de ces notes constituait pour les officiers du corps de cavalerie un véritable guide de tactique pratique qui leur permettait de perfectionner peu à peu leurs connaissances.

La recherche d'une solution répondant au but fixé développait les initiatives individuelles ; l'intérêt, la nouveauté et l'utilité du travail demandé augmentait l'ardeur et l'activité des moins généreux ; l'obligation pour les cadres de vivre en contact avec leurs subordonnés, de partager leurs travaux et leurs dangers créait entre les chefs et les cavaliers une solidarité plus grande en même temps qu'elle assurait naturellement l'ordre et la discipline.

Le contact constant avec les officiers des autres armes (infanterie, génie, artillerie), les stages imposés aux officiers de cavalerie dans les batteries ou dans les escadrilles, aux officiers d'artillerie et aux officiers des escadrilles auprès des troupes en ligne, en même temps qu'ils permettaient à chacun de développer ses connaissances, faisaient naître entre tous un esprit de solidarité confiante.

Ainsi le corps de cavalerie, loin d'être paralysé par la vie de secteur comme certains avaient pu le redouter, y acquérait au contraire des qualités de tout ordre, qui devaient en faire un meilleur instrument de combat.

CHAPITRE VII

LE CORPS DE CAVALERIE EN SECTEUR
INDUSTRIALISATION DU FRONT

Les faibles ressources du corps de cavalerie en main-d'œuvre l'obligèrent à rechercher, pour l'exécution des travaux parfois considérables qu'exigeait son emploi en secteur, des solutions simples, économiques et rapides dans lesquelles le travail de la machine complétait ou même remplaçait le travail de l'homme

Il fut amené ainsi à créer de véritables organisations industrielles :

Ces entreprises, qui répondaient toujours à un but immédiat et précis, furent réalisées en choisissant pour les organiser d'abord, et pour les diriger ensuite, ceux qui semblaient le plus aptes, sans considération de grade et de situation militaire.

Ainsi, le premier peut-être, le corps de cavalerie réalisa

cette industrialisation des travaux du front qui plus tard deviendra une règle.

I. — Amélioration des communications.
Construction de voies ferrées.

Les ravitaillements en vivres, en munitions, en matériel ; les évacuations, les mouvements de troupe et les relèves exigeaient des moyens de communication sûrs et en bon état.

L'entretien des routes fut assuré sous la direction du génie par un détachement de cantonniers, constitué, partie avec des territoriaux, partie avec des cavaliers. Pour faciliter l'exécution, l'ensemble du secteur fut divisé en cantons, et à chaque canton fut affectée une équipe.

Les ponts que les Allemands avaient plus ou moins détruits au moment de leur repli furent soit reconstruits, soit tout au moins renforcés ; certains, particulièrement exposés au tir de l'artillerie à grande portée, furent doublés par des passerelles.

L'installation de transporteurs aériens destinés à franchir les escarpements du Crotoir et des fonds d'Envaux fut écarté en raison de leur difficulté d'exécution aussi près de l'ennemi. Il en fut de même pour un projet de tunnel entre le Crotoir et l'arrière, l'étude détaillée du projet ayant montré que son exécution exigerait près d'une année de travail. Mais on établit le projet d'une organisation de réseau de voie étroite destiné à desservir l'ensemble du secteur. Ce projet étudié en détail par un spécialiste comprenait une ligne de rocade sensiblement parallèle au front, tracée un peu au nord de l'Ailette et sur laquelle s'amorçaient des antennes dirigées dans les principales directions à ravitailler.

Il fut malheureusement impossible, malgré des demandes renouvelées, d'obtenir le matériel nécessaire, on put seulement réquisitionner une douzaine de kilomètres de voie de 0 m. 60 légère ; ces faibles ressources permirent de construire dans la région de Coucy, particulièrement difficile, trois antennes aboutissant à la grande route Coucy-le-Château-Follemblay. Les travaux furent exécutés par des équipes de cavaliers placés sous la direction d'un spécialiste.

Dans le courant de l'hiver 1917-1918, la IIIe armée fit construire une ligne de 0 m.60 qui assura la liaison entre la vallée de l'Ailette, près de Coucy, et la vallée de l'Oise, vers Appilly ; cette ligne facilita dans une large mesure le transport du matériel destiné aux travaux de renforcement du secteur de Blérancourt.

II. — Perfectionnements apportés aux organisations défensives. — Les compagnies M. D. et les abris à l'épreuve. — Organisation des liaisons.

Le plan d'ensemble des travaux comportait l'établissement dans chaque sous-secteur de voies de communication à l'abri, susceptibles de permettre de jour, comme de nuit, la liaison entre les différents éléments de défense.

Les travaux nécessaires furent entrepris avec activité, et malgré les difficultés du terrain sablonneux, qui exigea des clayonnages continus, ils étaient achevés aux débuts de l'hiver.

De nombreux abris à l'épreuve furent créés en première ligne par des équipes spéciales de cavaliers dirigés par des gradés du génie, en deuxième ligne par des compagnies M D ; certains furent établis dans les creutes naturelles, nombreuses dans la région.

Les abris destinés aux réserves avaient, en principe, une capacité correspondant à l'effectif d'un bataillon ; certaines creutes furent mêmes aménagées pour deux bataillons et plus. Ces abris comprenaient des cuisines ; ils étaient munis de couchettes et éclairés, pour la plupart, à l'électricité.

Le nombre des places sous abri dépassait, à la fin de 1917, le chiffre de 20.000.

L'organisation défensive du secteur fut complétée par l'organisation d'un système de liaison très complet.

Ce système comprenait un ensemble de centraux téléphoniques avant, établis à Coucy-Follemblay, reliés par une série de nappes au grand central de Blérancourt installé lui-même à l'abri, en dehors du village.

Un certain nombre de lignes étaient réservées à l'artillerie et des liaisons latérales permettaient d'assurer les communications même en cas de rupture de la nappe principale.

Les liaisons téléphoniques furent elles-mêmes doublées par des liaisons optiques, et, plus tard, par des liaisons radio-télégraphiques.

L'ensemble de ces perfectionnements, réalisés peu à peu, exigea sans doute un très grand effort, mais il assura au soldat une vie matérielle plus sûre et plus facile, il augmenta sa confiance, et à l'heure des grandes offensives allemandes de 1918, il permit de consacrer à la défense du secteur des effectifs réduits.

III. — Les ateliers mécaniques. — Chantiers d'abatage et scieries. — L'éclairage électrique. — Les ateliers de réparation de l'artillerie. — Les ateliers du service automobile.

L'organisation d'ateliers mécaniques à grand rendement permit d'assurer en temps voulu la fourniture du matériel nécessaire aux travaux.

Chantiers d'abatage et scieries.

Les bois d'œuvre de toutes espèces furent tirés des forêts de la région, exploitées par des équipes constituées au moyen de spécialistes recrutés dans tous les régiments ; ceux-ci, groupés en détachements, bien outillés, furent placés sous la direction d'officiers du métier (entrepreneurs, marchands de bois) qui organisèrent de véritables chantiers d'abatage, sur lesquels le travail fut exécuté à la tâche.

Les bois abattus furent transportés jusqu'aux scieries soit au moyen des voitures fournies par l'équipage de pont et par le convoi, soit même parfois au moyen des camions du corps de cavalerie.

Une scierie mécanique fut mise à la disposition de chaque sous-secteur.

Une scierie centrale à grand rendement fut créée près de Blérancourt par un officier radiotélégraphiste du corps de cavalerie, ingénieur de profession, le sous-lieutenant Couesnon.

Deux moteurs à vapeur d'environ trente chevaux chacun actionnaient deux dynamos, qui fournissaient elles-mêmes la force nécessaire à la marche de douze scies mécaniques. L'atelier tout entier était desservi par des voies de 0 m. 60 ; il était complété par dix ateliers de menuiserie avec bancs, perceuses, fraiseuses, tours, etc... L'ensemble, éclairé à l'électricité, permettait un travail intense de jour et de nuit avec un personnel réduit à soixante ou soixante-dix ouvriers.

Cette organisation industrielle put fournir au secteur, dès le mois d'octobre 1917, environ 4.000 mètres carrés de planches et 200 à 300 mètres de madriers ou de châssis par vingt-quatre heures, tandis que les ateliers de menuiserie travaillant en série fabriquaient par semaine huit baraques de vingt-cinq hommes chacune et une baraque d'officiers.

L'éclairage électrique.

Les dynamos de la scierie de Blérancourt constituèrent une véritable centrale électrique qui assura l'éclairage de Blérancourt et la marche de petits moteurs auxiliaires (cidrerie, ateliers de réparation).

Cette centrale put alimenter les trois cents lampes qui éclairaient le quartier général et les services du corps de cavalerie, le centre d'instruction, l'hôpital, en supprimant l'emploi de groupes électrogènes ou d'autres coûteux moyens d'éclairage.

Les Ateliers de réparation de l'artillerie.

Le corps de cavalerie n'était pas doté organiquement d'un parc d'artillerie, il fallut organiser ce parc par des moyens de fortune.

Les moyens de transport (2 S. M. A., — 1 S. M. I.) furent fournis par l'armée ; les équipes de réparation furent constituées au moyen d'ouvriers détachés des batteries, le matériel et l'outillage furent, soit empruntés à l'armée, soit réquisitionnés sur place.

Le parc fut installé partie à Saint-Aubin, partie à Blérancourt.

Dès le mois de juillet, un atelier de charronnage réparait les voitures, tandis que deux autres ateliers assuraient l'un la réparation du matériel de campagne, l'autre celle du matériel de siège.

Les équipes mobiles de réparation de mitrailleuses, groupées en un seul atelier à Blérancourt, furent chargées de l'entretien des armes automatiques.

Les ateliers du Service automobile.

L'entretien des nombreuses voitures automobiles du corps de cavalerie (environ quatre cents voitures) ne pouvait être assuré pratiquement par les services de l'arrière en ce qui concernait surtout les réparations courantes.

Un atelier de réparation fut installé à proximité de Blérancourt. Cet atelier comprit, en dehors des camions-ateliers, une forge et un atelier de menuiserie ; il fut doté d'un matériel de soudure autogène et éclairé à l'électricité.

Le service automobile put fournir le personnel, à part cinq ou six spécialistes (toiliers, menuisiers, selliers, etc...) empruntés aux régiments.

Un officier de complément, ingénieur de profession, prit la direction de cet atelier dont le rendement fut considérable et qui, en moins de six mois, permit en même temps de faire les réparations courantes et d'effectuer la revision complète de la presque totalité des voitures.

IV. — Les ravitaillements. Le centre d'abat de Caisne.

Le ravitaillement du corps de cavalerie fut apporté de l'arrière dans les conditions habituelles, et la permanence des centres de ravitaillement permit de constituer de véritables dépôts régulateurs.

Un centre d'abat, installé près de Caisne et alimenté par un troupeau de bétail logé dans une vaste ferme au milieu de pâturages, fournit la viande fraîche.

Ce centre d'abat, organisé par des moyens de fortune, fut transformé dans le courant de l'été 1917 et remplacé par un véritable abattoir avec échaudoirs, fondoirs, fabrique de saucisson, salle de salage des peaux, salle de récupération du sang et des issues.

La construction de cet abattoir représenta un gros travail, mais elle permit de réaliser des économies considérables par l'utilisation complète des issues.

L'examen du bétail fut confié à un vétérinaire détaché d'un régiment qui reçut l'ordre de réserver les vaches pleines et les bœufs de travail, afin qu'on pût les mettre, à titre remboursable, à la disposition des agriculteurs de la région pour les aider à reconstituer leur troupeau. Une centaine de bêtes furent ainsi livrées à la culture durant l'année 1917.

V. — Les travaux agricoles. — Récoltes. — Mise en culture des terres. — Récupération du matériel agricole détérioré. — Ateliers de réparation. — La cidrerie de Blérancourt.

Le secteur de Blérancourt appartenait à une région agricole particulièrement riche, et au moment de l'arrivée du corps de cavalerie, en mai 1917, malgré l'insuffisance des cultures, malgré les dévastations systématiques de l'ennemi, il offrait encore des ressources importantes en fourrages et en céréales.

On décida, non seulement d'exploiter les ressources déjà existantes, mais encore d'essayer de mettre en culture pour l'année suivante les terres abandonnées.

La direction générale des travaux fut confiée à un officier spécialement désigné à l'état-major du corps de cavalerie et à l'état-major de chaque division.

Ces officiers étaient surtout chargés d'organiser les travaux et de déterminer les ressources existantes, les besoins en personnel et en matériel.

L'exécution des travaux eux-mêmes fut décentralisée dans toute la mesure du possible ; elle fut confiée dans chaque zone de cantonnement à un agriculteur de profession, auquel on donna les équipes de travailleurs et les attelages nécessaires, l'outillage étant, soit emprunté aux ressources locales, soit fourni par l'atelier de réparation installé à Blérancourt.

Cette organisation très simple donna les meilleurs résultats

Dès la fin d'août, on avait coupé, récolté, engrangé ou mis en meules sur l'ensemble du secteur :

   37.500   quintaux de fourrages ;
   38.000 gerbes d'avoine ;
   45.000 gerbes de blé ;
386.000 gerbes de seigle ;
173.000 gerbes d'orge.

Les cavaliers comprenant l'utilité de la tâche qui leur était demandée, s'y consacrèrent avec la plus grande ardeur, et certaines récoltes exposées aux vues et aux coups de l'ennemi furent même coupées et enlevées la nuit.

Dès que les moissons furent terminées, quatre équipes spéciales, dotées de moyens mécaniques, effectuèrent leur battage.

Le foin, la paille et l'avoine furent employés à l'alimentation des chevaux ; les autres céréales furent évacuées sur l'arrière.

Des bons de réquisition établis au titre des communes sur lesquelles avaient été faites les récoltes garantirent pour l'avenir les droits des habitants.

La mise en culture des terres fut de même entreprise avec la plus grande activité ; les équipes de faucheurs et de moissonneurs se transformèrent en équipes de laboureurs ; les fumiers qui encombraient les cantonnements furent transportés et épandus sur les terres à labourer, et dès la fin d'août 700 hectares de terres étaient déjà fumés et labourés, 500 hectares étaient passés à l'extirpateur.

On put entretenir une moyenne de cent charrues en travail ; ce nombre élevé était encore insuffisant pour l'étendue considérable des terres à labourer et on songea à avoir recours à des charrues mécaniques. Avec l'appui du comité américain, deux batteries de dix tracteurs furent mises à la disposition du corps de cavalerie et grâce à ces moyens plus puissants, dès la fin de décembre, près de 2.500 hectares étaient labourés et ensemencés.

Ces travaux exigeaient un matériel considérable ; les Allemands ayant détruit systématiquement au moment de leur repli le matériel existant, les ressources locales restaient très limitées ; il fallut donc créer presque de toutes pièces le matériel nécessaire en utilisant au besoin les débris d'outillage qu'il fut possible de récupérer.

Un atelier de réparation fut constitué dans ce but à Blérancourt.

Cet atelier, placé sous la direction d'un brigadier, de sa profession constructeur de machines agricoles, comprenait environ vingt-quatre ouvriers mécaniciens, forgerons, charrons, menuisiers, choisis dans tous les régiments. L'outillage fut, soit prélevé sur les ressources du corps de cavalerie, soit récupéré sur place, soit demandé à l'arrière. La matériel (bois, fer) fut recueilli dans les localités détruites par l'ennemi. Enfin les commandants de cantonnements reçurent l'ordre de rechercher et d'envoyer à Blérancourt toutes les machines agricoles qu'il leur serait possible de récupérer.

L'ensemble de ces mesures donna des résultats inespérés ; l'atelier, organisé seulement au début de juin, avait livré dès le 15 novembre 1.162 machines diverses parmi lesquelles :

> 2£3 faucheuses ;
> 18 moissonneuses-lieuses ;
> 350 charrues ;
> 33 semoirs ;
> 93 chariots ou tomberaux.

L'atelier assurait en même temps, d'ailleurs, l'entretien du matériel déjà en service et celui du matériel que possédaient encore les habitants.

La région étant particulièrement riche en pommiers et la récolte s'annonçant comme devant être abondante, on songea à organiser une cidrerie à Blérancourt.

Les broyeurs furent facilement trouvés sur place ; deux pressoirs à grand rendement furent achetés à Beauvais. Une tonnellerie fut installée pour remettre en état les cuves et tonneaux récupérés dans les cantonnements.

Cette cidrerie, installée dans un vaste local, fut organisée aussi industriellement que possible ; une voie de 0 m. 40 assura les transports intérieurs, la centrale électrique fournit l'éclairage et la force nécessaire au fonctionnement des broyeurs. Un sous-officier au courant de la fabrication du cidre fut chargé de la direction ; on mit à sa disposition une équipe de dix hommes.

Enfin, pour encourager les corps à assurer la cueillette et le ramassage des pommes, une prime spéciale fut allouée par sacs de pommes, et des tournées régulières de camions-automobiles transportèrent les sacs réunis d'avance dans chaque cantonnement jusqu'à la cidrerie. On obtint ainsi un rendement très élevé.

Pendant les mois d'octobre et de novembre la cidrerie de Blérancourt produisit une moyenne de 80 à 100 hectolitres de cidre par vingt-quatre heures.

Ce cidre fut distribué aux troupes à la place de vin.

Le malt de pommes lui-même fut utilisé pour l'alimentation des chevaux en substitution de fourrages.

VI. — Reconstitution économique du pays dévasté. — Aide donnée à la population. — Les premières associations agricoles.

Le corps de cavalerie essaya également de ranimer la vie économique de la région dévastée qu'il occupait.

Une organisation analogue à celle qui était prévue pour les travaux agricoles fut chargée des mesures à prendre.

Celles-ci comprenaient tout d'abord la remise en état des maisons encore habitables et la construction de baraquements en bois. Des équipes renforcées de quelques spécialistes furent constituées dans chaque cantonnement, sous la direction du major de cantonnement.

Dès la fin d'août :

442 maisons étaient réparées ;
100 baraques étaient construites ;
20.000 places de chevaux étaient aménagées.

Enfin, 35.000 mètres carrés de jardin furent remis en état.

Dans certains villages, à Nampcel, par exemple, les résultats obtenus par les unités qui les occupaient (service automobiles) furent remarquables.

Ces travaux permirent le retour des habitants qui, partout

où il se présentèrent, reçurent l'aide la plus complète, le principe admis étant, en effet, que, pour ramener la vie dans ce pays dévasté, il fallait avant tout intéresser les habitants eux-mêmes à l'œuvre entreprise, parce que, seuls, ils possédaient l'esprit de suite et les raisons d'intérêt susceptibles de la mener à bien.

Dès juin, 500 habitants sont réinstallés chez eux.

Les grandes fermes agricoles (ferme Coquerelle, ferme Latour, ferme Forest) sont de même remises en état, et leurs propriétaires invités à les occuper pour en prendre la direction.

Du bétail, de la volaille, du grain, des effets de toutes sortes provenant de dons généreux ou fournis par le comité américain sont distribués. Enfin, pour permettre aux habitants de faire valoir leurs communs intérêts, on leur conseilla de constituer dans chaque commune une association agricole qui représentera à la fois les présents et les absents.

Un officier de l'état-major du corps de cavalerie fut spécialement chargé de s'occuper de la question et en décembre 1917, sept ou huit associations sont déjà constituées ou en voie de constitution.

CHAPITRE VIII

LES PROJETS OFFENSIFS SUR LE FRONT DU CORPS DE CAVALERIE

I. — Les projets offensifs d'octobre 1917. — Préparation d'une action
offensive : 1° Organisation des moyens de commandement (P. C.,
P. O., liaisons) nécessaires aux troupes de renforcement ; 2° Mise
en état des voies de communication ; 3° Fabrication et distribu-
tion de matériel nécessaire à l'installation des batteries ; 4° Déploiement des batteries de renforcement. Approvisionnement en munitions.

II. — Les projets offensifs de novembre 1917. — Mission confiée
au corps de cavalerie en cas de repli de l'ennemi.

I. — Les projets offensifs d'octobre 1917. — Préparation d'une action offensive.

Les succès et l'avance réalisés par la VIe armée le 25 octobre 1917 déterminèrent le haut commandement à envisager une action offensive sur le front du 1er corps de cavalerie.

Le commandant du 1er corps de cavalerie reçut l'ordre,
dans la soirée du 25 octobre, de prendre d'urgence toutes les
mesures nécessaires pour assurer, avant le 1er novembre, le
renforcement du secteur de Coucy ; les batteries d'artillerie de campagne et d'artillerie lourde, mises à sa disposition, devant arriver du 26 au 31 octobre.

Ces mesures comprenaient dans leur ensemble :

1° L'organisation des moyens de commandement (P. C. —
P. O. — Liaisons) nécessaires aux troupes de renforcement.

2º La mise en état des voies de communication et la fabrication du matériel nécessaire à l'installation des batteries.

3º Le déploiement et l'approvisionnement en munitions des batteries de renforcement.

1º Organisation des moyens de commandement (P. C. — P. O. — Liaisons) nécessaires aux troupes de renforcement.

La recherche et l'organisation matérielle des postes de commandement et des postes d'observations nécessaires à la mise en œuvre de l'artillerie de renforcement furent confiées aux commandants de l'artillerie des secteurs auxquels on demanda également de déterminer l'emplacement des batteries. L'organisation matérielle des postes de commandement et des postes d'observations, organisation simplifiée et réduite, représentait d'ailleurs un travail peu important.

L'établissement des liaisons téléphoniques représentait au contraire un travail considérable en raison du nombre et de la longueur des lignes à construire ; les groupes d'artillerie de renforcement pouvaient sans doute construire par leurs propres moyens leurs liaisons intérieures, mais il fallait leur donner le moyen de se relier rapidement au réseau général de l'artillerie et à celui du commandement.

On décida, dans ces conditions, afin d'éviter la création de lignes nouvelles, difficiles à surveiller et à entretenir, de renforcer les nappes principales déjà existantes, et de relier les centraux auxquels aboutissaient ces nappes à des centraux auxiliaires établis au voisinage des groupements de Juvencourt et de Coucy.

Les groupes d'artillerie de renforcement n'eurent plus ainsi qu'à se relier à ces centraux auxiliaires pour être en liaison avec le réseau de commandement et avec celui de l'artillerie.

Les travaux furent exécutés sous la direction du chef du service télégraphique du corps de cavalerie par la compagnie télégraphique du corps aidée par quatre cents auxiliaires d'infanterie.

Ils comportaient le renforcement de la nappe principale,

Blérancourt, Guny, Coucy, par trois circuits et la création de nappes nouvelles à quatre ou six circuits posés sur planchette, reliant les centraux de Folembray au central auxiliaire de Verneuil et le central de Coucy au central auxiliaire de Juvencourt.

Tous ces travaux furent effectués en moins de 48 heures.

2° Mise en état des voies de communication. Fabrication du matériel nécessaire à l'installation des batteries.

La mise en état des voies de communication ne pouvait être que limitée en raison du peu de temps dont on disposait ; les routes desservant le secteur de Coucy étaient d'ailleurs régulièrement entretenues et les ponts sur l'Ailette avaient été consolidés.

On se contenta donc de renforcer les équipes de cantonniers dans le secteur de Coucy et tous les efforts furent consacrés à organiser sur les routes principales desservant les positions d'artillerie un certain nombre de chantiers de débarquement avec voies d'accès. Ces chantiers étaient destinés à faciliter le déchargement du matériel et des munitions apportés par camions-automobiles, sans pour cela interrompre la circulation sur les routes ; ils devaient permettre ensuite leur rechargement rapide sur les wagonnets de la voie de 0 m.40 ou sur les voitures à chevaux qui les transportaient jusqu'aux positions des batteries.

Un plan d'ensemble fixa les points où ces chantiers seraient aménagés ; les travaux, commencés le 28 octobre, étaient achevés trois jours plus tard.

Le matériel considérable nécessaire aux travaux ne pouvant être demandé à l'arrière faute de temps, on décida d'intensifier le travail des ateliers, et en particulier celui de la scierie de Blérancourt dont on augmenta le personnel afin de pouvoir constituer des équipes de jour et de nuit. A partir du 27 octobre, la production journalière dépassa 100 mètres cubes de bois débités, 4.000 mètres carrés de planches et 300 à 400 madriers.

Grâce à ces mesures, les batteries de renforcement reçurent en temps voulu tout le matériel dont elles avaient besoin.

3º Déploiement des batteries de renforcement et approvisionnement en munitions.

Le déploiement immédiat des batteries de renforcement exigeait la détermination et la préparation de leur emplacement ; l'installation des liaisons, le transport des munitions de combat et la constitution des lots de réserve.

La journée du 25 est consacrée aux reconnaissances préalables sur le terrain et, dès le 27, le plan d'ensemble du déploiement de l'artillerie est établi.

Ce plan comportait en particulier :

La détermination des emplacements des batteries ;

L'organisation de leur ravitaillement et la détermination de l'importance des lots de munitions à constituer.

L'ensemble des batteries de renforcement devait constituer deux grands groupements : le groupement de Juvencourt et le groupement de Coucy-le-Château ; les emplacements de ces batteries furent reconnus et piquetés par les soins des commandants de l'artillerie des secteurs dans lesquels ils se trouvaient.

Les travaux d'installation furent exécutés par le personnel des batteries et par des travailleurs d'infanterie. Le parc du génie du corps de cavalerie fournit le matériel.

Le ravitaillement en munitions exigeait un effort considérable en raison du poids à transporter et de l'insuffisance des voie de communication. On décida de relier par des antennes de voies de 0.40 ou de voie de 0.60 toutes les batteries qui ne se trouvaient pas au voisinage d'une route, soit à la voie de 0.60 du secteur, soit à la route carrossable la plus proche.

L'approvisionnement en munitions fut porté pour les batteries de 75 à cinq jours de feu aux batteries et aux dépôts avancés, sans compter une réserve de vingt-deux lots dans les dépôts de l'arrière ; pour les batteries d'artillerie lourde, à trois jours de feu aux batteries et à deux jours de feu aux dépôts de l'arrière.

Le renforcement en artillerie du secteur de Coucy comprit la mise en batterie de douze groupes :

2 groupes de 220 ;
2 groupes de 155 F.

1 groupe de 155 C. S.
1 groupe de 155 C. S. C.
1 batterie de 155 S.
1 groupe de 105
4 groupes de 75.

Dans le groupement de Juvencourt, la mise en batterie des groupes fut complétée par la création d'un chantier de déchargement, avec piste d'accès en madriers, par l'installation d'un plan incliné avec treuil et voie de 0 m. 40 pour assurer le ravitaillement en munitions d'un groupe placé à mi-côte des hauteurs de Coucy et enfin par la pose d'environ 2.400 mètres de voie de 0 m. 40.

Dans le groupement de Coucy, les travaux comportèrent la création de plusieurs chantiers de débarquement pour les munitions et la pose de quatre antennes de voie de 0 m. 40 de différentes longueurs.

Tous ces travaux furent exécutés par les deux compagnies du génie du corps de cavalerie et par l'équipe de construction de voie constituée avec des cavaliers, auxquels on donna quatre compagnies d'infanterie comme travailleurs auxiliaires.

En moins de quarante-huit heures de travail de jour et de nuit, 5.550 mètres de voie furent posés. Le 1er novembre, la longueur totale des antennes de voie de 0 m. 40 ou de 0 m. 60 construites pour desservir les batteries atteignait 7.670 mètres.

Les transports de munitions commencèrent le 28 octobre, 248 tonnes sont transportées dans la journée ; les 29 et 30 octobre, le tonnage dépasse 500 tonnes par jour ; il atteint 644 tonnes le 31 octobre, puis il tombe à 64 tonnes le 2 novembre, dernier jour des transports.

Au total, 2.137 tonnes de munitions étaient transportées.

Le renforcement du secteur de Coucy, commencé le 25 octobre, était réalisé le 30. Quarante-huit heures après leur arrivée, toutes les batteries étaient armées et en état de tirer. En trois jours, le secteur du 1er corps de cavalerie, jusqu'alors secteur défensif, était organisé en secteur d'attaque.

Ce résultat n'avait encore été atteint sur aucune partie du front, et le G. Q. G. envoya sur place un officier d'artillerie étudier les procédés qui avaient permis de le réaliser.

II. — Les projets offensifs de novembre 1917. — Mission confiée au corps de cavalerie en cas de repli de l'ennemi.

Les événements ne permirent pas de mettre à profit l'organisation offensive réalisée sur le front du 1er corps de cavalerie, le Haut commandement ayant décidé de limiter au Chemin-des-Dames les attaques entreprises par la VIe armée.

Le succès des attaques de la VIe armée et les pertes subies par l'ennemi avaient paru susceptibles d'entraîner son repli général, et dans le courant de Novembre, certains indices semblant justifier cette hypothèse, le commandant de la IIIe armée prescrivit au commandant du 1er corps de cavalerie d'établir le plan d'engagement du corps de cavalerie, renforcé de deux régiments d'infanterie (I), pour le cas où les Allemands évacueraient la région de Saint-Gobain.

La mission du 1er corps de cavalerie serait alors de poursuivre l'ennemi en gardant étroitement le contact et de nettoyer le front Saint-Gobain dans sa zone d'action (2).

L'action du 1er corps de cavalerie doit être appuyée à gauche par l'artillerie du 37e corps d'armée et elle doit se relier en même temps à droite avec la VIe armée, l'effort principal étant prononcé à gauche, où le terrain est plus favorable.

L'intention du commandant du corps de cavalerie était de constituer avec les deux régiments d'infanterie du 37e corps d'armée mis à sa disposition et les régiments de cuirassiers à pied, deux brigades mixtes, disposant chacune d'un régiment d'artillerie et de maintenir les bataillons de cavaliers démontés à la garde du secteur jusqu'au moment où les progrès réalisés permettraient de les relever. Dans une instruction de détail, il précisait les conditions d'exécution du mouvement en avant qui devait se faire par échelons, en occupant solidement le terrain conquis, afin d'interdire à l'ennem tout retour offensif et en liant soigneusement la progression de l'artillerie et celle de l'infanterie.

Les réserves échelonnées en arrière devaient être en mesure

---

(1) Plan d'engagement du 18 novembre 1917.
(2) Ordre de la IIIe armée.

de couvrir les flancs des unités et d'appuyer leur progression si elles étaient arrêtées par la résistance de l'ennemi.

L'exécution des dispositions prévues fut étudiée en détail par les officiers désignés pour exercer le commandement des brigades ou des régiments.

CHAPITRE IX

RÉORGANISATION DU CORPS DE CAVALERIE JANVIER 1918. — LE CORPS DE CAVALERIE A L'INSTRUCTION

I. — Réorganisation du corps de cavalerie.

Les corps de cavalerie étaient considérés avant la guerre comme des formations temporaires, simples groupements tactiques dans lesquels les divisions conservaient leur autonomie ; par suite, ils ne possédaient organiquement ni éléments non endivisionnés, ni services, et leurs états-majors eux-mêmes étaient des états-majors réduits ; les nécessités de la guerre les obligèrent à constituer sur leurs propres ressources, au cours des événements, les moyens d'action qui leur faisaient défaut, mais ces organisations temporaires, que le Haut commandement refusa toujours de sanctionner, disparurent, en général, avec les circonstances qui les avaient fait naître.

L'emploi des corps de cavalerie en secteur, les services qu'ils rendirent avec des moyens de fortune, la difficulté que présenta pour eux la constitution des commandements et des services indispensables à la vie d'une grande unité décidèrent le commandant en chef à les « organiser » en leur donnant des moyens d'action analogues à ceux dont étaient dotés les corps d'armée (10 janvier 1918), et le 1er corps de cavalerie fut complété par des éléments provenant partie de la dissolution du 37e corps d'armée, partie de la dissolution d'une division d'infanterie. Il comprend dès la fin. de janvier :

1º Un état-major.
2º Des commandements et des services.
3º Des éléments non endivisionnés.
4º Quatre divisions (3 divisions à cheval : les 1re, 3e, et 5e D. C. et une division à pied la 1re D. C. P.).

Cette organisation devait permettre au commandement de l'employer comme un corps d'armée, au cours des grandes offensives de 1918 ; et sa mobilité lui donnant le moyen d'intervenir dans des conditions de rapidité que ne pouvaient réaliser des divisions d'infanterie ; il eut l'honneur d'être engagé aux heures critiques sur les points les plus difficiles du front : à Noyon, à Fismes et à Epernay.

La conception du corps de cavalerie, réserve de forces mobiles, qui peut être transportée très rapidement sur le point de la ligne de bataille où une action puissante est nécessaire, était enfin admise.

1º *L'état-major du corps de cavalerie : son organisation.*

L'état-major du corps de cavalerie, constitué sur un type analogue à celui d'un état-major de corps d'armée, comprenait :

Un chef d'état-major.
Un sous-chef d'état-major.
Trois bureaux.
Une section du courrier.
Une section du chiffre.
Une section topographique.
Un quartier général.
Un chef du service automobile.

L'effectif total de l'état-major et du quartier général (y compris les chefs de services) s'élevait à :

70 officiers.
600 hommes de troupe.
100 chevaux.
200 autos ou camions

2º *Les commandements et les services du corps de cavalerie.*

Les commandements et les services du corps de cavalerie furent constitués au moyen de ses propres ressources complétées par des éléments provenant de la dissolution du 37e corps d'armée ; ils devaient être identiques à ceux d'un corps d'armée et comprenaient :

Un commandement de l'artillerie avec un état-major complété par l'état-major de l'artillerie du 37e corps d'armée.

Un commandement du génie avec un état-major renforcé par l'état-major du génie du 32e corps d'armée.

Un commandement de l'aviation. Le commandement de l'aviation avait été jusqu'alors un commandement plus ou moins temporaire, constitué en raison du nombre d'escadrilles attribuées au corps de cavalerie, il devint une organisation définitive et le corps de cavalerie put disposer d'un secteur aéronautique complet.

Un chef de service télégraphique assisté d'un adjoint spécialisé pour les liaisons radiotélégraphiques.

Un chef de service automobile. Il parut nécessaire de confier la direction du service automobile à un chef responsable en raison du nombre considérable de voitures attribué au corps de cavalerie.

Une prévôté.
Un commandement du train des équipages.
Une direction du service de santé.
Une direction de l'intendance.
Une direction du service vétérinaire.
Une direction des trésor et postes.

Services identiques à ceux d'un corps d'armée.

3º *Les Éléments non endivisionnés du corps de cavalerie.*

Les éléments non endivisionnés, renforcés ou complétés comprirent :
Une artillerie de corps 2 groupes de 75 montés ;
                          1 groupe de 105.
ce qui constituait une dotation très insuffisante.

L'artillerie ne disposait, aux débuts, ni de parc, ni de moyens de ravitaillement, mais elle reçut plus tard une section automobile pour le transport des munitions et une équipe mobile de réparation.

Deux groupes d'A. M. C. destinés aux missions spéciales : reconnaissances, liaisons.

Un génie de corps :
2 compagnies du génie.
1 équipage de ponts Delacroix.

Une aviation de corps :
2 escadrilles.
1 ballon.

Un service télégraphique constitué par une compagnie de sapeurs télégraphistes à quatre sections.

Un détachement de sapeurs radiotélégraphistes disposant de trois postes radio-automobiles et de six postes radio-hippomobiles.

Un groupe électrogène.

Le service télégraphique du corps de cavalerie était ainsi très sérieusement renforcé au point de vue des liaisons radio-télégraphiques.

Un service automobile :
Deux groupes de transport de matériel.
Un atelier de réparation.

Les groupes de transport affectés au corps de cavalerie étaient destinés à assurer les transports de personnel au cours de déplacements rapides du corps de cavalerie. (Transport de la compagnie télégraphique, du Q. G., etc. et aussi du soutien à pied) et les transports du matériel, des vivres et des munitions.

Leur effectif était nettement insuffisant pour d'aussi multiples besognes.

La prévôté : 20 gendarmes à pied ou à cheval

Le train : une compagnie.

Le service de santé :
Deux ambulances.
Une équipe chirurgicale.
Un G. B. C.

Il ne fut pas attribué, au début, au corps de cavalerie de section sanitaire automobile, mais on admit que, toutes les fois où il serait engagé, une section sanitaire serait mise à sa disposition ; plus tard, devant la nécessité, on le dota définitivement d'une section sanitaire.

Le service de l'intendance réduit comme moyens à une sous-intendance des éléments non endivisionnés, doté d'un groupe d'exploitation, de R. V. F. et d'un C. V. A. D.

Les trésor et postes comprenant le personnel de fonctionnaires et de commis affecté normalement à un corps d'armée.

4º *Les grandes unités constitutives du corps de cavalerie.*
Les divisions à cheval. La division à pied.

Les divisions à cheval avaient conservé leur constitution du début de la guerre (3 brigades, 1 groupe d'artillerie à cheval, 1 groupe cycliste et 2 groupes A. M. C.). L'effectif des régiments, après une réduction temporaire en 1916, était celui de 1914, leur dotation en mitrailleuses avait été augmentée et portée à deux sections.

L'effectif des groupes cyclistes avait été réduit de 410 fusils à 200.

La division de cuirassiers à pied était forte, comme les divisions d'infanterie, de trois régiments à pied, de trois groupes d'artillerie de campagne et d'un groupe d'artillerie lourde courte, de deux compagnies du génie ; elle était dotée des services et éléments divers dont disposaient normalement les divisions d'infanterie.

II. — Progrès réalisés dans l'organisation du 1er corps de cavalerie. — Insuffisance de la réforme.

Le 1er corps de cavalerie, doté des éléments divers (services, E. N. E.) qui lui étaient nécessaires pour se suffire à lui-même, renforcé d'une division d'infanterie, devenait une grande unité analogue à un corps d'armée, mais beaucoup plus mobile ; il était possible de l'employer, soit en secteur dans la guerre des tranchées, soit, dans la guerre de mouvement, aux missions qui exigent particulièrement la rapidité.

Cette organisation nouvelle constituait un progrès, mais elle demeurait encore insuffisante. Les régiments à cheval avaient sans doute été dotés de moyens d'action nouveaux (F. M., V. B., mitrailleuses, etc.), mais faute d'avoir réalisé l'harmonie nécessaire entre ces moyens et les effectifs, leur puissance de combat demeurait encore très inférieure à ce qu'elle aurait pu être si on avait seulement donné à chaque escadron 8 fusils-mitrailleurs, 1 section de mitrailleuses et les quelques hommes de renfort nécessaires pour aligner au combat 80 carabines.

Les divisions à cheval avaient conservé une dotation en artillerie très insuffisante et avaient perdu une partie de leur groupe cycliste, réduit de moitié.

Le corps de cavalerie lui-même avait reçu une dotation en artillerie beaucoup trop faible, surtout en artillerie lourde à grande portée. Enfin s'il avait été renforcé d'une division à pied, il n'avait pas obtenu le soutien d'infanterie particulier destiné à appuyer l'action de ses divisions à cheval, et la constitution de ce soutien aux dépens de la division de cuirassiers à pied ne pouvait être qu'un expédient regrettable, puisqu'il entraînait forcément la désorganisation de cette division et la diminution de sa puissance combative.

Le commandant du 1er corps de cavalerie avait en vain réclamé une réorganisation plus conforme aux enseignements de la guerre ; il ne put obtenir satisfaction. Les services rendus par le 1er corps de cavalerie, en 1918, malgré l'insuffisance des moyens dont il disposait, devaient affirmer la nécessité d'une réforme plus complète.

III. — Le corps de cavalerie à l'instruction : janvier, février, mars 1918.

Le commandant en chef avait décidé de relever successivement, dès le début de 1918, les divisions du 1er corps de cavalerie, afin de les envoyer dans les zones de l'arrière pour se refaire, s'entraîner et perfectionner leur instruction. Les préparatifs d'attaque signalée sur le front allemand, surtout dans la région de Saint-Quentin, l'avaient d'autre part amené à prescrire au général commandant le 1er corps de cavalerie de rechercher les conditions d'emploi de ses divisions en cas de rupture du front.

Plusieurs hypothèses furent étudiées, d'abord sur la carte, plus tard sur le terrain ; ces hypothèses donnèrent lieu à des travaux de détail qui servirent de base à des exercices avec troupe. Ainsi, à tous les degrés de la hiérarchie, les cadres du 1er corps de cavalerie étaient appelés à envisager son emploi dans des circonstances qui devaient se réaliser quelques mois plus tard.

A la fin de janvier, les divisions sont retirées du secteur de Blérancourt, deux divisions à cheval sont dirigées sur la région de Luzarches, où elles peuvent trouver des terrains favorables, tandis que la 1re division de cuirassiers à pied et une division à cheval sont maintenues au repos dans la zone arrière immédiate du secteur de Blérancourt, où tout en perfectionnant leur instruction elles demeurent en réserve.

Une directive du commandant du 1er corps de cavalerie fixa les principes à appliquer pour entraîner et pour instruire les divisions.

Il importe de mettre à profit cette période de regroupement des « unités » pour développer à la fois leur instruction et leur entraînement.

Ce résultat ne pourra être atteint que si la progression du travail nécessaire est établie par avance suivant un programme méthodique et réfléchi. Ce programme doit permettre aux unités d'acquérir les qualités morales, l'instruction militaire et l'entraînement physique qu'exige leur bon emploi dans des opérations offensives ou défensives.

Les qualités morales, qui comportent au premier rang l'esprit de discipline et la confiance, seront facilement développées par une action constante des cadres à tous les degrés de la hiérarchie. Les officiers et les gradés, en même temps qu'ils devront exiger du soldat une discipline stricte, une tenue correcte, les marques extérieures de respect réglementaires, devront aussi s'occuper avec un soin minutieux et constant de son habillement, de son alimentation, de son installation dans les cantonnements.

On devra organiser dans chaque unité des jeux en plein air, une salle de réunion où les hommes pourront se réunir et se chauffer, des distractions de tout genre, afin de combattre par tous les moyens possibles l'oisiveté et l'ennui.

Les officiers (officiers de peloton et commandants d'unités) devront, d'autre part, dans des causeries courtes mais fréquentes, mettre leurs subordonnés au courant de la situation militaire, faire ressortir à leurs yeux la grandeur de l'effort accompli par nos alliés, leur montrer la puissance des moyens matériels dont nous disposons et les difficultés chaque jour plus grandes auxquelles se heurtent nos ennemis. Ils pourront ainsi affirmer combien l'avenir doit être envisagé avec une pleine confiance, malgré les efforts et les sacrifices qui seront peut-être encore nécessaires.

L'instruction militaire comporte :

L'instruction des petites unités (escadrons, régiments, brigade) ;
L'instruction des grandes unités (division, corps de cavalerie).

L'instruction des petites unités (instruction individuelle, instruction du groupe de combat, du peloton, de l'escadron) présente une importance toute particulière ; elle permet au soldat d'acquérir les qualités individuelles qui lui sont nécessaires au combat ; elle habitue la troupe à s'adapter au terrain et à combiner les différents moyens d'action qu'elle possède suivant les circonstances et le but poursuivi.

La multiplicité des moyens d'action employés, l'évolution constante des procédés de combat et aussi l'inexpérience des jeunes officiers ou des gradés récemment promus exigent que le commandement apporte un soin tout particulier à développer l'instruction des cadres, soit par des exercices théoriques, soit par des exercices pratiques sur le terrain.

L'instruction des grandes unités (divisions, corps de cavalerie) comporte surtout l'instruction des états-majors et des cadres supérieurs de ces unités. Elle comprendra des exercices théoriques sur la carte, étude des conditions d'emploi d'une grande unité dans une situation de guerre nettement définie et des exercices pratiques sur le terrain, étude d'une situation particulière de combat ; elle sera complétée par des exercices pratiques comportant des transmissions d'ordres et de renseignements (fonctionnement des P. C., organisation des liaisons).

L'importance du combat par le feu, affirmée par l'expérience de la guerre, et l'organisation nouvelle des corps de cavalerie doivent servir de base à l'étude réfléchie des conditions d'emploi de la cavalerie dans des opérations offensives ou dans des opérations défensives.

La qualité caractéristique des grandes unités de cavalerie demeure toujours la mobilité, mais à cette mobilité vient s'ajouter la puissance que leur apportent les nouveaux moyens d'action dont elles disposent (mitrailleuses, F. M., V. B., Auto-canons, A. C. et A. L. éventuellement) et aussi l'appui d'une division à pied.

Les grandes unités de cavalerie sont désormais en mesure de développer dans un rayon étendu une action rapide et puissante, en mettant à profit la vitesse de leurs chevaux pour transporter des éléments de feu (canons, engins d'infanterie) aux points où leur utilisation rapide est capable de produire des résultats importants, et en complétant cette action de surprise par l'action plus puissante de leurs éléments à pied (soutiens d'infanterie mis à la disposition des D. C., divisions de cavaliers à pied).

L'application de ces principes devra servir de base à l'étude de l'emploi des grandes unités de cavalerie dans des opérations offensives, soit qu'elles soient appelées, comme en mars 1917, à talonner un adversaire qui se dérobe, soit qu'elles soient appelées à exploiter une rupture du front.

De même, dans les cas de la bataille défensive, on devra étudier l'entrée en ligne rapide des grandes unités de cavalerie, soit pour parer à une défaillance locale, par une contre-attaque immédiate, soit pour occuper une deuxième position et arrêter un adversaire momentanément victorieux.

L'entraînement des unités de cavalerie doit être assuré sans difficulté pendant la période d'instruction de ces unités par le travail progressif qui leur sera demandé.

Il conviendra de rappeler que la conservation de la cavalerie dépend pour une large part de l'ordre dans les colonnes, de la régularité des allures et du bon entretien des chevaux en cours de route (abreuvoirs, marche des cavaliers à pied, arrêt pied à terre), et que sa mobilité résulte avant tout de son aptitude à soutenir plusieurs jours de suite de longues étapes en n'employant que des allures très modérées, afin de conserver toujours ses chevaux en état.

Les exercices divers qu'exige la préparation des divisions ne peuvent être réellement productifs que s'ils sont pratiqués par chacun avec le maximum d'attention, d'activité, d'énergie et de conscience. Il est indispensable pour cela que ces exercices répondent à un but précis, et que leur durée demeure très limitée. Le programme d'emploi du temps devra prévoir non seulement, entre les différents exercices des repos d'autant plus longs que ces exercices auront exigé eux-mêmes un effort plus grand, mais encore des journées complètes de repos à des intervalles plus ou moins éloignés suivant l'intensité du travail imposé.

On ne doit pas oublier que le ressort le plus solidement trempé est bien vite hors de service si on prétend le maintenir constamment bandé.

CHAPITRE X

L'OFFENSIVE ALLEMANDE DE MARS 1918

I. — La situation générale le 20 mars sur le front de la VIᵉ armée. — Le secteur de Blérancourt. — Liaison avec l'armée anglaise.

L'augmentation considérable des effectifs de l'armée anglaise durant les derniers mois de 1917 lui avait permis d'étendre son front jusqu'à Barisis, aux lisières de la forêt de Coucy ;
à la suite d'une entente réalisée entre les Hauts commandements alliés.

Le perfectionnement des organisations défensives ayant en
même temps permis de diminuer la densité des effectifs en
ligne, on avait réduit d'une façon parfois exagérée le nombre
des divisions en secteur ; en particulier dans la région de

Blérancourt, dont la défense était jadis confiée aux quatre divisions du 1er corps de cavalerie, les troupes d'occupations ne comprenaient plus au début de mars que la 161e division d'infanterie française et la 58e D. I. W. dont le front s'étendait même très au nord de l'Oise.

Les risques que présentait cette réduction des effectifs en ligne, surtout au point de liaison des armées alliées, point de ce fait même particulièrement sensible, avaient été signalés à plusieurs reprises par le commandant du 1er corps de cavalerie.

Le commandant en chef avait néanmoins maintenu le dispositif établi, estimant que la présence à proximité du front d'éléments réservés constituait une garantie suffisante ; il avait seulement décidé d'augmenter les réserves réunies en arrière de la zone de Blérancourt.

Les projets d'offensive de l'état-major allemand étaient connus depuis longtemps : le Chemin des Dames et le front de Champagne avaient d'abord paru menacés, puis dans le courant de février, il avait semblé plus vraisemblable que l'ennemi dirigerait ses efforts contre le centre et contre l'aile droite des armées anglaises.

Les indices multiples relevés par l'aviation, les renseignements fournis par les déserteurs ou par les prisonniers avaient, dès les débuts de mars, confirmé cette hypothèse, mais l'attaque prévue semblait avoir peu de chances de succès en raison de la solidité des organisations défensives du front menacé.

Le 20 mars, le 1er corps de cavalerie est en réserve de G. Q. G.

Quartier général et éléments non endivisionnés à Blérancourt et aux environs.

1re division de cavalerie, région de Cuts.

5e division de cavalerie, région de Pontoise, à la disposition du gouvernement militaire de Paris.

3e division de cavalerie, à l'intérieur assurant un service d'ordre.

1re division de cavalerie à pied, à l'instruction, région de Senlis.

Les unités du 1er corps de cavalerie sont depuis quelques semaines déjà à l'instruction et au repos, elles ont pu recom-

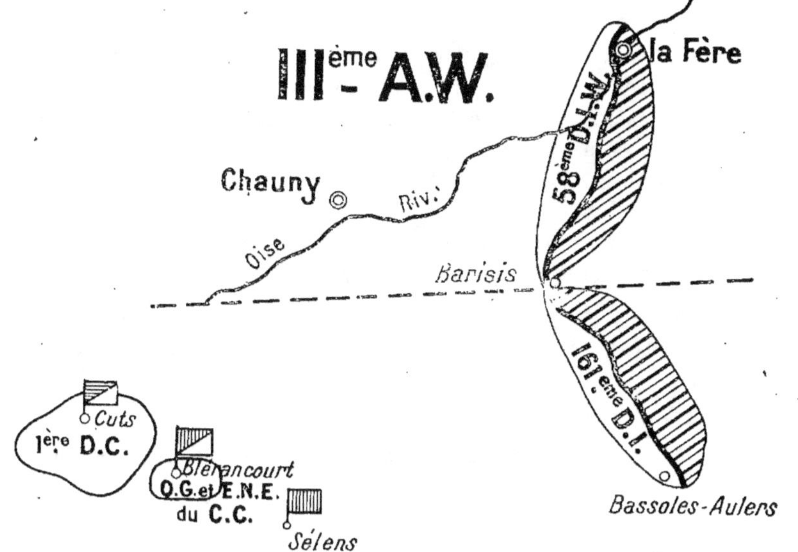
III ème A.W.
la Fère
58 ème D.I.W.
Chauny
Riv.
Oise
Barisis
161 ème D.I.
Bassoles-Aulers
Cuts
1ère D.C.
Blérancourt
Q.G. et E.N.E.
du C.C.
Sélens
VI ème A.

e du G.M.P.
PONTOISE
5ème D.C.

Zone de l'intérieur
la Guerche
3ème D.C.

pléter leurs effectifs et perfectionner leur organisation intérieure ; leur état moral est parfait.

Les cadres, à tous les degrés, ont étudié tout spécialement le rôle qu'ils auraient à remplir, soit pour renforcer une partie du front menacé, soit pour parer à une rupture partielle du front.

Dans la soirée du 20 mars, un officier de liaison du 3e corps Anglais vient avertir le 1er corps de cavalerie.

1º Que d'après des déserteurs alsaciens-lorrains, l'ennemi doit attaquer le lendemain, après une courte préparation, sur tout le front anglais.

2º Que les troupes anglaises sont alertées.

Ces renseignements sont aussitôt communiqués à la VIe armée.

II. — L'offensive allemande au nord de l'Oise (21-25 mars). — Rôle du corps de cavalerie. — La liaison entre les IIIe et VIe armées. — Rectification du front. — Organisation d'une deuxième position.

21 mars. Le 21 mars, vers 2 heures du matin, l'artillerie Allemande ouvre un feu violent sur tout le front de la Ve armée Anglaise, au Nord de l'Oise, à l'aube l'infanterie ennemie se porte à l'attaque.

Les officiers de liaison, envoyés par le 1er corps de cavalerie auprès du 3e corps Anglais, font connaître dans la journée que le front allié a cédé et qu'on peut prévoir à bref délai son repli sur le canal Crozat.

Le commandant du corps de cavalerie fait aussitôt alerter les éléments non endivisionnés ; dans la nuit, il est avisé que la 1re division de cavalerie à pied est elle-même alertée et que la 125e division d'infanterie, maintenue en réserve d'armée près de Vicq sur-Aisne, sera transportée avant le jour dans la région de Blérancourt-Quierzy.

22 mars. L'attaque allemande s'est développée seulement au Nord de l'Oise ; au Sud de la rivière, aucune tentative ennemie n'a été signalée.

Le commandant de la 125e division d'infanterie se présente

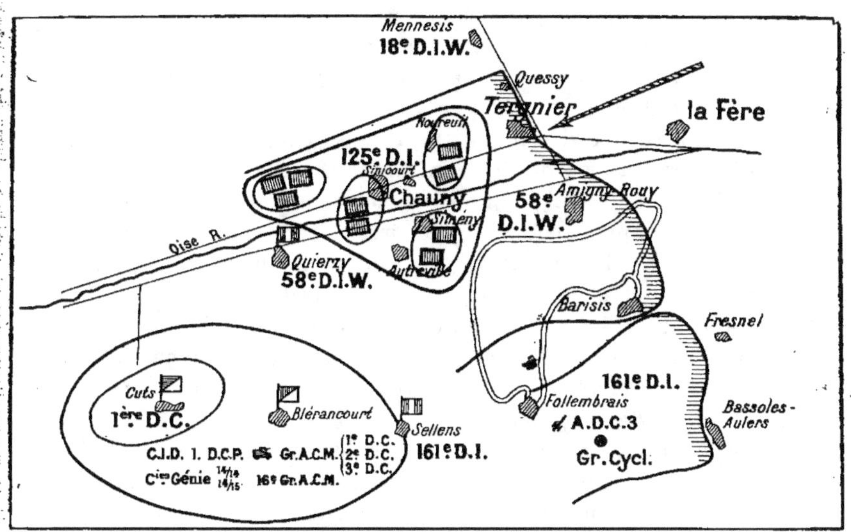

SITUATION LE 22 MARS :

Le général commandant le 1ᵉʳ C. C. prend le commandement des 161ᵉ, 125ᵉ, 58ᵉ D. I. W. — La 58ᵉ D. I. W. est fortement pressée dans la région de **Tergnier** et sa situation au nord de l'Oise est imprécise.

avant le jour à l'état-major du 1er corps de cavalerie pour se mettre au courant de la situation et des conditions de l'entrée en ligne de sa division ; on lui communique tous, les projets déjà préparés, et le commandant du corps de cavalerie, convaincu de la nécessité de soutenir sans retard le 3e corps britannique, dont le repli risque de découvrir l'aile gauche française, propose par téléphone au commandant de la VIe armée de porter immédiatement la 125e division d'infanterie dans la région de Chauny, en l'articulant au Nord et au Sud de l'Oise.

Peu après, un ordre de la VIe armée prescrit à la 125e division d'infanterie « de garder le canal Crozat entre l'Oise et Quessy, de refouler l'ennemi au nord de cette ligne, en couvrant sa gauche par un échelonnement prêt à faire face au nord. » (Ordre particulier no 2825.) Mais déjà l'ennemi a pris pied dans Tergnier et sur les hauteurs au nord (croupe 79) et en s'avançant vers Frières-Faillouel menace de déborder l'aile gauche de la 125e division d'infanterie ; celle-ci reçoit alors l'ordre « d'étendre son action vers le nord et d'attaquer la ligne cote 79-Tergnier ».

Le rôle du commandant du corps de cavalerie s'était limité aux débuts à renseigner les unités amenées en renfort dans la région de Blérancourt et à servir pour ainsi dire « d'agent de liaison » entre l'armée Anglaise et la VIe armée ; mais, dans la journée du 22, il est mis à la disposition de la VIe armée, avec celles de ses unités qui se trouvent le plus près (E. N. E. 1re D. C.) et le commandant de la VIe armée groupe sous son autorité les éléments déployés à l'aile gauche de son armée (161e D. I., 125e D. I. et 58e D. I. W. celle-ci mise à sa disposition après entente avec le commandement britannique) en lui donnant comme mission :

Défendre le front actuellement tenu par la 161e division d'infanterie et par les troupes anglaises au sud de l'Oise, assurer au nord de l'Oise la possession du canal Crozat jusqu'à Quessy inclus ; maintenir une liaison parfaite avec la droite de la Ve armée britannique ; faciliter la mise en place des forces de réserve amenées dans la région Chauny-Guiscard-Noyon.

Pour remplir cette mission le commandant du corps de cavalerie décide de soutenir et de prolonger l'action de la 125e division d'infanterie en la renforçant de toutes les forces disponibles qui seront engagées, partie au Nord de l'Oise en appui direct de cette division, partie au Sud de la rivière, d'où elles pourront agir dans le flanc des attaques allemandes.

L'artillerie de la 1re division de cavalerie et celle de la 3e division de cavalerie, la 5e brigade de dragons (1re D. C.) 2 groupes d'autos-canons, sont mis dans la nuit à la disposition de la 125e division d'infanterie, qui est autorisée à rappeler ceux de ses bataillons encore maintenus au Sud de l'Oise.

Ces renforts doivent lui permettre de soutenir les forces Anglaises et d'assurer la mise en place des unités réservées amenées dans la région Chauny, Guiscard, Noyon ; de rejeter l'ennemi au delà du canal Crozat en l'attaquant sur le front Tergnier-cote 79, et enfin de se couvrir à gauche en assurant la liaison avec la droite de la Ve armée britannique ou avec la droite du 5e corps d'armée français, dont l'entrée en ligne est annoncée.

La 11e brigade de dragons et un groupe d'autos-canons sont mis à la pointe du jour à la disposition de la 58e D. I. W. qui, un peu plus tard, est encore renforcée du groupe cycliste de la 1re division de cavalerie et d'une compagnie du génie du corps de cavalerie ; tous ces éléments doivent être employés à l'organisation et à la défense de la deuxième position, déjà occupée partiellement par le 246e régiment d'infanterie.

Dans une lettre adressée au général commandant le 58e D. I. W., le commandant du corps de cavalerie lui fixe ses intentions :

L'ennemi n'a pas attaqué au sud de l'Oise, votre première ligne est restée intacte. Mais l'ennemi est pressant au nord, il faut que nous venions en aide de tout notre pouvoir à la 125e division d'infanterie, en particulier par le feu de l'infanterie et de l'artillerie qui peuvent prendre de flanc les attaques allemandes.

Dans le cas où l'ennemi progresserait au nord de l'Oise, nous maintiendrons intacte l'occupation de nos premières lignes face à l'est et nous les couvrirons par un crochet défensif le long de la rivière, face au nord, en continuant à agir par nos feux de l'autre côté de la rivière pour gêner sa progression et lui interdire absolument les ponts.

Les réserves du corps de cavalerie sont constituées par la 2e brigade de cuirassiers et par le centre d'instruction de la 1re division de cavalerie à pied (800 à 900 hommes) à Blérancourt.

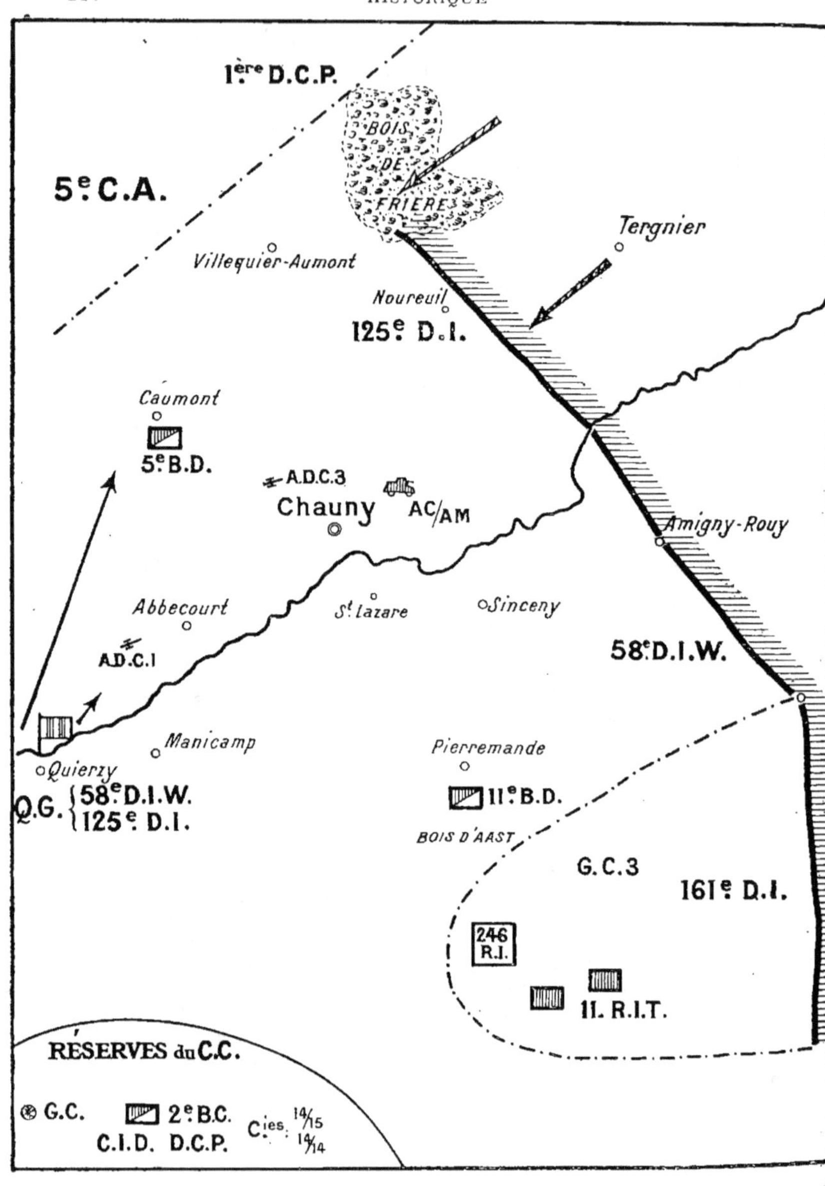

SITUATION LE 23 MARS A 1 HEURE

La plus grande partie des réserves du 1er C. C. sont dirigées au nord de l'Oise pour soutenir la 125e D. I. et rétablir la liaison entre la 125e D. I. et la 1re D. C. P. dans les bois de Frière.

Ainsi la défense du front confié au 1er corps de cavalerie est assurée :

Au nord de l'Oise, sous les ordres du commandant de la 125e division d'infanterie, par la 125e division d'infanterie renforcée et par les éléments de la 58e D. I. W. plus ou moins dissociés.

Au sud de l'Oise, jusqu'à Barisis, par la 58e D. I. W.

De Barisis à Bassoles, par la 161e division d'infanterie.

Au sud de l'Oise, la deuxième position est en partie occupée.

23 mars. A la fin de la matinée du 23, les instructions du commandant du corps de cavalerie sont, pour la plupart, réalisées (1), lorsqu'un message de la VIe armée fait savoir : *« Que la 125e division d'infanterie, la 58e D. I. W. et la 1re division de cavalerie passent aux ordres de la IIIe armée (5e C. A., Noyon) qui va entrer en ligne à l'aile gauche de la VIe tandis que la 1re division de cavalerie devra être immédiatement regroupée au nord de l'Oise ».* La 161e division d'infanterie et les éléments non endivisionnés du 1er corps de cavalerie restaient ainsi seuls à la disposition du commandant du corps de cavalerie.

L'exécution immédiate et stricte des ordres reçus pouvait avoir de graves conséquences, car il entraînait l'abandon de la deuxième position au sud de l'Oise, sur un point particulièrement délicat, dans le secteur de la 58e D. I. W. : afin de parer au danger, le commandant du 1er corps de cavalerie décide de porter d'urgence le groupe cycliste de la 3e division de cavalerie en réserve à Pierremande, en même temps qu'il demande à la VIe armée l'autorisation de faire occuper la deuxième position par le 246e régiment d'infanterie (Régiment de la 55e D. I., qui vient d'arriver.)

Cette autorisation est accordée, et le 246e, renforcé d'un bataillon du 12e régiment d'infanterie territoriale, d'une compagnie du génie du corps de cavalerie et de 2 groupes d'A. M. C. est transporté aussitôt en camion avec mission de tenir solidement Sinceny, de surveiller le marais, d'agir par ses feux sur la rive Nord de l'Oise pour empêcher l'ennemi,

---

(1) A la suite d'une attaque heureuse, la 125e division d'infanterie a **même** repris Vouel et déborde Tergnier par le sud.

qui atteint Viry-Noureuil, de progresser sur Chauny, d'être prêt à soutenir la 125e division d'infanterie au nord de l'Oise. »

Le groupe cycliste de la 3e division de cavalerie, devenu disponible par l'arrivée du 246e régiment d'infanterie, est dirigé sur Ognes pour renforcer la droite de la 125e division d'infanterie.

Les commandants du Ve corps d'armée et de la 125e division d'infanterie sont avisés de ces dispositions, en même temps qu'une lettre particulière adressée au commandant de la 58e D. I. W. précise les mesures prises pour l'appuyer :

En vue d'étayer la défense sur les deux rives de l'Oise, un groupe d'artillerie (appartenant à la 3e D. C.) a été poussé dans le secteur de la 58e D. I. W.

En outre, j'ai poussé ce soir un régiment d'infanterie (le 246e R. I.) sur la position Chauny-Sinceny-Pierremande en arrière de votre première ligne.

Dans la journée, le 1er corps de cavalerie a été renforcé de 2 groupes d'artillerie lourde (1 groupe 220 T. R., 1 groupe 220 A. M.) ces groupes ont été aussitôt mis en batterie dans les bois de Manicamp, au sud de l'Ailette ; ils doivent agir, soit sur la basse forêt de Coucy, soit dans la région Viry, Noureuil, Condron, Amigny-Rouy.

24 *mars*. L'ordre du 23 mars, midi, qui avait étendu le secteur du Ve corps d'armée au sud de l'Oise jusqu'à l'aile gauche de la 161e division (Barisis) avait le grave inconvénient de diminuer l'unité du commandement en un point sur lequel il était particulièrement nécessaire de la respecter, afin de maintenir une liaison absolue entre la VIe armée et la IIIe armée et d'assurer, le cas échéant, la couverture de l'aile gauche de la VIe armée ; et le commandant de la VIe armée adressait, à 9 h. 30, au commandant du 1er corps de cavalerie, le message suivant :

Sans cesser de relever de la VIe armée, ...et pour assurer une liaison intime entre les IIIe et VIe armées sur la rive gauche de l'Oise, le général Féraud est placé sous les ordres du général commandant la IIIe armée en vue d'assurer le commandement de la partie du front de cette armée située au sud de l'Oise.

En conséquence, le général Féraud enverra directement au général commandant la IIIe armée tout compte rendu et en recevra tous ordres concernant cette partie du front. Il se tiendra en liaison directe avec le général Pellé.

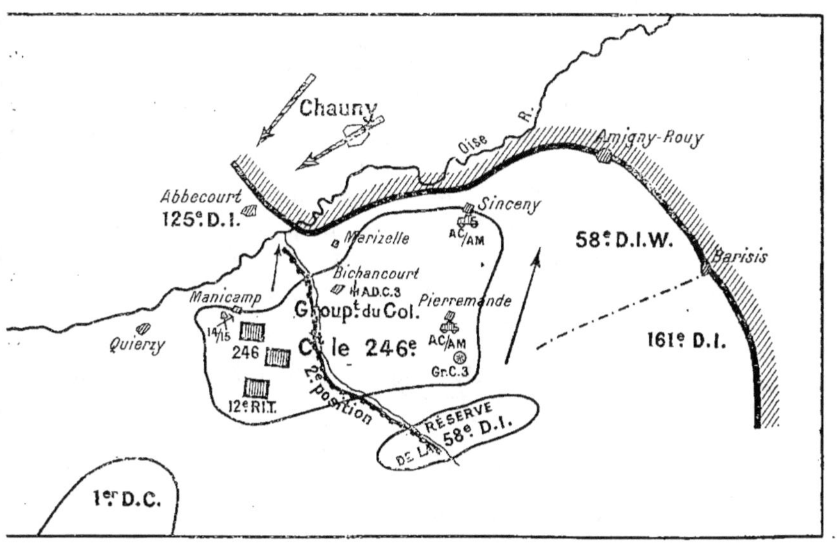

SITUATION LE 24 MARS 17 HEURES

Devant la menace qui se dessine sur son flanc gauche, le général commandant le 1ᵉʳ C. C. s'organise défensivement, face au nord, en liaison vers Abbecourt avec la 125ᵉ D. I.

Cette couverture est assurée par les soins du général commandant la 58ᵉ D. I. W. renforcée du groupement du colonel commandant le 246ᵉ R. I.

Cette décision justifiée était annulée peu après, à 10 h. 20, mais dans la journée un ordre du commandant en chef portait jusqu'à l'Oise « *la limite de la VIe armée ; et le commandant du corps de cavalerie reprenait sous ses ordres les éléments de la 58e D. I. W. engagés au sud de la rivière avec la mission de tenir sur les anciennes lignes et également face ou nord.* »

Depuis la veille, la situation s'était particulièrement aggravée au nord de l'Oise ; l'ennemi, continuant son avance, avait gagné du terrain dans la direction de Chauny et plus au nord avait atteint les abords de Villequier-Aumont ; inquiet pour son aile gauche, le commandant de la 58e D. I. W. avait donné l'ordre de faire sauter le pont de Chauny.

Le commandant du corps de cavalerie en communiquant aux commandants de la 58e D. I. W. et de la 161e division d'infanterie la décision qui les plaçait sous ses ordres, leur précisait ainsi ses intentions.

IV. La mission du corps de cavalerie est de tenir sur les anciennes lignes et également face à l'Oise.

V. La couverture du secteur face à l'Oise est confiée au général commandant la 58e D. I. W. (Q. G. Quierzy) qui devra :

1° Se tenir en relation avec le général commandant la 125e division d'infanterie.

2° Surveiller étroitement le marais de l'Oise.

3° En garder les passages.

4° Agir par ses feux sur les flancs de l'ennemi pour s'opposer à sa progression sur la rive nord de l'Oise.

L'ordre était complété par des prescriptions spéciales invitant les généraux commandant les 161e division d'infanterie et 58e D. I. W. à montrer sur leur front une grande activité d'artillerie, afin de gêner les préparatifs d'attaque de l'ennemi.

Il parut nécessaire au commandant du corps de cavalerie de confier la défense de la deuxième position dans le secteur de la 58e D. I. W. à un groupement formé de :

2 bataillons du 246e régiment d'infanterie.

1 bataillon du 12e régiment d'infanterie territoriale.

2 groupes d'autos-canons mitrailleuses.

1 détachement du centre d'instruction divisionnaire (cap. Dupuis).

1 groupe cycliste 3e division de cavalerie.

1 groupe d'artillerie de campagne (éventuellement).

Placé sous les ordres du colonel commandant le 246ᵉ régiment d'infanterie, celui-ci continuant d'ailleurs à dépendre du général commandant la 58ᵉ D. I. W, ce groupement assurera à la fois l'occupation de la 2ᵉ position et la liaison entre la 58ᵉ D. I. W. et les éléments du Vᵉ corps d'armée engagés au Nord de l'Oise, en formant crochet défensif.

Enfin, pour limiter une attaque heureuse de l'ennemi sur le front de la 58ᵉ D. I. W., le commandant du corps de cavalerie décide de prolonger au sud de l'Ailette jusqu'à l'Oise la position de repli déjà organisée dans le secteur de la 161ᵉ division d'infanterie.

L'organisation de cette position est confiée au commandant du génie du corps de cavalerie, les deux compagnies du génie du corps et deux compagnies divisionnaires, ainsi que le 12ᵉ régiment d'infanterie territoriale sont mis à sa disposition pour l'exécution de ce travail.

Au Nord de l'Oise, l'avance ennemie s'accentue pendant l'après-midi ; à la fin de la journée, les Allemands occupent Chauny et atteignent les abords d'Abbécourt.

De ce fait, au Sud de la rivière, la 58ᵉ D. I. W. se trouve en saillant et risque d'être débordée par son aile gauche ; à 22 heures, le commandant de la VIᵉ armée, justement inquiet de cette situation, prescrit au commandant du 1ᵉʳ corps de cavalerie « *de ramener plus en arrière la 58ᵉ D. I. W. sur une nouvelle ligne de résistance jalonnée par Barisis, buttes de Rouy, d'organiser la couverture de la gauche de la VIᵉ armée face au nord, d'installer une ligne intermédiaire par le Rond d'Orléans et Autreville et, plus en arrière, une deuxième position, enfin de replier dès le soir une partie des batteries pour renforcer l'ossature d'artillerie sur la basse Ailette, afin de battre la région Chauny-Ognes.* »

En exécution de ces instructions, le commandant du corps de cavalerie fixe dans un ordre du 24 mars, 23 h. 30, les conditions dans lesquelles sera organisée la défense du secteur de Blérancourt.

ORDRE PARTICULIER Nº 8375/3.

I. — L'ennemi a progressé vers Abbecourt.
II. — Nos troupes tiennent cette localité.
III. — La ligne de défense du corps de cavalerie est jalonnée par

Quierzy-Manicamp-Bichancourt-Marizelle-Sinceny-Buttes de Rouy
Barisis, etc...

Ce front sera occupé et organisé par la 58e D.I.W. renforcée du
groupement des bataillons du 246e régiment d'infanterie et par
la 161e division d'infanterie.

La 58e D. I. W. retirera, en conséquence, les troupes qui sont en
avant de la ligne Amigny-Rouy-Barisis et s'installera solidement
sur ce nouveau front en ne laissant sur les lignes actuelles du saillant
de Rouy que des avant-postes...

IV. — Une ligne intermédiaire sera organisée ; cette ligne, jalonnée
par l'Oise-Marizelle-Autreville-Le Rond d'Orléans, se prolongera par
la ligne intermédiaire de la 161e division d'infanterie ; les travaux
seront exécutés dans chaque secteur de division par les troupes disponibles de ces divisions.

V. — Une deuxième position sera également prévue, jalonnée par
Manicamp-ferme d'Ablincourt-croupe nord-est du Plessier-rive ouest
du canal.

VI. — L'ossature d'artillerie du secteur sera renforcée sur la basse
Ailette, de manière à battre plus efficacement la région Chauny-
Ognes, tandis que l'artillerie anglaise s'échelonnera, partie en arrière
de la première ligne de défense et partie en arrière de la ligne intermédiaire, de manière à pouvoir maintenir le front Amigny-Rouy-
Barisis et aussi à pouvoir battre la vallée de l'Oise et interdire les
passages et leurs débouchés.

Les progrès de l'ennemi, au Nord de l'Oise, décident le commandement à renforcer l'artillerie du 1er corps de cavalerie et
à rassembler de nouvelles forces dans la région de Blérancourt.

Deux groupes de 145, destinés particulièrement à battre la
vallée de l'Oise, sont mis dans la journée du 24 à la disposition
du commandant du corps de cavalerie.

Les 55e division d'infanterie et 1re division d'infanterie sont
portées l'une à Vezaponin, l'autre à Blérancourt, en vue de
l'occupation éventuelle de la deuxième position. Ces divisions
doivent demeurer en réserve d'armée mais elles reçoivent du
corps de cavalerie tous les renseignements nécessaires à leur
emploi.

Enfin le groupement des escadrons divisionnaires disponibles (6 escadrons environ) est prévu pour le 25 mars à
Tartiers, sous les ordres du colonel Vieillard ; ce groupement
doit être maintenu en réserve d'armée.

III. — Opérations du 25 au 29 mars. — Les progrès de l'offensive allemande en direction de Noyon. — La défense des passages de l'Oise. — Nouvelle répartition des troupes du secteur de Blérancourt. — Retrait des unités anglaises. — Action de l'artillerie sur le front de la IIIᵉ armée.

25 mars. La situation s'est peu modifiée durant la nuit : l'ennemi a sans doute progressé par la rive droite de l'Oise, en direction de Noyon, mais toutes ses tentatives pour franchir la rivière ont échoué.

Le Vᵉ corps d'armée doit s'établir, dans la journée, au Nord de l'Oise, sur la ligne générale Grisolles - Appilly, sa division de droite, la 125ᵉ division d'infanterie, qui occupe encore Abbecourt, est chargée d'assurer sa liaison avec le 1ᵉʳ corps de cavalerie.

Le commandant du 1ᵉʳ corps de cavalerie décide dans ces conditions de se maintenir sur les positions déjà occupées en renforçant seulement l'occupation du front de l'Oise, qui paraît particulièrement menacé.

L'artillerie (A. L. et A. C.), qui doit être renforcée, devra pouvoir intervenir, soit vers l'Est, soit sur la vallée.

Des patrouilles ennemies ayant essayé « de filtrer » au Sud de l'Oise, une surveillance active est organisée le long de la rivière, afin que toute tentative de franchissement puisse être aussitôt enrayée.

Dans la journée, des éléments de la 58ᵉ D. I. W., engagés au nord de l'Oise, et des unités de la 125ᵉ division, plus ou moins désorganisées, essayent d'échapper à la poussée victorieuse de l'ennemi en se dérobant vers le Sud.

Le général commandant la 58ᵉ D. I. W. reçoit aussitôt l'ordre de *« regrouper tous ces éléments (anglais ou français), d'en organiser le commandement et de les employer à la défense des passages de l'Oise, de Chauny (inclus) à Brétigny (inclus) ».*

Le gros de la 125ᵉ division d'infanterie, demeuré encore au Nord de l'Oise, très violemment attaqué par de nombreuses colonnes allemandes, se replie sur la 1ʳᵉ division d'infanterie qui occupe la croupe de Babeuf ; les batteries disponibles du corps de cavalerie essayent en vain d'intervenir en attaquant de flanc ces colonnes ; malgré leur appui, la 1ʳᵉ division d'infanterie, débordée à son tour, doit abandonner la croupe de

Babeuf. Devant la gravité de la situation, le commandant de la VIe armée décide de renforcer l'artillerie du 1er corps de cavalerie et de mettre à sa disposition le groupement d'escadrons Vieillard, pour tenir les passages de l'Oise au sud de Noyon et pour organiser la lisière de la forêt de Carlepont ; il prescrit en même temps au commandant du 1er corps de cavalerie de préparer le repli éventuel de sa position avancée au au sud de l'Ailette. La 55e division d'infanterie est portée en réserve d'armée dans la région de Blérancourdelle.

A la fin de l'après-midi, la 125e division d'infanterie se replie au Sud de l'Oise, tandis que, au Nord, les 1re division d'infanterie et 1re division de cavalerie à pied, plus ou moins confondues, tentent d'enrayer l'avance de l'ennemi.

Le commandant du 1er corps de cavalerie, en exécution des ordres de la VIe armée, prescrit à ses divisions de profiter de la nuit pour ramener sur la 2e position une partie (1/3 ou 1/2) de leur effectif en allégeant d'autant l'occupation de la 1re position, qui doit être néanmoins aussi énergiquement défendue ; toute l'artillerie doit être ramenée sur la 2e position ; en cas de repli, les éléments chargés d'occuper la 1re position viendront occuper la position intermédiaire.

Chaque division a une zone nettement définie, la 125e division d'infanterie, qui participe à la défense, doit en même temps maintenir la liaison avec le Ve corps d'armée ; le détachement Vieillard couvre l'ensemble du dispositif en tenant les passages en aval de Pontoise.

Le commandant du 1er corps de cavalerie recommande aux généraux de division de remettre de l'ordre dans les unités et de regrouper, sans distinction de corps. les isolés.

A la nuit, la 1re division d'infanterie et la 1re division de cavalerie à pied, rejetées peu à peu sur Noyon, s'étant repliées au sud de l'Oise, le commandant de la VIe armée prescrit au commandant du corps de cavalerie de prendre sous ses ordres les éléments qui ont franchi la rivière à la gauche de la 125e division d'infanterie (204).

De ce fait, le commandant du corps de cavalerie doit exercer son autorité sur des unités appartenant au Ve corps d'armée ; il est d'ailleurs indispensable qu'il en soit ainsi pour assurer la liaison entre ces unités et celles du 1er corps de cavalerie et la coordination de leurs efforts. En conséquence :

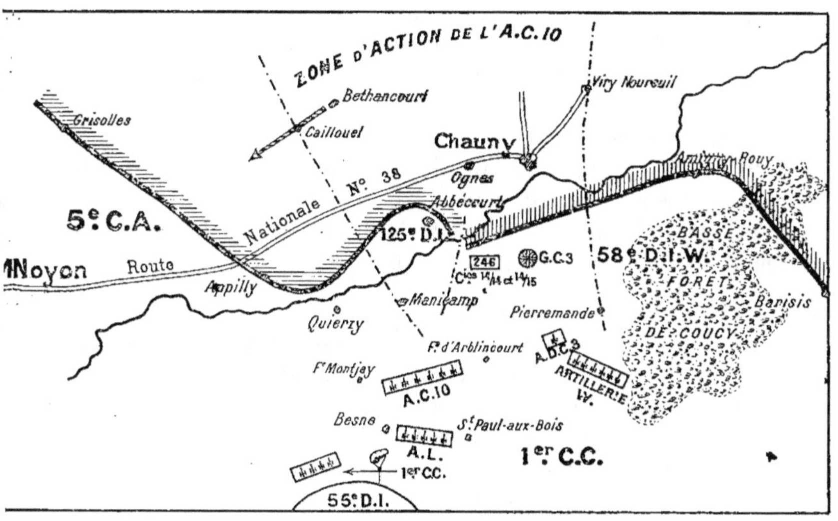

SITUATION LE 25 MARS A 8 HEURES

Le 1ʳᵉ C. C. couvre la droite du 5ᵉ C. A. avec tous ses moyens de feux disponibles ;
partie de l'art. de la 58ᵉ D. I. W.
l'A. D. C. 1 et l'A. D. C. 3
et l'A. L. comprenant : 2 gr. 220 ; 2 gr. 155 L ; 2 gr. 145

La 125ᵉ division d'infanterie, dont la limite ouest s'étend jusqu'au pont de la Fosse, se reliera avec la 1ʳᵉ division d'infanterie ; celle-ci fera tenir les ponts de Varennes à Ourscamps et préparera leur destruction.

Le 16ᵉ groupe d'autos-canons mitrailleuses portera une section au pont de Varennes et une au pont de Pontoise.

Ces ordres sont communiqués pour approbation au commandant du Vᵉ corps d'armée.

En même temps, le commandant du 1ᵉʳ corps de cavalerie prescrit à son artillerie de coordonner son action avec celle de la 1ʳᵉ division d'infanterie, qui doit hâter son entrée en ligne pour :

1º Empêcher l'ennemi de franchir l'Oise ;

2º Faire de l'interdiction sur les abords de Noyon et sur la route Noyon-Roye, devant le front du Vᵉ corps d'armée.

La 1ʳᵉ division d'infanterie poussera au besoin une partie de ses batteries de campagne jusqu'aux lisières de la forêt de Carlepont.

Cette organisation du commandemant est bientôt modifiée par un nouvel ordre de la VIᵉ armée, à laquelle le commandant en chef a rattaché tous les éléments de la IIIᵉ armée qui ont franchi l'Oise ; le commandant de la VIᵉ armée décide, en effet, de constituer avec ces éléments deux groupements (1).

A l'Est de Manicamp : le 1ᵉʳ corps de cavalerie.

A l'Ouest, le groupement Jacquot.

Le 1ᵉʳ corps de cavalerie comprend la 161ᵉ division d'infanterie, la 58ᵉ D. I. W. et la 18ᵉ D. I. W., qui, séparée de l'armée anglaise par la bataille, s'est également repliée au sud de l'Oise.

Le groupement Jacquot comprend les 125ᵉ division d'infanterie, 55ᵉ division d'infanterie, 1ʳᵉ division d'infanterie, 1ʳᵉ division de cavalerie à pied.

Cette situation nouvelle oblige le commandant du 1ᵉʳ corps de cavalerie à fixer de nouvelles limites et de nouvelles missions à ses divisions.

La mission du 1ᵉʳ corps de cavalerie demeure :

Interdire à l'ennemi les passages de l'Oise, maintenir l'intégrité de la ligne actuelle et y montrer une activité destinée à tromper l'ennemi sur la densité de notre occupation, préparer en même temps

---

(1) La 18ᵉ D. I. W., séparée de l'armée anglaise par la bataille, avait dû se replier au sud de l'Oise.

l'occupation éventuelle de la position de l'Ailette (deuxième position) par un échelonnement des forces en profondeur.

Le front sera tenu par les 161e division d'infanterie et 58e D. I. W. renforcées du détachement du 246e et du groupe cycliste de la 3e division de cavalerie. La 18e D. I. W. sera regroupée en réserve du corps de cavalerie dans la zone Audignicourt-Vassens-Moulin-sous-Touvent ; sa mission ultérieure est l'occupation, s'il y a lieu, de la deuxième position en arrière de la 58e D. I. W. : elle laissera provisoirement à la disposition de la 58e D. I. W. les éléments déjà détachés auprès de cette division dans la zone de Manicamp.

26 mars. L'ennemi ayant occupé Noyon dans la soirée du 25 et dans la nuit, les troupes françaises ont dû se replier, partie au sud de la ville, sur les hauteurs du Mont-Renaud et des Bois de la Réserve, partie sur la rive gauche de l'Oise, dont elles tiennent les ponts.

Noyon renfermait un matériel de guerre important (matériel du génie et matériel d'artillerie en particulier) dont une partie seulement a pu être évacuée ; le 1er corps de cavalerie a contribué largement pour sa part à cette évacuation en enlevant, au moyen de ses camions-automobiles, les objets de valeur ; le matériel qui n'a pu être emporté a été incendié et pendant toute la nuit le ciel est illuminé par la lueur des incendies qui détruisent, à Labroye et à Pont-Lévêque, les dépôts de vivres, de fourrages, les ateliers de réparation de l'artillerie et du génie.

La situation du corps de cavalerie, qui, en raison du retrait du Ve corps d'armée, se trouve en flèche de plus de 10 kilomètres est délicate ; il est sans doute protégé sur son flanc gauche par le cours de l'Oise, dont les troupes françaises tiennent les ponts, mais il n'en est pas moins exposé au tir à revers de l'artillerie allemande qui a trouvé sur les hauteurs au nord de la vallée de précieux observatoires, et il demeure sous la menace d'une infiltration ennemie au Sud de la rivière.

Le commandant du corps de cavalerie a pris, dès la veille, les mesures susceptibles de parer aux risques d'une infiltration ennemie en même temps qu'il a préparé l'intervention rapide de l'artillerie soit au profit de ses propres troupes soit au profit des troupes du Ve corps d'armée.

L'artillerie lourde à grande portée a été répartie en trois groupements (Saint-Paul-aux-Bois, Sellens, Lombray) qui, en dehors de leur mission de contre-batterie, doivent pouvoir intervenir éventuellement dans la région de Noyon et plus au Nord ; une section de S. R. O. T., établie sur les hauteurs de

Cuts - Sellens, doit, en dehors des observatoires des batteries et du ballon, contribuer à la recherche des renseignements relatifs aux positions de l'artillerie ennemie.

Dans la matinée, le commandant du corps de cavalerie est prévenu par son aviation que Noyon est encombré de troupes allemandes et que des colonnes ennemies sont en marche sur les routes de Noyon à Pontoise, à Roye et à Guiscard ; presque à la même heure, un message de la VIe armée l'avertit qu'on peut tirer sur Noyon qui ne renferme plus de troupes françaises ; ordre est aussitôt donné à l'artillerie lourde d'ouvrir le feu.

A midi, un renseignement du Ve corps d'armée fait savoir que les Allemands progressent sur les pentes du Mont-Renaud.

A 14 heures, le Ve corps d'armée prévient le 1er corps de cavalerie qu'il exécutera à 16 heures une contre-attaque et qu'il demande l'appui de son artillerie sur Noyon et sur les abords sud de la ville.

L'artillerie lourde du corps de cavalerie est aussitôt mise en action dans les conditions demandées et ses tirs, qui prennent d'écharpe les lignes d'attaque allemande contribuent pour une large part à faciliter la tâche du Ve corps d'armée.

27 mars. Les tentatives d'attaque exécutées par l'ennemi sur le front du corps de cavalerie pendant la nuit du 26 au 27 ont été assez facilement repoussées ; mais le combat reste très violent au nord de l'Oise devant le Ve corps d'armée.

A 10 h. 25, un message de la VIe armée fait savoir :

Que le général Jacquot, commandant le groupement constitué à la gauche du 1er corps de cavalerie et son état-major sont mis à la disposition de la IIIe armée et que le commandant du 1er corps de cavalerie devra en conséquence étendre son autorité sur les deux groupements Diebold (125e D. I., 55e D. I.) et Grégoire (1re D. I., 1re D. C. P.) placés depuis la veille sous les ordres du général Jacquot ; la 161e division d'infanterie doit, par contre, constituer un groupement indépendant.

Malgré les tentatives de l'ennemi, qui s'efforce de rétablir les passages de l'Oise et de s'infiltrer sur la rive sud, il est manifeste que l'effort principal est dirigé sur la rive droite. Le général commandant le corps de cavalerie estime qu'il y a lieu, en conséquence, de prévoir un échelonnement plus complet des forces dont il dispose et que, même, il est nécessaire de pré-

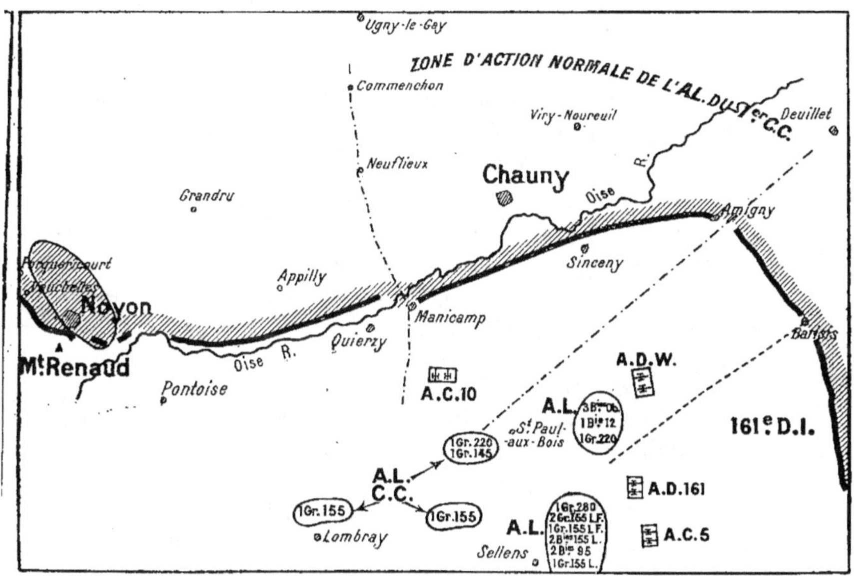

SITUATION LE 26 MARS, 8 HEURES

L'ennemi, ayant dépassé Noyon, cherche à occuper le Mont Renaud. Toutes les batteries disponibles du 1ᵉʳ C. C. reçoivent pour mission de tirer sur les objectifs de la région de Noyon.

parer le retrait d'une partie des troupes en ligne : il importe, en outre, de remettre de l'ordre dans les unités.

D'après les ordres de la VIe armée, les troupes chargées de la défense du secteur de Blérancourt doivent constituer trois groupements :

Le groupement W., 58e et 18e D. I. W.

Le groupement Diébold, 125e et 55e divisions d'infanterie.

Le groupement Grégoire, 1re division d'infanterie et 1re division de cavalerie à pied.

Le commandant du 1er corps de cavalerie prescrit aux commandants de ces groupements d'échelonner la défense en profondeur et de faire entreprendre sans délai les travaux d'organisation ; ils devront, en même temps, regrouper les unités constituées et préparer le retrait d'une division sur deux dans chaque groupement.

Le 246e régiment d'infanterie et le groupe cycliste 3e D. C. seront relevés par des unités anglaises devenues disponibles par suite du resserrement du front ; ils seront, après relève, ramenés en réserve près de Blérancourt.

L'artillerie seule doit rester tout entière en position, à l'exception de l'artillerie divisionnaire de campagne, dont deux batteries sont mises en réserve. (Ordre du 27 mars.)

Ces dispositions répondaient aux intentions du commandement, qui, dans la journée, prescrivait au commandant du 1er corps de cavalerie de relever les 125e division d'infanterie, 1er division de cavalerie à pied, 18e D. I. W., et de les regrouper en arrière pour faciliter leur reconstitution.

Les éléments appartenant à la 3e division de cavalerie (A. D. C. 3 et groupe cycliste) doivent être mis en route sur leur division qui débarque dans la région de Montdidier.

Enfin, en raison de l'importance du rôle que peut jouer l'artillerie dans la bataille engagée au nord de l'Oise, le commandant de l'artillerie de l'armée est envoyé à Nampcel, auprès du 1er corps de cavalerie, pour assurer une organisation d'ensemble des batteries déployées dans la région de Blérancourt. (artillerie d'armée, artillerie du C. C., artillerie des divisions.)

28 *mars*. L'ennemi demeure passif sur le front du 1er corps de cavalerie ; par contre, il renouvelle ses attaques contre le mont Renaud.

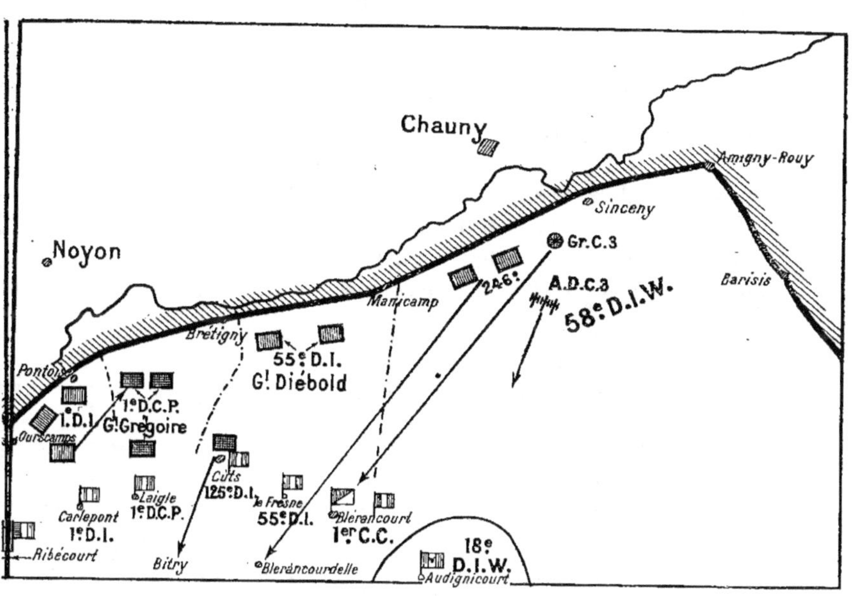

SITUATION LE 27 MARS, 10 HEURES

Le front de l'Oise s'étant stabilisé, le général commandant le 1er C. C. prescrit d'alléger le dispositif pour reconstituer des réserves.

Le 246e R. I., l'A. D. C. 3, le G. C. 3, les A. C. M. font retour à leurs divisions respectives. Les 18e D. I. W. et 125e D. I. sont retirées du front. Le 1er D. C. P. est reconstitué sur place.

L'artillerie du corps de cavalerie, qui est en liaison constante par T. S. F. avec le Ve corps d'armée, intervient à plusieurs reprises contre les rassemblements signalés dans la région de Noyon, tandis que les batteries de mitrailleuses installées au sud de l'Oise exécutent des tirs d'interdiction sur les carrefours et sur les sorties de la ville. Ces actions de feu contribuent à faire échouer les attaques allemandes.

La 125e division d'infanterie est retirée tout entière du front pour être transportée par camions jusqu'à Vicq-sur-Aisne ; la 18e D. I. W. doit, de même, sur la demande du haut commandement anglais, être mise en route sur Amiens.

Le retrait de la 125e division d'infanterie et de la 18e D. I. W détermine une nouvelle organisation de la zone du corps de cavalerie. Celle-ci est divisée en trois secteurs :

Le secteur anglais, à droite ;
Le secteur Diébold, au centre ;
Le secteur Grégoire, à gauche.

L'organisation défensive des secteurs doit comprendre trois lignes de résistance.

Une première ligne déjà établie jalonnée par l'Oise et par l'Ailette.

Une deuxième ligne (hauteurs N.-O. de Carlepont-ferme du Rendez-Vous-Saint-Paul-aux-Bois) seulement tracée sur le terrain.

Une troisième ligne de réduits (hauteurs de Carlepont-Cuts-Blérancourt-Saint-Aubin) est à organiser.

Toutes les troupes retirées du front de combat (travailleurs de la 18e D. I. W., régiments de cuirassiers à pied, 12e R. I. T., compagnies du génie) sont réparties entre les secteurs pour être employées sous l'autorité des commandants de secteur à l'exécution des travaux.

Le commandant du génie du 1er corps de cavalerie est chargé d'assurer entre les différents secteurs la liaison nécessaire pour que l'exécution des travaux soit poursuivie suivant un plan d'ensemble conforme aux directives du commandant du 1er corps de cavalerie.

29 *mars*. L'ennemi ne prononce aucune action d'infanterie sur le front du 1er corps de cavalerie, mais son artillerie se

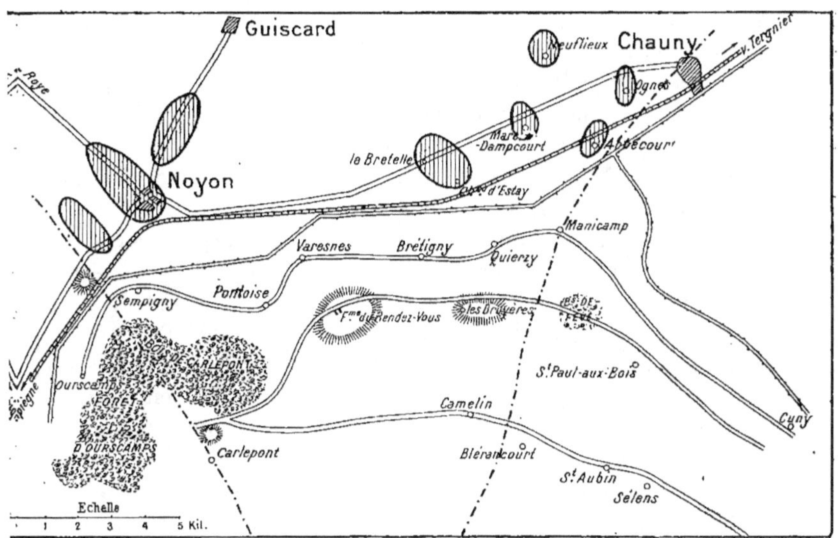

Action de l'artillerie du 1ᵉʳ corps de cavalerie.

SITUATION LE 28 MARS, 10 HEURES

Devant une menace d'attaque sur le Mont Renaud, le général commandant le 1ᵉʳ C. C. agit avec toute son artillerie disponiblé au profit du 5ᵉ C. A.

Tirs de barrage devant le Mont-Renaud. Tirs d'interdiction sur les différents carrefours de la région de Noyon

montre beaucoup plus active et exécute des tirs de harcèlement par 105 et 150 sur les principales localités de la région et sur les centres de communication.

L'artillerie du 1er corps de cavalerie essaye quelques tirs de contre-batterie et exécute de nombreux tirs de harcèlement sur les points sensibles des lignes allemandes : à 17 heures, à la demande du Ve corps d'armée, elle exécute un tir de contre-préparation sur les pentes du mont Renaud, menacé par une nouvelle attaque ennemie, et on voit les fantassins allemands refluer en désordre sur Larbroye.

Les batteries de mitrailleuses installées au sud de l'Oise, en particulier vers Sempigny, participent à l'action de l'artillerie.

A la fin de la journée, le commandant du corps de cavalerie reçoit l'ordre de retirer du front toute l'artillerie de la 18e D. I. W. qui sera dirigée vers l'arrière ; l'infanterie de cette division sera elle-même embarquée par camion le 30 au matin.

Le bombardement incessant de Blérancourt a obligé, dès le 25, le service télégraphique à établir un nouveau central situé à quelques distances du village ; un poste de commandement avec liaisons téléphoniques a été prévu à la sortie de Blérancourt, dans une carrière située sur la route de Vézaponin. L'état-major du corps de cavalerie est obligé d'occuper ce poste de commandement le 29 au soir, en raison de l'impossibilité de maintenir les liaisons à Blérancourt ; le quartier général et les services sont reportés plus en arrière, à Nampcel.

IV. — 30 mars au 3 avril. — Tentatives ennemies sur le front du corps de cavalerie. — Renforcement du corps de cavalerie en artillerie. — Déplacement et emploi de l'artillerie. — La bataille de Noyon. — Organisation et défense sur le front du corps de cavalerie. — La relève du corps de cavalerie par le 11e corps d'armée.

30 *mars.* L'artillerie ennemie se montre de plus en plus active ; elle a mis en batterie sur les hauteurs au nord de l'Oise des pièces à longue portée qui exécutent des tirs de harcèlement sur les points sensibles du secteur.

Le 1er corps de cavalerie, de son côté, a pu déployer les grou-

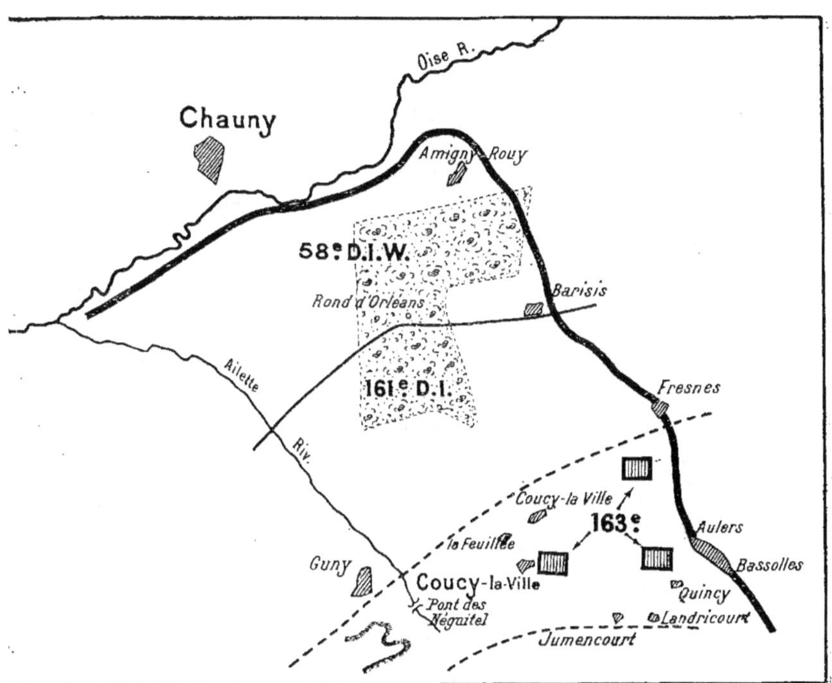

SITUATION LE 30 MARS

Le 30 mars, la limite entre le 2e C. A. et la 161e D. I. est reportée plus au nord.

Cette mesure a pour but de rendre libre le 163e R. I. et de permettre à la 161e D. I. de relever la 58e D. I. W.

pes de renforcement mis à sa disposition, et son artillerie, renseignée par l'aviation et par les observatoires installés sur les hauteurs de Cuts, est en mesure de régler ses tirs ; elle riposte énergiquement au feu de l'artillerie allemande, en exécutant, en particulier de jour et de nuit, des tirs de harcèlement sur les routes suivies par les colonnes ennemies, sur les grands carrefours, sur les sorties de Noyon.

Le commandant en chef, sur la demande du commandement britannique, a prescrit de préparer la relève de la 58e D. I. W. ; le secteur de l'Ailette pouvant être considéré comme un secteur passif, le commandant de la VIe armée décide de reporter plus au nord-ouest la limite entre le IIe corps d'armée et la 161e division d'infanterie, de façon à libérer un régiment de cette division ; celle-ci s'étendra jusqu'à la limite nord de la 58e D. I. W., dont elle assurera la relève, en utilisant le régiment devenu disponible par l'extension de front du IIe corps d'armée. Ces mouvements doivent être préparés, mais ne seront exécutés qu'ultérieurement.

Le poste de commandement du corps de cavalerie se transporte, à 14 heures, à Nampcel, sa situation étant devenue trop incertaine à la carrière de Blérancourt, où les bombardements continus de l'ennemi interrompent sans cesse les liaisons téléphoniques.

31 mars. Un détachement d'assaut allemand parvient dans la nuit du 29 au 30 à se glisser au sud de l'Oise, dans un faubourg de Chauny, le faubourg Saint-Lazare, en établissant des passages de fortune sur la rivière et sur le canal latéral ; les patrouilles de la 58e D. I. W. ne s'aperçoivent de son passage que lorsque déjà il est installé.

Le commandant du corps de cavalerie, dès qu'il est informé de cet incident, prescrit à la 58e D. I. W. d'exécuter une contre-attaque et de réoccuper le faubourg Saint-Lazare : il met à sa disposition une partie de l'artillerie lourde du corps de cavalerie et le 50e régiment d'artillerie de campagne.

Aux premières heures du 31 mars, l'artillerie, après avoir exécuté un tir de destruction sur le faubourg Saint-Lazare, isole ce faubourg de la rive droite par des tirs de barrage, tandis que deux compagnies anglaises se portent à l'attaque.

Le détachement ennemi est tout entier détruit ou fait pri-

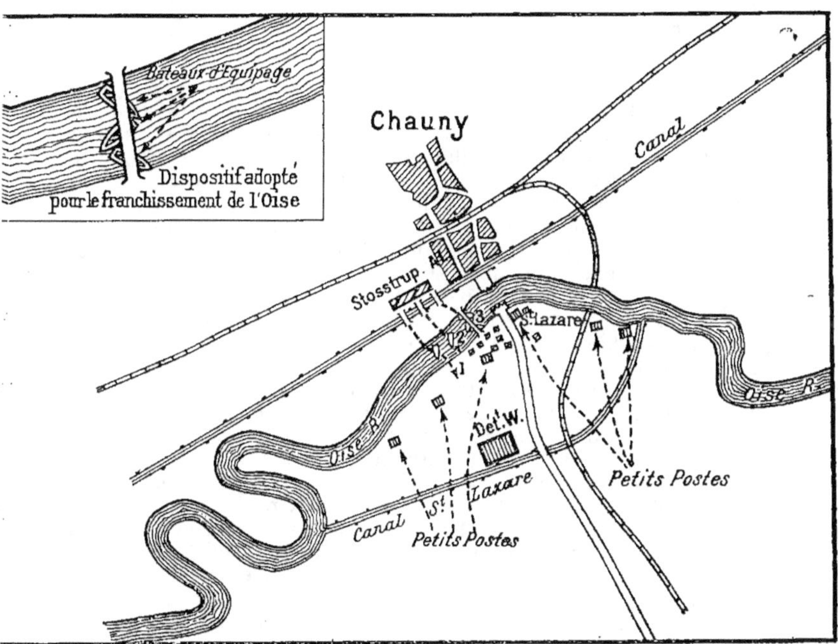

SITUATION LE 31 MARS

A 6 heures du matin, les Allemands cherchent à constituer une tête de Pont à Chauny-Saint-Lazare. Un Stosstrupp d'une centaine d'hommes passe le canal sur 3 passerelles et franchit l'Oise en bateau. — Un pont de bateaux est improvisé à une centaine de mètres en aval du pont détruit.

Le détachement 1 (une vingtaine d'hommes) est fait prisonnier. Les détachements 2 et 3, repoussés jusqu'au pont détruit, s'organisent dans les maisons voisines de l'Oise.

sonnier ; les Anglais s'emparent de 1 officier, 73 hommes et 3 mitrailleuses.

A la suite de ce coup de main, le commandant du corps de cavalerie adresse une instruction spéciale aux commandants de secteurs en leur imposant des mesures de surveillance et de protection très rigoureuses :

Dans la nuit du 30 au 31 mars, une compagnie de Stosstrupp a réussi à franchir successivement le canal de l'Oise et l'Oise à Chauny ; elle a utilisé des bateaux métalliques qui lui ont permis soit de jeter des passerelles, soit de passer de petits éléments d'une rive à l'autre.

Le 31, à la pointe du jour, l'ennemi bordait la lisière sud du faubourg Saint-Lazare et se trouvait au contact des petits postes anglais.

La 58e D. I. W. s'est trouvée dans l'obligation de monter une opération sérieuse pour reprendre le terrain que l'ennemi avait réussi à occuper. Cette opération a nécessité une concentration d'artillerie considérable dans la partie nord de Chauny et l'engagement de deux compagnies anglaises. Elle a d'ailleurs été bien menée, et aux derniers renseignements les Anglais avaient reconquis presque tout le terrain perdu, fait 100 prisonniers et enlevé 3 mitrailleuses.

J'attire donc l'attention des généraux commandant les 1re division d'infanterie, 55e divison d'infanterie et 1re division de cavalerie à pied sur la nécessité impérieuse qu'il y a à surveiller la rivière très activement et à arrêter toute tentative de passage en faisant procéder à des tirs d'interdiction fréquents aux points signalés dangereux, et en particulier, sur les passerelles déjà construites par les Allemands, qu'il faudra détruire. En tout état de cause, tout détachement ennemi qui aura réussi à passer au sud de l'Oise devra être contre-attaqué immédiatement et rejeté à l'eau ou détruit.

Les prisonniers du stosstrupp de Chauny ont signalé l'arrivée d'autres stosstrupp dans le massif de Guiscard, ces stosstrupp ayant pour mission de créer des têtes de ponts au sud de l'Oise.

L'infanterie poursuit activement les travaux d'organisation du terrain et complète la destruction de certains ponts sur l'Oise.

L'artillerie continue des tirs d'interdiction et de harcèlement en particulier sur les passerelles que l'ennemi tente de construire sur l'Oise et sur le canal.

L'artillerie allemande riposte de son côté par de violents tirs dirigés sur tous les points sensibles du secteur de Blérancourt.

1er *avril*. L'artillerie ennemie augmente l'intensité de son tir ; les batteries françaises sont violemment prises à partie par elle ; tous les points sensibles du secteur du corps de cavalerie sont soumis à des tirs de harcèlement répétés.

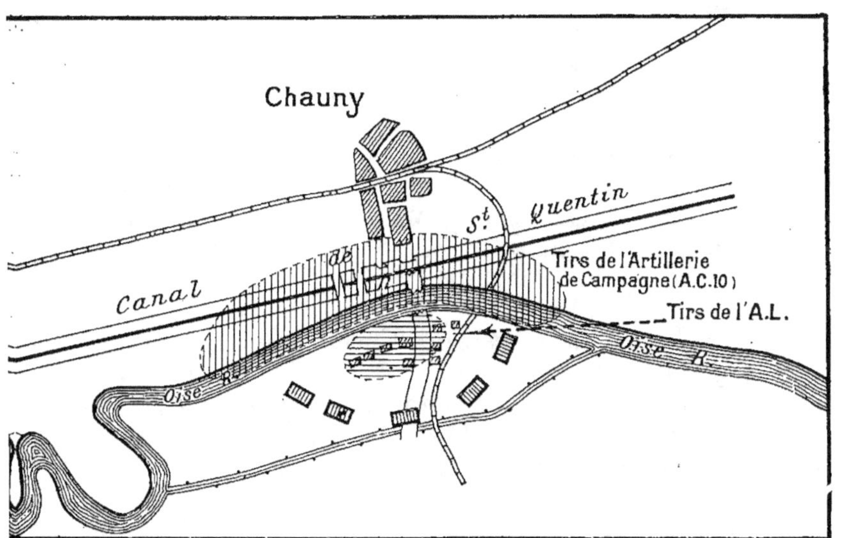

SITUATION LE 31 MARS, 15 HEURES

Affaire de Chauny. — L'A. L. bat le faubourg de Chauny. L'A. C. interdit le chemin de retraite des Allemands qui se rendent.

L'artillerie française répond énergiquement ; elle bombarde en particulier les abords de Noyon, où des rassemblements allemands ont été signalés.

L'activité de l'ennemi, sa tentative de franchissement de l'Oise et d'établissement sur la rive gauche font craindre des actions de surprise ; le commandant du corps de cavalerie recommande de nouveau une surveillance étroite de la vallée et l'exécution de tirs d'interdiction sur les points où il est possible de franchir l'Oise.

Les instructions du commandement ayant prescrit la retraite de la 58e D. I. W. entre le 31 mars et le 2 avril et celui de la 1re division de cavalerie à pied dans la nuit du 1er au 2 avril, il y a lieu de prévoir une nouvelle organisation du secteur ; celui-ci sera tenu de Manicamp à Ourscamp par la 55e division d'infanterie : poste de commandement : Le Fresne, et la 1re division d'infanterie : poste de commandement : Carlepont.

La violence des attaques allemandes au Nord de l'Oise oblige le Haut commandement à retirer une partie de l'artillerie mise à la disposition du 1er corps de cavalerie pour renforcer l'artillerie du Ve corps d'armée ; cette diminution entraîne une réorganisation complète de l'artillerie du secteur qui est répartie en :

Artillerie divisionnaire : en principe 4 ou 5 groupes d'artillerie de campagne et 3 ou 4 batteries d'artillerie courte par division. Cette artillerie divisionnaire a surtout pour mission de faire barrage sur le front.

Artillerie du corps de cavalerie : 15 batteries d'artillerie lourde longue réservées en principe, aux tirs de contre-batterie et d'interdiction.

Artillerie d'armée : 19 batteries d'artillerie lourde à grande portée, groupées sous le même commandement et destinées en particulier aux contre-batteries et aux tirs d'interdiction et de harcèlement sur des objectifs lointains.

2 avril. L'infanterie allemande reste active ; un petit poste anglais est enlevé à Amigny-Rouy, l'artillerie augmente encore le nombre de ses batteries, les zones battues sont plus nombreuses et plus violemment bombardées ; de son côté, et

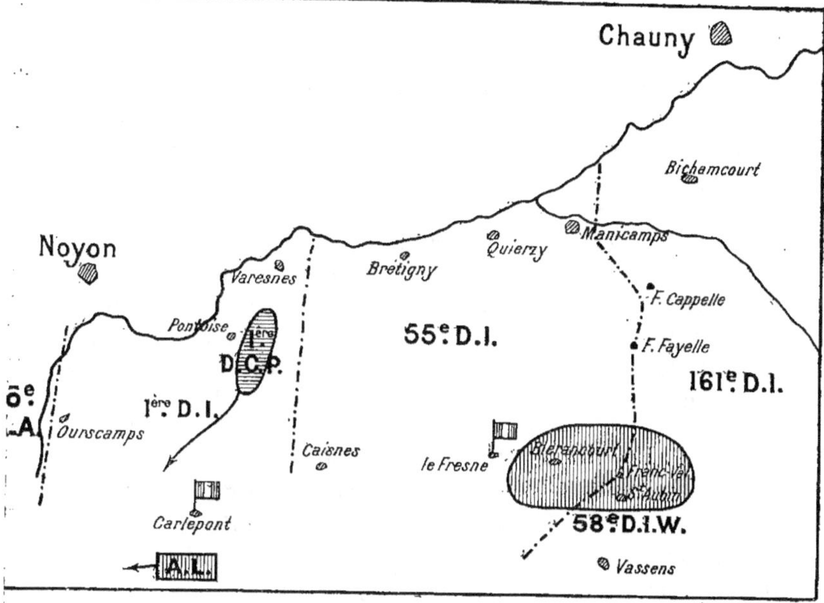

SITUATION LE 1er AVRIL

Les mouvements destinés à reconstituer des réserves se poursuivent. La
161e D. I. étend son front jusqu'à Manicamps. La 68e D. I. W. et la 1er D. C. P.
sont retirés du front. En outre, une partie de l'A. L. L. du C. C. est mise à la
disposition du général commandant le 5e C. A. sur la rive droite de l'Oise.

malgré des moyens de réglage insuffisants, l'artillerie du corps de cavalerie exécute des tirs de contre-batterie contre 30 nouvelles batteries allemandes qui se sont révélées (1).

La 1re division de cavalerie à pied, retirée du front, est regroupée dans la région de Tracy, tandis que la 58e D. I. W. s'embarque à Villiers-Cotterêt et à Longpont.

3 *avril*. L'activité de l'infanterie ennemie se manifeste uniquement par des tirs de harcèlement exécutés avec des mitrailleuses, tandis que la lutte d'artillerie continue avec la même intensité.

Le général commandant le 1er corps de cavalerie est avisé dans la journée que, par ordre du commandant en chef, l'état-major et les éléments non endivisionnés du 1er corps de cavalerie seront relevés le 5 avril par l'état-major et les éléments non endivisionnés du IIe corps d'armée. Le général commandant le IIe corps d'armée prendra à cette date le commandement du secteur.

4 *avril*. Les tirs d'artillerie deviennent de plus en plus violents ; l'artillerie allemande à grande portée exécute des tirs sur toute la zone arrière du secteur. Le quartier général du corps de cavalerie, à Nampcel, est violemment bombardé. L'artillerie française riposte énergiquement et avec succès.

L'infanterie ennemie demeure, par contre, passive.

5 *avril*. A 14 heures, le général commandant le IIe corps d'armée prend le commandement du secteur.

L'état-major et les éléments non endivisionnés du 1er corps de cavalerie sont dirigés par voie de terre sur Etrepagny.

---

(1) Le commandant du 1er corps de cavalerie demande qu'une section de repérage par le son et une escadrille soient mis à sa disposition.

LIMITES DU SECTEUR DU 1er C. C.

Pendant la période des opérations du 22 mars au 1er avril

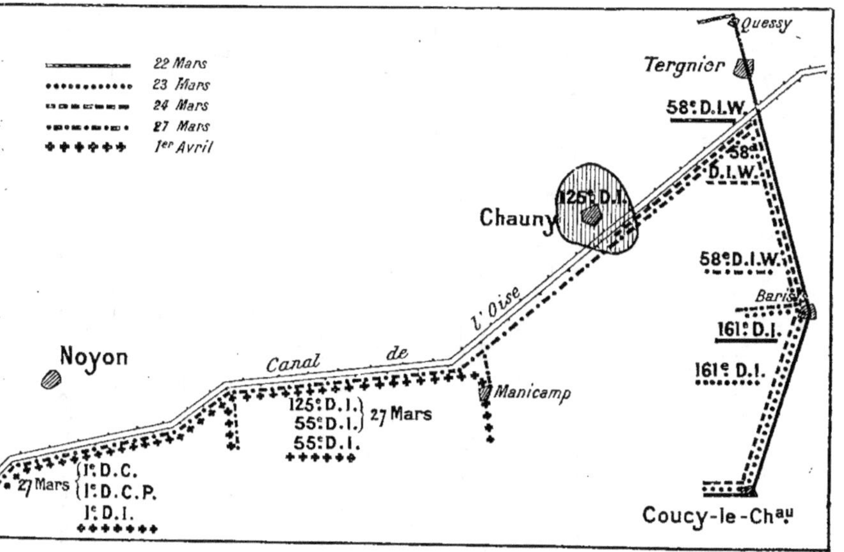

GRAPHIQUE

indiquant le nombre de groupes d'A. C. et d'A. L. sur le front du 1er C. C. dans la période
du 22 mars au 2 avril

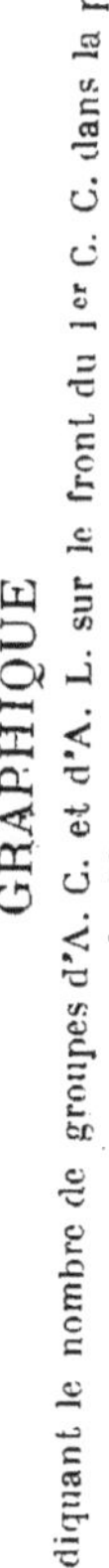

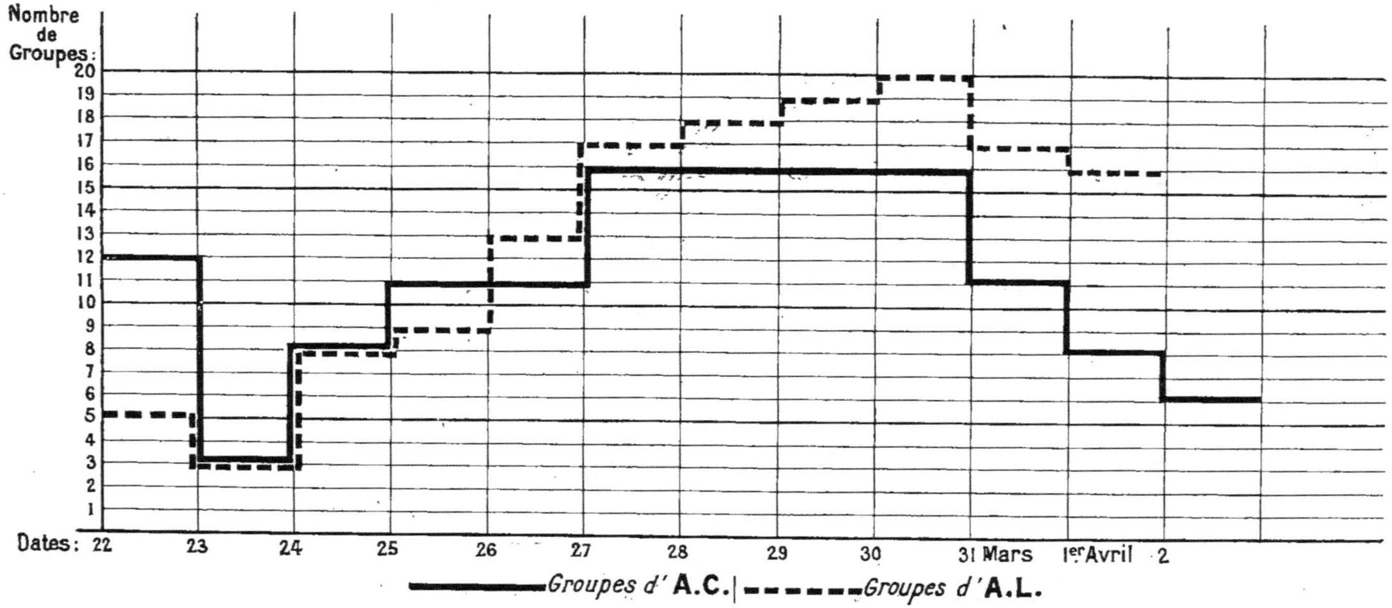

CHAPITRE XI

EMPLOI DES 1re ET 5e DIVISIONS DE CAVALERIE DANS LA RÉGION DE MONTDIDIER-ROYE (22 AU 31 MARS).

I. — Emploi de la 1re division de cavalerie du 22 au 31 mars (bataille de Noyon ; opérations dans la région de Rollot).
II. — Emploi de la 5e division de cavalerie du 22 mars au 3 avril.
III. — Conclusions.

Les divisions du 1er corps de cavalerie se trouvant dispersées au moment de l'offensive allemande du 20 mars, il ne fut pas possible de les regrouper pour la bataille, et le commandement fut amené, par la nécessité, à les employer selon les événements. Ainsi, tandis que le 1er corps de cavalerie, réduit à ses éléments non endivisionnés et à quelques éléments de la 3e division de cavalerie assure la défense du secteur de Blérancourt, la 1re division de cavalerie participe successivement à la bataille de Noyon, avec le Ve corps d'armée, puis aux opérations dans la région de Rollot avec le 2e corps de cavalerie ; la 5e division de cavalerie, d'autre part, est mise dès le 25 mars à la disposition du 2e corps de cavalerie pour enrayer l'offensive allemande dans la région de Roye-Montdidier.

I. — Emploi de la 1re division de cavalerie du 22 au 31 mars.

1° Opérations sur l'Oise avec le 1er corps de cavalerie du 22 au 23 mars :

2° Opérations dans la région de Noyon avec le Ve corps d'armée ;

3° La 1re division de cavalerie est mise à la disposition du IIe corps d'armée. Son emploi dans la région de Rollot.

1° *Opérations sur l'Oise avec le 1er corps de cavalerie* (du 22 au 23 mars).

Le 22 mars la 1re division de cavalerie est en réserve dans ses cantonnements de Cuts, la bataille est déjà engagée sur le front anglais ; à 16 heures elle est alertée par le 1er corps de cavalerie qui lui prescrit un peu plus tard de diriger son groupe d'artillerie sur Quierzy pour appuyer la 125e division d'infanterie qui se porte au secours des Anglais au Nord de l'Oise.

Dans la nuit, une brigade (la 5e B. D.) est mise à la disposition de la 125e division d'infanterie, afin d'assurer la couverture vers le Nord et la liaison avec les renforts français qui débarquent à Noyon ; pour remplir cette double mission la 5e brigade de dragons aurait tout intérêt à mettre à profit la mobilité que lui procurent ses chevaux, malheureusement elle constitue aussitôt un bataillon qui sera engagé comme les autres bataillons de la 125e division d'infanterie.

Un ordre du 1er corps de cavalerie prescrit à la 1re division de cavalerie, aux premières heures du 23 mars, de détacher également en soutien de la 18e D. I. W (région de Barisis), la 11e brigade de dragons et son groupe cycliste. Cet ordre est déjà en cours d'exécution, lorsque, vers midi, le général commandant la 1re division de cavalerie apprend que sa division est mise à la disposition du Ve corps d'armée. (Noyon).

2° *Opérations dans la région de Noyon avec le Ve corps d'armée.*

Le 23 mars, à 13 h. 30, le général commandant la 1re division de cavalerie se présente, à Noyon, au général commandant le Ve corps d'armée, qui lui donne l'ordre suivant :

Les Allemands ont débouché de Ham... la ligne anglaise paraît avoir perdu le contact de la gauche française dans la région nord de Libermont. La 1re division de cavalerie poussera sur Campagne tous ses éléments disponibles pour rétablir la liaison entre Anglais et Français et renseigner le commandement sur la situation.

En exécution de ces prescriptions le commandant de la 1re division de cavalerie constitue, sous les ordres du général commandant la 2e brigade de cuirassiers, un groupement comprenant la 2e brigade de cuirassiers, le groupe cycliste et les deux groupes A. M. C. de la division ; ce groupement est aussitôt dirigé sur Libermont pour rechercher la liaison perdue et pour renseigner sur la situation.

Le bataillon de la 5e brigade de dragons, engagé depuis les premières heures en renfort de la 125e division d'infanterie lutte énergiquement près de Noureuil avec le 113e régiment d'infanterie, et à la fin de la journée il couvre le repli de ce régiment ; les 24 et 25 mars, plus ou moins dispersé, au cours de la bataille, il demeure cependant toujours à l'arrière-garde ; donnant aux unités d'infanterie voisines « le plus magnifique exemple de ténacité, d'énergie et de dévouement » (1).

Le 24 dans la matinée, le commandant de la 1re division de cavalerie reçoit l'ordre de mettre à la disposition de la 125e division d'infanterie sa dernière réserve, la 11e brigade de dragons, soutenue par le groupe d'artillerie de la division.

La 11e brigade de dragons constitue un bataillon à pied, qui, malgré les attaques renouvelées de l'ennemi. parvient à tenir jusqu'au 25 le couloir de l'Oise, assurant ainsi la liaison entre la 1re division de cavalerie à pied et la 125e division d'infanterie.

3° *La 1re division de cavalerie à la disposition du 2e corps de cavalerie, son emploi dans la région de Rollot.*

Le 25 mars au soir, la 1re division de cavalerie est en partie regroupée dans la région de Carlepont (artillerie, 5e B. D., 11e B. D.)

Seul le détachement de Brantes (2e B. C.) se trouve encore très au nord-ouest de Noyon, près de Crapeaumesnil ; l'avance ennemie semble se ralentir sur le front de l'Oise, par contre, plus à l'ouest, vers Roye, la situation est devenue cri-

---

(1) Rapport officiel.

tique, et dans la nuit du 25 au 26 le général commandant la
1re division de cavalerie reçoit l'ordre de rejoindre avec le
gros de sa division le détachement de Brantes et de se mettre
à la disposition du 2e corps de cavalerie.

26 mars. — Le 26, à 11 heures du matin, le commandant de
la 1re division de cavalerie se présente au général commandant le 2e corps de cavalerie, dont le poste de commandement est établi à Conchy-les-Pots, celui-ci lui prescrit de
porter sa division sur Beuvraignes, afin d'étayer la 22e division d'infanterie qui fléchit.

La 22e division d'infanterie se trouvait en ligne le 25 mars
au Nord-Est de Roye, en liaison par sa gauche avec l'armée
britannique ; violemment attaquée le 25 et le 26, elle a dû
reculer peu à peu ; le 26 à midi, elle résiste difficilement face
à l'Est, sur la ligne générale Beuvraignes-Laucourt-Saint-
Mard.

Elle a perdu à sa gauche toute liaison directe avec l'armée
anglaise, qui, elle aussi, a cédé au Nord de l'Avre, mais la
continuité du front est néanmoins assurée par la 5e division
de cavalerie qui vient d'être engagée au Nord de l'Avre
entre l'armée anglaise et la 22e division d'infanterie.

Le commandant de la 1re division de cavalerie fait dès
son arrivée appuyer la 22e division d'infanterie par la 11e brigade de dragons (un bataillon) au nord du Plessier et par
la 5e brigade de dragons (réserve à cheval) entre Bus et
la Poste, l'artillerie est mise en batterie au Nord du Plessier.

Vers 16 heures, le général commandant le 2e corps de cavalerie donne l'ordre de contre-attaquer sur Roye, mais cet
ordre est peu après rapporté et le mouvement en avant se
limite à une reconnaissance offensive du bataillon de la
11e brigade de dragons (commandant Collet) sur Beuvraignes.

A la nuit, le front de la 22e division d'infanterie s'étend de
Tilloloy à Conchy-les-Pots renforcé et couvert en avant sur
sa droite par le bataillon de la 11e brigade de dragons
qui assure la liaison avec la 62e division d'infanterie.

Pendant toute la journée, les états-majors de la 1re division de cavalerie et les patrouilles à cheval ou à pied fournies
par ses régiments ont contribué à assurer le maintien des
liaisons sur la ligne de combat.

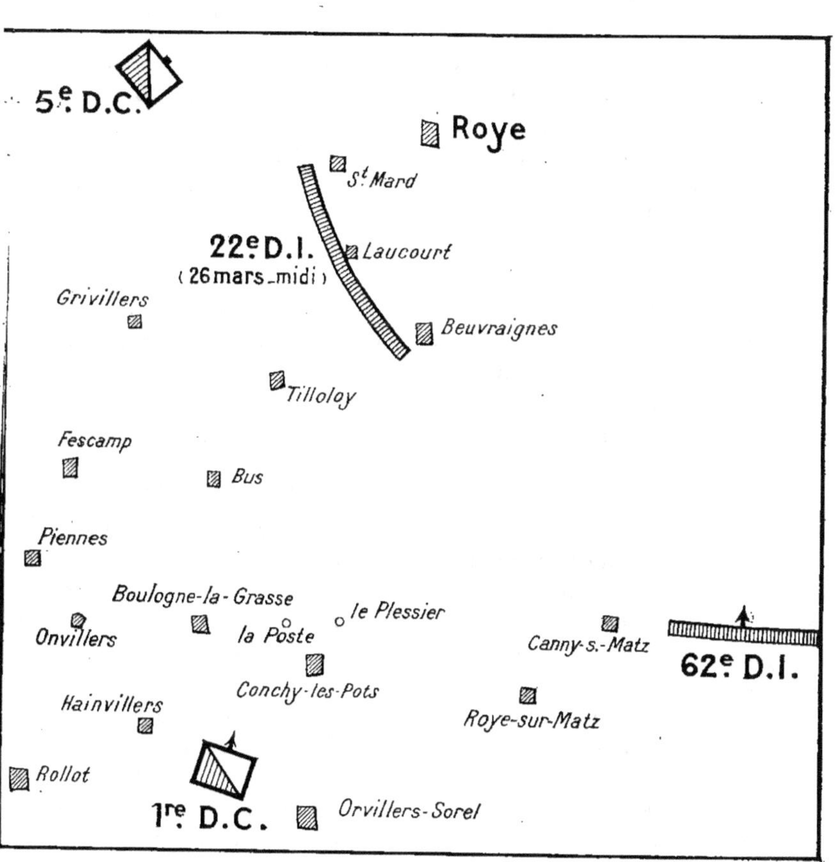

OPÉRATIONS DU 26 ET DU 27 MARS

En fin de journée, le poste de commandement du 2e corps de cavalerie s'établit à Rollot et les postes de commandements des 1re division de cavalerie et 22e division d'infanterie à Boulogne-la-Grasse.

27 mars. — La nuit est relativement calme, l'ennemi exécute seulement quelques bombardements sans grand succès, mais aux premières heures du jour les lignes françaises sont survolées par de fortes escadrilles et les batteries sont violemment bombardées ; il est évident que les Allemands préparent une attaque.

Vers 8 heures, l'ennemi cherche à déborder le bataillon de la 11e brigade de dragons par le Nord et par le Sud menaçant ainsi sa liaison avec la 62e division d'infanterie ; bientôt, il prononce une véritable attaque, qui est enrayée par les feux des cavaliers et par les tirs de barrage de l'artillerie de la division.

Un détachement (groupe cycliste de la 1re division de cavalerie et escadron à pied du 23e dragons) reçoit l'ordre de venir prolonger vers Cany-sur-Matz le front de la 11e brigade de dragons pour assurer la liaison avec la 62e division d'infanterie ; ce détachement, soutenu par deux sections d'A. C. M. progresse, refoulant devant lui les Allemands et vers 13 heures l'aile droite de la 1re division de cavalerie est solidement établie entre la ferme de Cany et le plateau au Nord de le Plessier.

Mais, presque à la même heure, le commandant de la 1re division de cavalerie apprend : Que les Allemands ont bousculé plus au nord le groupement Taylor, qui tenait le front Marquivilliers-Grivillers et, progressant à gauche, débouchent à l'ouest de Bus, s'infiltrant entre Bus et Fécamp.

La situation devient critique pour la 1re division de cavalerie, dont l'aile gauche risque d'être débordée, et en même temps qu'un bataillon de la 22e division d'infanterie contre-attaque sur Bus, le commandant de la 1re division de cavalerie décide de ramener sa ligne de résistance plus au Sud, sur la ligne générale Boulogne-la-Grasse, sud de Conchy-les-Pots (liaison vers Roye-sur-Matz avec la 62e D. I.), tandis que l'artillerie de la division s'établit vers Hainvillers :

des détachements appuyés par des autos-canons mitrailleuses sont poussés sur les routes de Fécamp-Bus et la Poste, pour le cas échéant enrayer l'avance de l'ennemi, tandis que les derniers éléments à cheval disponibles (trois escadrons environ) reçoivent l'ordre de s'établir à Pienne, Remaugies et Fécamp pour y constituer autant de centres de résistances qui serviront d'appui aux éléments plus ou moins dissociés de la 62ᵉ division d'infanterie.

A la nuit, les postes de commandements des 22ᵉ division d'infanterie et 1ʳᵉ division de cavalerie sont à Mortemer ; des centres de résistance sont organisés par ces deux divisions à Rollot et à Hainvillers ; un détachement de la 1ʳᵉ division de cavalerie occupe Roye-sur-Matz (liaison avec la 62ᵉ D. I.).

28 *mars.* — La progression de l'ennemi semble s'être ralentie ; ses éléments avancés, qui ont atteint Hainvillers, n'essayent pas de pousser au delà, et Conchy-les-Pots est occupé sans difficultés par un bataillon (4ᵉ zouaves) de la 38ᵉ division d'infanterie, qui vient d'arriver.

A midi 30, le commandant de la 1ʳᵉ division de cavalerie reçoit du général commandant le 2ᵉ corps de cavalerie l'ordre d'attaquer à 13 heures dans la direction générale de Montdidier.

Les éléments d'attaque fournis par la 1ʳᵉ division de cavalerie (groupe cycliste des 1ʳᵉ et 4ᵉ D. C., et compagnies de cavaliers), renforcés par un bataillon du 8ᵉ tirailleurs et par le centre d'instruction divisionnaire de la 22ᵉ division d'infanterie seront appuyés au nord-est par la 38ᵉ division d'infanterie et au sud-ouest par la 70ᵉ division d'infanterie.

L'attaque de la 1ʳᵉ division de cavalerie progresse rapidement, Orvillers est enlevé, le bois de Houssoy et Remaugies sont atteints, mais bientôt la 1ʳᵉ division se trouve complètement en flèche ; à sa droite, la 38ᵉ division d'infanterie, après avoir occupé Boulogne-la-Grasse, en a été chassée par une contre-attaque, à sa gauche la 70ᵉ division d'infanterie n'a pu progresser, et, pour éviter d'être encerclés, les éléments avancés de la division doivent se replier au Sud d'Orvillers, à la lisière des bois de Régibaye.

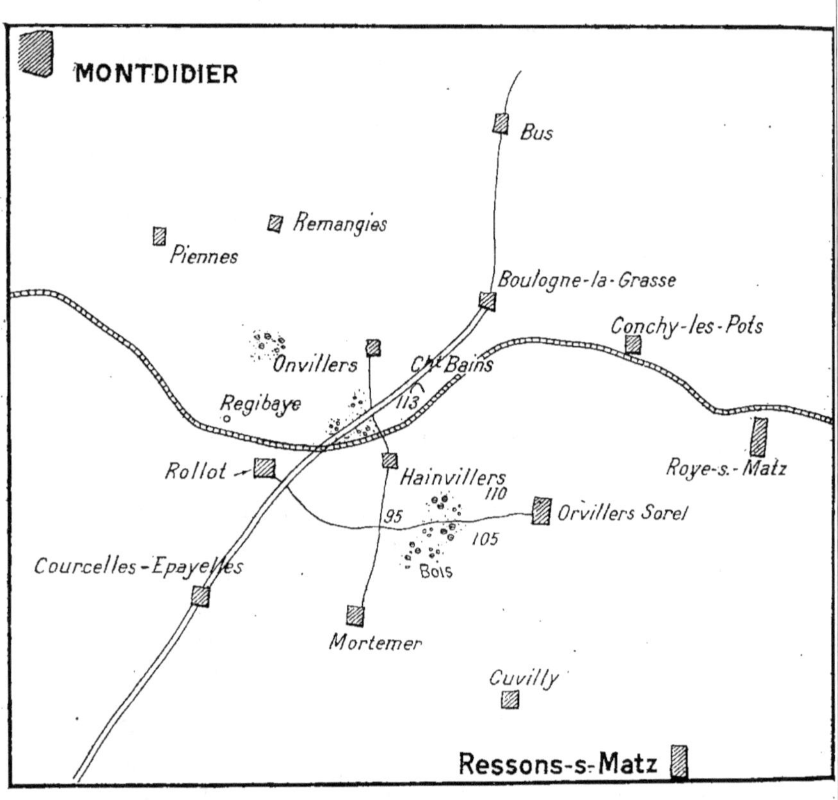

OPÉRATIONS DU 28 AU 31 MARS

Le général commandant la 1re division de cavalerie prend, à la nuit, le commandement du secteur de Rollot.

29 *mars*. — Dans la nuit du 29 au 30 mars, vers une heure du matin, le commandant de la 1re division de cavalerie reçoit l'ordre de renouveler à 2 heures de l'après-midi l'attaque qui, la veille, a échoué ; il décide d'attendre, pour porter en avant les éléments de tête de sa division, qui déjà se trouvent en flèche, que les unités d'attaque des divisions voisines soient parvenues à leur hauteur. Comme la veille, l'attaque des 70e division d'infanterie et 38e division d'infanterie échoue ; la 38e division d'infanterie, violemment contre-attaquée, est même rejettée au sud de Boulogne-la-Grasse et sa liaison avec la 1re division de cavalerie paraît un instant compromise.

Dans l'après-midi, le général Braquet, commandant l'infanterie de la 22e division ayant pris le commandement de cette division, le secteur de Rollot est placé sous les ordres du colonel de Partourneaux, commandant de la 11e brigade de dragons ; le général commandant le 2e corps de cavalerie ayant prescrit de relever aux premières heures du 30 mars tous les éléments appartenant à la 22e division d'infanterie, la défense du secteur sera assurée par deux groupes cyclistes (1er et 4e), deux bataillons de cavaliers à pied, un bataillon du 319e régiment d'infanterie, un escadron à cheval et sept sections de mitrailleuses de la 1re division de cavalerie, deux pelotons d'autos-canons mitrailleuses trois groupes d'artillerie de la 22e divisision.

Le secteur de Rollot est approximativement limité au sud-ouest par la route Rollot-La-Villette-Pienne (exclue), au nord-est par la route Hainvillers-Orvillers (incluse), son front est tenu sur les pentes au nord de Regibaye par un bataillon du 8e tirailleurs, prolongé lui-même vers sa droite par les 1er et 4e groupes cyclistes, échelonnés un peu en arrière et en liaison par sa gauche avec un bataillon de la 70e division d'infanterie, établie au nord de Villette. En arrière, à droite, deux compagnies de cavaliers à pied (sud-ouest du château de Bains) et le bataillon de la 11e brigade de dragons assurent la liaison avec la 38e division d'infanterie ; les éléments réservés sont maintenus à Rollot.

Le colonel de Partourneaux après avoir essayé d'organiser la défense du secteur, demande en vain que la relève de l'artillerie soit différée jusqu'à ce que celle de l'infanterie soit tout à fait terminée, il ne peut obtenir satisfaction.

A la fin de la journée, tous les chevaux de la division sont dirigés sur Neuvy et Moyenneville.

30 mars. — Pendant la nuit, le secteur subit quelques tirs d'artillerie exécutés par des pièces de moyens calibres, mais à partir de 6 heures du matin la violence du bombardement augmente sur tout le front et s'étend plus à l'Est, sur la 38e division d'infanterie ; il est évident qu'une attaque se prépare.

Bientôt on apprend que l'ennemi progresse vers Orvillers-Sorel et que la 38e division d'infanterie, très violemment attaquée, résiste difficilement près d'Hainvillers.

Sur le front de la 1re division de cavalerie, la situation devient rapidement critique, le bataillon du 319e qui a relevé les tirailleurs au Nord de Regibayc a cédé et s'est replié sur Rollot.

Seules les compagnies de cavaliers à pied Clouet des Péruches et Cailleux résistent encore au Nord-Est de Rollot, bientôt, d'ailleurs, débordées sur leurs ailes, elles doivent se replier à l'extrémité Sud de Rollot où elles tentent encore de résister ; la défense, désorganisée par la violence de l'attaque allemande, est brisée.

Le commandant du secteur décide alors d'établir une nouvelle ligne de résistance sur la croupe au Sud de Mortemer, tandis que deux escadrons à cheval, maintenus en réserve, établiront sur le front Lataule-Méry-Courcelles-Epayelle Le Tronquoy un long cordon qui servira de base de ralliement aux éléments dissociés.

Peu à peu, vers 13 heures, la défense s'organise sur la ligne générale Cuvilly, croupe au sud de Mortemer-Courcelles Epayelles ; elle est formée d'éléments divers (C. I. D. 22, un groupe cyclistes, deux compagnies de cavaliers à pied, deux compagnies de tirailleurs, deux compagnies du 319e), qui, sous la protection des A. M. C., ont pu se regrouper.

Le général commandant la 1re division de cavalerie, après entente avec le général Renouard, commandant la 22e division d'infanterie, qui vient d'arriver, décide, vers 16 heures, de confier le commandement de tous les éléments employés à l'Est de la route Lataule-Mortemer au commandant de l'infanterie divisionnaire 22 (général Braquet), tandis que le colonel de Partourneaux conservera le commandement des éléments employés à l'Ouest.

Le front est rétabli, mais il n'est soutenu par aucune réserve, et pour le renforcer le commandant de la 1ʳᵉ division de cavalerie fait constituer un nouveau bataillon de cavaliers à pied avec les derniers éléments disponibles de sa division ; ce bataillon est mis à la disposition du colonel de Partourneau, ainsi qu'un bataillon du 19ᵉ régiment d'infanterie, qui vient d'être reconstitué, tandis que les deux autres bataillons de ce régiment sont mis à la disposition du général Braquet. Ces renforts permettent l'organisation d'une deuxième ligne.

La résistance du groupement placé sous les ordres du commandant de la 1ʳᵉ division de cavalerie a permis l'entrée en ligne de la 67ᵉ division d'infanterie qui, vers 18 heures, débouche sur tout le front qu'il occupe. Au cours du combat, les autos-canons de la division ont joué un rôle particulièrement glorieux ; poussés par groupes de deux ou trois voitures sur les routes d'accès de l'ennemi, pénétrant parfois au milieu de ses colonnes, luttant jusqu'à épuisement de leurs munitions, ils sont parvenus à ralentir son avance.

31 mars. — La 1ʳᵉ division de cavalerie, relevée par la 67ᵉ division d'infanterie, est tout entière regroupée dans la région de Moyenneville.

II. — Emploi de la 5ᵉ division de cavalerie du 24 au 3 avril.

24-25 mars. — La 5ᵉ division de cavalerie se trouvait dans la région de Pontoise, à la disposition du gouvernement militaire de Paris, lorsqu'elle est brusquement alertée, le 24 mars ; le commandant en chef a décidé de porter la IIIᵉ armée dans la région de Montdidier pour soutenir les anglais, violemment attaqués, et la 5ᵉ division de cavalerie doit couvrir les débarquements de cette armée.

Le 25 mars au soir, la 5ᵉ division de cavalerie stationne

près de Saint-Just-en-Chaussée ; d'après les ordres reçus, elle doit se porter le lendemain au nord de Roye ; mais les événements ont devancé les intentions du commandement, la violence des attaques allemandes a brisé le front allié, l'aile gauche française (62ᵉ D. I.) se replie sur Roye, tandis que l'aile droite anglaise se dérobe à l'ouest de cette localité, et à minuit la 5ᵉ division de cavalerie reçoit l'ordre de gagner d'urgence Roye pour assurer la liaison entre les armées alliées.

« Les circonstances exigent l'entrée en ligne immédiate de la division », précisait l'ordre de la IIIᵉ armée.

26 *mars.* — La 5ᵉ division de cavalerie atteint la vallée de l'Avre vers 7 heures, et dès 7 h. 30, Roye.

Le groupe cycliste occupe la lisière nord de Roye en liaison avec la 62ᵉ division d'infanterie (aile gauche française), tandis que trois reconnaissances (demi-régiment du 29ᵉ dragons, un escadron du 22ᵉ dragons, un escadron du 22ᵉ dragons) sont poussés au Nord de l'Avre, afin de déterminer le front de marche de l'ennemi et de rétablir la liaison avec l'armée anglaise.

Peu après, les 7ᵉ brigade de dragons et la 3ᵉ brigade de dragons, appuyées par deux batteries, reçoivent l'ordre de se porter également au Nord de l'Avre pour assurer effectivement la liaison avec l'armée anglaise, dès que les détachements de reconnaissance auront repris le contact. Vers 9 heures, le commandant de la 5ᵉ division de cavalerie apprend qu'il est mis à la disposition du général commandant le 2ᵉ corps de cavalerie ; celui-ci lui donne pour mission : « de retarder l'avance allemande dans la région Goyencourt-Damery et de former liaison à gauche avec l'armée anglaise. »

Cette mission répondait aux ordres déjà donnés, mais la progression continue de l'ennemi   devait en rendre l'exécution impossible.

L'aile gauche de la 22ᵉ division d'infanterie, après avoir été rejetée sur Roye, a dû, en effet, se replier au sud de la ville et son retrait a entraîné celui de la 7ᵉ brigade de dragons.

A l'ouest la 5ᵉ division de cavalerie a repris contact avec l'armée anglaise, qui résiste sur le front Erches-Guerbigny, elle est en liaison à Guerbigny avec les 65ᵉ et 69ᵉ bataillons

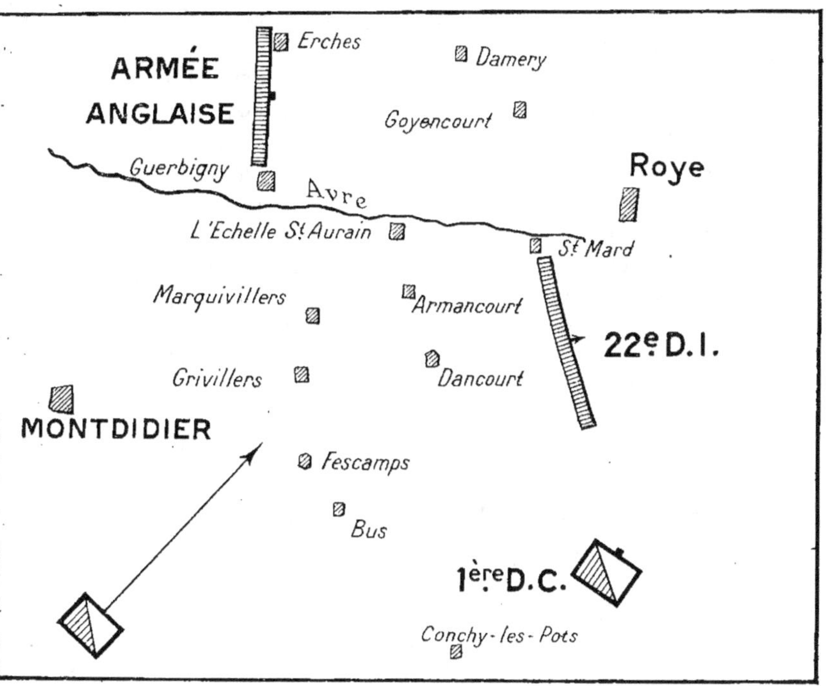

OPÉRATIONS DU 26 AU 28 MARS

de chasseurs (56e D. I.), qui ont eux-mêmes reflué sur Guerbigny.

Il semble dans ces conditions que pour remplir sa mission la 5e division de cavalerie devra s'établir solidement sur l'Avre en se reliant à droite vers Dancourt à la 22e division d'infanterie, à gauche, à Guerbigny, aux anglais.

Le général commandant la division vient de donner les ordres d'exécution nécessaires ; lorsque vers 2 heures le commandant du 2e corps de cavalerie lui prescrit de regrouper sa division et de contre-attaquer sur Roye pour reprendre cette localité.

A 17 heures, les trois bataillons de brigade de la 5e division de cavalerie, reformés vers Armancourt, se préparent à attaquer Roye, déjà leurs éléments avancés (15e chasseurs) ont atteint la ville, mais le commandant de l'artillerie de la 22e division d'infanterie qui doit appuyer l'attaque fait connaître « qu'il est incapable d'intervenir faute de munitions » et le commandant de la 5e division de cavalerie décide de remettre l'opération au lendemain ; il établit pour la nuit les bataillons sur le front Dancourt-L'Echelle-Saint-Aurin.

Peu après on apprend que le général commandant le 6e corps d'armée prend le commandement du front à l'Ouest de la route Roye-Tricot et que l'ordre d'attaquer sur Roye est annulé, la 5e division de cavalerie est mise à la disposition du commandant de la 56e division d'infanterie qui confirme les ordres déjà donnés.

La 5e division de cavalerie, malgré les conditions défavorables dans lesquelles elle a été engagée, a rempli la mission qui lui était assignée.

La liaison entre les armées alliées a été assurée et la continuité du front a été rétablie ; la ligne de résistance constituée par elle est sans doute précaire, mais elle a permis de déterminer et de limiter l'avance allemande, cela seul constitue déjà un résultat considérable.

27 *mars.* — La 5e division de cavalerie et la 56e division d'infanterie, dont les éléments sont confondus, occupent pendant la nuit le front Dancourt-Armancourt-croupe sud-ouest de L'Echelle-Saint-Aurin, la liaison avec la droite anglaise à Guerbigny est plus ou moins bien assurée : le

bataillon de la 3e brigade de dragons et deux compagnies de la 56e division d'infanterie sont en réserve à l'est de Marquivillers.

La nuit est d'abord calme, mais à partir de minuit l'ennemi, qui a réussi à filtrer au Sud de l'Avre, tente des coups de main de plus en plus violents contre les lignes françaises.

Dès l'aube, on signale de fortes colonnes allemandes au nord de l'Avre, en marche vers le Sud, et bientôt les Allemands, appuyés par de nombreuses batteries, attaquent sur tout le front de la 5e division de cavalerie ; ils portent leur effort principal sur les ailes, à l'Est, le long de la voie ferrée Roye-Montdidier et à l'Ouest par le ravin de L'Echelle-Saint-Aurin.

Peu à peu l'aile droite de la défense doit se replier sur Grivillers, tandis qu'à gauche le bataillon de la 7e brigade de dragons est repoussé jusqu'aux lisières de Marquivilliers, où il tente de s'organiser.

Vers 13 heures, la ligne de résistance établie sur le front Grivillers-Marquivillers cède à son tour ; la liaison avec l'armée anglaise est perdue et les Allemands menacent de déborder par sa gauche la ligne française. Les éléments plus ou moins dissociés des 56e divisions d'infanterie et 5e division de cavalerie sont rejettés peu à peu sur Montdidier ; ils essayent de s'accrocher au terrain, mais les cartouches manquent et, à 19 heures, l'ennemi pénètre dans la ville.

Le poste de commandement de la 5e division de cavalerie s'établit au Mesnil-Saint-Denis, auprès du poste de commandement de la 56e division d'infanterie, et tandis que les agents de liaison de la 5e division de cavalerie essayent de reformer les unités engagées, ordre est donné aux commandants des échelons de chevaux de main de regrouper tous les cavaliers disponibles pour les envoyer en renfort : un bataillon, fort de trois compagnies, est ainsi constitué sous les ordres du commandant de Boysson.

A la nuit, l'avance allemande oblige la 5e division de cavalerie et la 56e division d'infanterie à reculer leur poste de commandement jusqu'à la Morlière.

28 *mars*. — La 56e division d'infanterie parvient à rétablir une ligne de défense sur le front Le Mesnil-Saint-Georges-Le Montchel, sous les ordres du commandant du 132e ré-

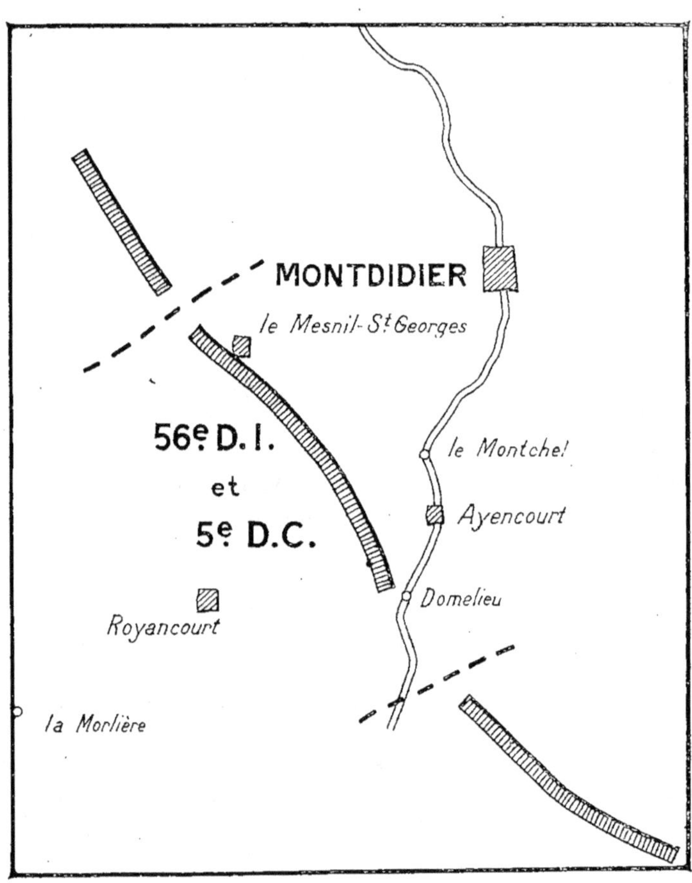

OPÉRATIONS DU 28 MARS AU 1er AVRIL

giment d'infanterie (P. C. Royaucourt). Les éléments déjà
reformés de la 5e division de cavalerie (groupe cycliste, bataillon de Boysson, artillerie) participent à l'occupation de
cette ligne et prennent part, vers 16 heures, à une contre-
attaque qui chasse les Allemands du Mesnil et de Montchel,
où ils avaient pris pied.

Dans la journée, un ordre du commandant du 6e corps d'armée prescrit au commandant de la 5e division de cavalerie
de regrouper sa division dans la région de Froissy : un demi-
régiment du 1er cuirassiers, détaché de la 1re division de cavalerie, à l'aile gauche française, et qui a perdu la liaison
avec sa division, doit la rejoindre.

Le général commandant la 5e division de cavalerie utilise
aussitôt les premiers éléments regroupés pour former un nouveau bataillon de marche (bataillon Ehrmann), qui sera mis
le lendemain à la disposition de la 56e division d'infanterie.

29 *mars.* — La 5e division de cavalerie se reconstitue peu
à peu ; le groupe cycliste est relevé et rejoint la division, il
a perdu ses machines et ses équipements détruits à Grivillers
et est réduit au tiers de son effectif.

Le bataillon de Boysson participe à une attaque dirigée
contre le plateau à l'Est du Mesnil-Saint-Georges, cette attaque échoue, mais le bataillon conserve sa ligne de combat.

Le bataillon Ehrmann, mis à la disposition de la 56e division d'infanterie, entre en ligne dans le secteur de Royaucourt.

30 *mars.* — Le commandant de la 5e division de cavalerie
constitue dans la journée, au moyen de ses éléments regroupés, six escadrons de marche. Ces escadrons et les groupes
d'A. C. M. constitueront la réserve mobile du 6e corps d'armée.

Le bataillon Erhmann et le groupe cycliste de la division,
après avoir pris part à la défense du Mesnil, participent, à
19 h. 30, à une brillante contre-attaque qui permet de reprendre le Montchel et Ayencourt, en faisant subir de fortes pertes à l'ennemi.

31 *mars au 3 avril.* — Les éléments de la 5e division de cavalerie, après avoir pris part à des actions de détail, sont
peu à peu regroupés.

III. — Conclusions. — Enseignements.

Les 1re et 5e divisions de cavalerie entrèrent dans la bataille à l'heure où l'ennemi, après avòir pénétré profondément dans le front allié, tente de le rompre entre Roye et Montdidier ; il ne fut pas possible, de ce fait, de les employer en masse ; leurs éléments, brigades, régiments, jettés au cours des cironstances, là où la situation devenait la plus critique, se trouvèrent, le plus souvent, dissociés ; mais séparés de leur chefs organiques, parfois même engagés presque sans ordre, ils n'en combattirent pas moins toujours avec la même volonté inébranlable d'arrêter à tout prix l'ennemi. Les pertes élevées subies par eux demeurent le témoignage sanglant de leur esprit de sacrifice et le général Demetz commandant la 56e division d'infanterie pourra écrire dans son rapport officiél.

Pendant les combats qu'elle a livrés sous mes ordres, malgré les pertes sévères qu'elle subissait du fait de sa résistance acharnée, la 5e division a fait l'admiration de tous les fantassins de la division à côté desquels elle a combattu, contre-attaqué et arrêté définitivement l'avance ennemie.

Tandis que les services de la 1re division de cavalerie seront consacrés par la citation suivante :

Lancée dans la bataille en pleine crise, a continué à combattre jour et nuit et sans trêve du 24 au 31 mars, donnant un magnifique exemple d'endurance et d'esprit de sacrifice, luttant pied à pied contre des forces ennemies très supérieures et satisfaisant à toutes les exigences de la situation.

Les combats auxquels avaient pris part les 1re et 5e divisions de cavalerie, malgré leur caractère spécial, renfermaient de précieux enseignements sur l'emploi de la cavalerie.

En particulier :

Emploi de cavalerie à cheval. — Les grandes unités de cavalerie, dont les gros ont combattu à pied, ont toujours été précédés ou accompagnés de détachements à cheval (détachements de découverte, patrouilles) qui après leur avoir permis de reprendre le contact les ont ensuite protégés, renseignés et ont assuré leurs liaisons.

Ces détachements ont pu, presque sans subir de pertes, prendre presque toujours le contact immédiat de l'ennemi.

(Détachement de Vaulchier sur Miraucourt, détachement de Ballore, détachement de la 5e D. C. au nord de l'Avre.)

Ces détachements ont permis aux divisions de cavalerie d'établir le rideau mince, mais continu, qui après avoir délimité l'avance ennemi, a ensuite permis de l'enrayer.

Les réserves conservées à cheval ont pu de même, grâce à leur mobilité, constituer le long cordon de sûreté sur lequel sont venus se rallier le 30 mars les éléments dissociés des 22e division d'infanterie et 38e division d'infanterie, de même qu'ils ont constitué la réserve mobile que le commandant du 6e corps d'armée a pu porter le 31 mars et le 1er avril sur Montdidier.

Bataillon de brigade. — La constitution du bataillon de brigade, prévue pour le cas spécial de la guerre de tranchée, ne répond qu'exceptionnellement à la guerre de mouvement. Elle peut dans certains cas, en limitant le rayon d'action d'une troupe de cavalerie, en diminuer par ce fait même la puissance d'action.

Elle n'est plus réalisable après quelques jours de combat en raison même des pertes subies.

Le renseignement, la liaison. — Les patrouilles de cavalerie et parfois les autos-mitrailleuses ont seuls renseigné le commandement en raison de l'absence de l'aviation.

De même, seule la cavalerie a pu assurer les liaisons.

Le besoin pour l'infanterie d'être renseignée à courte distance est d'autant plus impérieux qu'elle opère sur des fronts plus étendus, que son aptitude manœuvrière est plus faible, que les liens tactiques sont plus difficiles à maintenir.

Autos-canons, auto-mitrailleuses. — Les A. C. M. ont rendu les plus grands services comme moyens de reconnaissance, de liaison et de combat. En raison de leur visibilité et de leur vulnérabilité aux coups de l'artillerie, il convient de les dissimuler, de les employer par petits groupes (deux ou trois au maximum), de ne pas les immobiliser ; on ne doit pas non plus les employer de nuit.

Organisation des divisions de cavalerie. — Les moyens des divisions de cavalerie sont insuffisants, elles ont besoin :

D'une force propre d'infanterie (dont elles ne soient jamais démunies) avec laquelle elles soient habituées à manœuvrer et à combattre ; cette force doit être assez importante pour remplir véritablement le rôle de soutien, elle doit être et rester mobile. Le bataillon cycliste de quatre compagnies semble la meilleure solution.

D'un détachement de sapeurs cyclistes d'au moins cent hommes.

D'une artillerie proportionnée à leur front d'action (deux groupes au minimum).

L'expérience justifiait les propositions déjà faites par le commandant du 1er corps de cavalerie.

____

(1) Rapport officiel du général commandant la 5e division de cavalerie.

CHAPITRE XII

L'OFFENSIVE ALLEMANDE DE MAI-JUIN 1918.

I. — La situation générale sur le front des Ve et VIe armées le 26 mai. — Situation du 1er corps de cavalerie. — Les attaques allemandes du 27 mai. — Mission confiée au 1er corps de cavalerie.

II. — Les attaques allemandes du 28 et du 29 mai. — Intervention du Ier corps de cavalerie. — Déploiement et prise de contact. — Le Ier corps de cavalerie assure l'entrée en lignes des renforts.

III. — Le corps de cavalerie est rattaché à la Ve armée. — Nouvelle organisation du front. — Déploiement de la 120e division d'infanterie et de la 40e division d'infanterie. — Les attaques allemandes du 30 et du 31 mai. — Déploiement de l'artillerie lourde. — Les attaques du 1er juin. — Stabilisation du front. — 2-12 juin Relève du 1er corps de cavalerie.

IV. — Observations sur le rôle et sur l'emploi du corps de cavalerie au moment des attaques allemandes de mai 1918. — Echelonnement initial et emploi prévu. — Effort fourni. — Rôle des grandes unités de cavalerie en réserve générale. — Les résultats obtenus.

V. — La 1re division de cavalerie à pied dans le secteur de Saint-Claude - Le Plemont (juin 1918).

I. — La situation générale sur le front des Ve et VIe armée le 26 mai. — Situation du 1er corps de cavalerie. — Les attaques allemandes du 27 mai. — Mission confiée au 1er corps de cavalerie.

Le développement des offensives allemandes sur le front de la Somme et sur le front du Nord avait obligé le Haut commandement français à engager successivement, dans le courant d'avril, toutes les divisions encore disponibles.

La défense du front de l'Aisne et celle du front de Champagne (IVe armée ; Châlons : V^e armée ; Jonchery : VIe armée ;

Soissons) était de ce fait réduite aux débuts de mai 1918, aux effectifs strictement indispensables, tandis que le gros des forces françaises était encore maintenu sur les fronts d'attaque de la Somme et du Nord, dont l'organisation était à peine ébauchée et contre lesquels un nouvel effort allemand semblait à craindre.

Dans les derniers jours de mai, les reconnaissances du service aéronautique et des renseignements de prisonniers avaient sans doute révélé des préparatifs d'attaque sur le front de la VIe armée, mais ces préparatifs n'avaient pas semblé justifier un renforcement sérieux du front, et celui-ci était encore en partie tenu par des divisions qui, après avoir été rudement engagées dans le Nord, avaient été mises en secteur avant même que leur reconstitution ne fût achevée.

Le 1er corps de cavalerie, dont les divisions avaient subi de lourdes pertes aux combats de Noyon et de Montdidier, après avoir été regroupé quelque temps dans la région de Gournay-en-Braye, fut dirigé dans les premiers jours de mai sur la vallée de la Marne, où il s'échelonna de Dormans (Q. G. du C. C., et 4e D, C. à Épernay, 5e D. C., et Vitry-le-François, 1re D. C.).

L'intention du commandant en chef était de laisser le corps de cavalerie se reconstituer, tout en le mettant en situation d'intervenir, le cas échéant, soit sur le front de Champagne, soit sur le front de l'Aisne (V^e ou VIe armée) ; cette intervention éventuelle étant préparée par des reconnaissances et des études de détail faites sur le terrain.

L'échelonnement initial du corps de cavalerie sur un front de plus de 150 kilomètres était justifié par l'incertitude dans laquelle on se trouvait du point d'attaque choisi par les Allemands ; il permettait au commandement de disposer rapidement d'une division, soit sur le front de l'Aisne, soit sur le front de Champagne, mais il présentait aussi le grave inconvénient de le disloquer dès les débuts et de lui interdire ainsi l'emploi simultané et combiné de tous ses éléments.

Les divisions du 1er corps de cavalerie (1re, 4e, 5e D. C.) mirent à profit ce séjour dans la vallée de la Marne pour se recompléter et se réorganiser.

A la fin de mai, la plupart des régiments ont reçu des renforts suffisants pour réparer leurs pertes ; les déficits en officiers ont été comblés par des nominations à titre temporaire ;

SITUATION GÉNÉRALE LE 27 MAI, A 8 HEURES

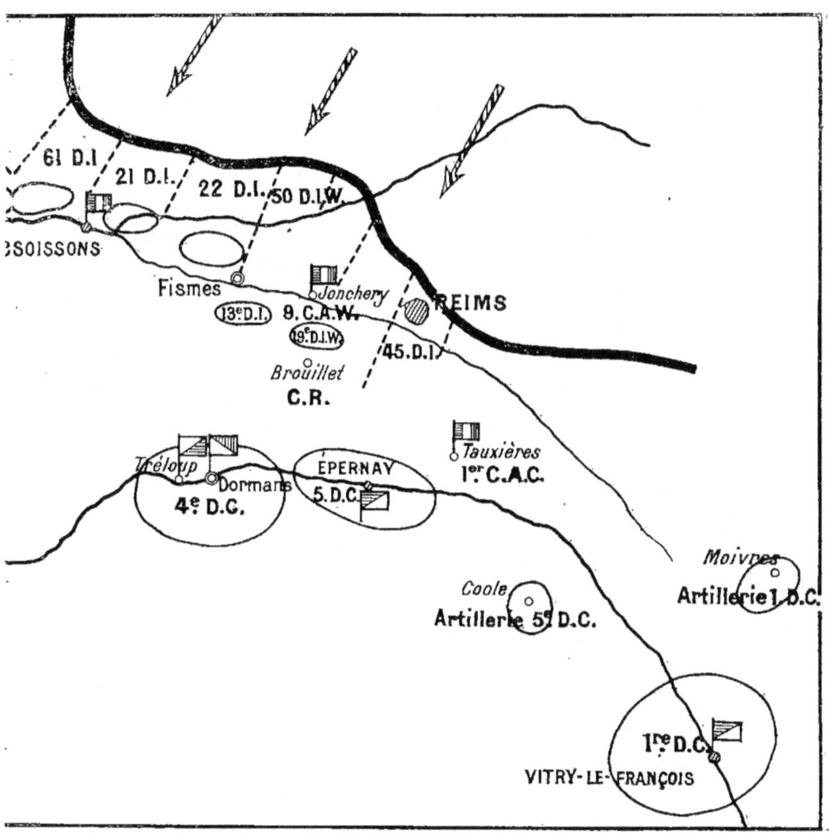

un travail limité, mais régulier, a remis en état les chevaux et les cavaliers.

Les cadres et la troupe sont animés du même désir de s'employer et de la même confiance ; les combats de Noyon et de Montdidier ont constitué pour eux une épreuve rude, sans doute, mais heureuse, qui leur a donné un sentiment plus net de leur valeur et de ce qu'elle leur permet d'entreprendre.

Le 26 mai, à l'aube, le front de la VIe armée est violemment attaqué ; dans la journée le corps de cavalerie est alerté, il doit se tenir prêt à faire mouvement le 27 vers le Nord en portant ses éléments de tête (artillerie et gr. A. M. C. de la 4e D. C.), jusqu'à Courville, à proximité des unités engagées ; le 27, ses divisions exécutent les mouvements prévus ; un centre de renseignements (1) est organisé à Brouillet pour assurer la transmission rapide des nouvelles recueillies par les officiers du corps de cavalerie détachés auprès des 13e division d'infanterie, 157e division d'infanterie et 9e D. I. W., qui viennent d'être engagées.

Les nouvelles transmises dans la journée par le centre de renseignements de Brouillet signalent les progrès continus de l'offensive allemande ; à 17 heures, des colonnes ennemies ont franchi l'Aisne et sont en marche sur Fisme.

Ces renseignements, reçus directement des éléments de reconnaissance du corps de cavalerie, le tiennent constamment au courant de la situation, car ils lui parviennent beaucoup plus vite que les renseignements transmis par l'armée ; ils lui permettront, l'heure venue, de s'employer plus rapidement et dans de meilleures conditions.

A 17 heures, le 1er corps de cavalerie reçoit du groupe d'armée du Nord l'ordre de porter le 28 au matin ses divisions (4e réduite à une brigade et 5e sans artillerie) dans la région de Courville, Chéry-Chartreuve (Q. G. du C. C.), en poussant des avant-gardes sur l'Aisne ; il doit rester jusqu'à nouvel ordre réserve du G. Q. G.

La 1re division de cavalerie est maintenue à la disposition de la IVe armée.

La situation est devenue malheureusement si critique que

____

(1) Ce centre de renseignements comprend : 1 officier, des autos et motos de liaison, 1 section A. M. C. de protection.

le commandement est obligé d'engager successivement toutes les réserves ; vers 21 heures, le corps de cavalerie est mis à la disposition de la VIᵉ armée.

II. — Les attaques allemandes du 28 et du 29 mai. — Intervention du 1ᵉʳ corps de cavalerie. — Déploiement et prise de contact. — Maintien des liaisons. — Le 1ᵉʳ corps de cavalerie assure l'entrée en ligne des renforts.

28 mai. Les 4ᵉ et 5ᵉ divisions de cavalerie étaient déjà en marche, afin de se rassembler au sud de Fismes, selon les instructions du groupe d'armée du Nord, lorsque le commandant du 1ᵉʳ corps de cavalerie reçut, vers 5 h. 1/2, de la VIᵉ armée, le message suivant. « *Les forces françaises tiennent encore la Vesle en amont de Mont-Notre-Dame et de Fismes, mais des éléments ennemis se sont déjà glissés dans la vallée qui descend de Mont-Notre-Dame sur Fère-en-Tardenois· Le 1ᵉʳ corps de cavalerie couvrira Fère-en-Tardenois en agissant sur les éléments ennemis qui progressent le long de la voie ferrée et qui ont atteint Tannières et Lhuys à 2 heures. L'action du corps de cavalerie doit précéder et préparer celle de la 43ᵉ division d'infanterie, dont les débarquements vont incessamment commencer à Arcy-Saint-Restitue. »*

Le danger est grand et le front français déjà distendu risque de se rompre.

Le commandant du 1ᵉʳ corps de cavalerie décide aussitôt de charger la 4ᵉ division de cavalerie d'arrêter l'ennemi de front dans la vallée de Mont-Notre-Dame en se portant à sa rencontre par Mareuil-en-Dôle ; tandis que la 5ᵉ division de cavalerie, débouchant par Cohan et par Dravegny, l'attaquera sur son flanc gauche. Les deux divisions de cavalerie doivent combiner leur action ; la 5ᵉ division de cavalerie se couvrant vers le Nord dans les directions de Fismes et de Mont-Notre-Dame.

La transmission de ces nouveaux ordres aux divisions, qui sont déjà en mouvement, exige un certain temps, et l'exécution de ces ordres eux-mêmes est très sérieusement retardée par les difficultés que présente la circulation sur les routes encombrées de troupeaux, de voitures, de colonnes de toutes espèces.

Le poste de commandement du corps de cavalerie est installé à 7 heures à Coullonges ; on entend à peine le canon, mais de toutes parts affluent des fuyards, soldats égarés plus ou moins volontairement, habitants cherchant un refuge ; les bruits les plus divers circulent ; l'apparition de nombreux avions ennemis qui attaquent le village à coups de bombes et de mitrailleuses augmente encore le désordre.

Dans la matinée, vers 9 heures, le corps de cavalerie reçoit du 21e corps d'armée l'ordre suivant :

La 39e division d'infanterie (P. C. Couvrel) tient le front de Condé-sur-Aisne à Braisne. La 13e division d'infanterie (P. C. Saint-Gilles) tient le front de Romain à la région de Saint-Thibault. Entre ces deux unités la 157e division d'infanterie s'est dissociée et il s'est produit une fissure grâce à laquelle l'ennemi a poussé jusqu'à Tannières et à Lhuys.

Le corps de cavalerie a pour mission d'interdire à l'ennemi toute progression entre les 39e et 13e divisions d'infanterie, sur le front Braisne, Saint-Thibault, jusqu'à ce que la 43e division d'infanterie ait pu prendre place sur ce front.

Cet ordre fixait enfin la situation et la mission du corps de cavalerie qui se trouvait placé sous les ordres du 21e corps d'armée, sans en avoir été encore avisé.

La mission confiée au corps de cavalerie était d'arrêter l'ennemi sur un front de plus de 10 kilomètres, et au point où il exerçait sa pression la plus forte ; les moyens très limités dont il disposait pour remplir cette mission comprenaient seulement :

La 4e division de cavalerie : une brigade de cavalerie ; un groupe de 75 ; deux groupes A. M. C.

La 5e division de cavalerie : trois brigades de cavalerie ; deux groupes A. M. C.

La difficulté de la situation n'avait pas échappé au commandant du 21e corps d'armée qui, vers 10 heures, précisait ainsi ses intentions : « *Les moyens actuels ne permettent pas de reprendre l'offensive avec chances de succès ; il convient de rétablir la ligne sur le front général Fismes, Saint-Gilles, Chery-Chartreuve, ferme Mollin, Moulin de Mareuil, Croupe*

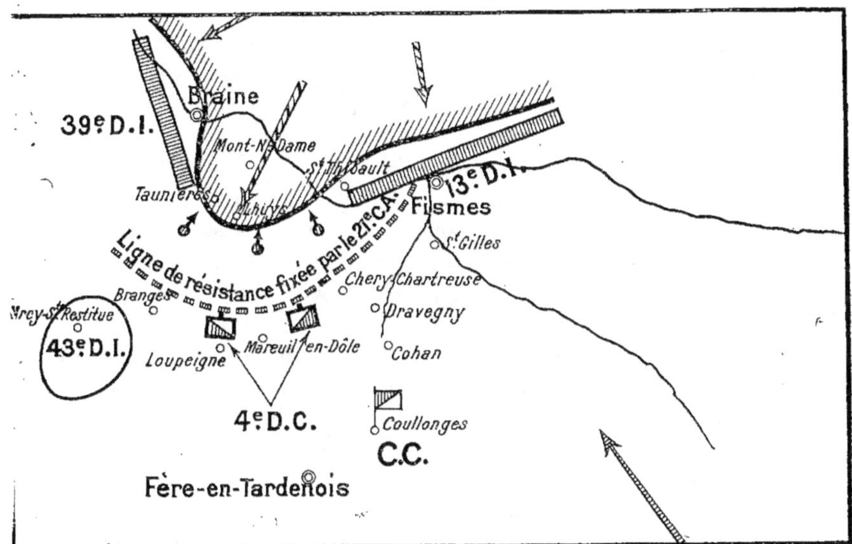

SITUATION LE 28 MAI, A 9 HEURES

Le 1er C. C., orienté initialement dans la direction de Fismes, doit s'engager dans la vallée qui descend de Mont-Notre-Dame sur Fère-en-Tardenois, d'où retard encore accru par l'encombrement des routes.

A 9 heures, la 4e D. C., réduite à une brigade, s'engage sur un front de 10 kilomètres ; la 5e D. C. ne pourra être en ligne que vers midi.

nord-est de Branges. » Dans un ordre daté de 10 h. 15, le commandant du 1er corps de cavalerie, après avoir fait connaître à ses divisions les intentions du commandant du 21e corps d'armée, ajoutait : « *Quand la 5e division de cavalerie sera en ligne, elle aura sa droite à peu près sur la ligne ferme Resson, mont de Courville (liaison avec la 13e division d'infanterie) et sa gauche sur la ligne Mollin-Bruys (liaison avec la 4e division de cavalerie). La 4e division de cavalerie aura sa gauche à l'est de Branges (liaison avec la 43e division d'infanterie).*

. . . .

En attendant l'arrivée de la 5e division de cavalerie, la 4e division de cavalerie s'étend entre la voie ferrée et la Tuilerie ; pour lui permettre de prolonger son action à gauche, l'escadron de réserve du corps de cavalerie lui est rendu.

La 4e division de cavalerie, réduite à une seule brigade, avait donc la lourde tâche d'assurer aux débuts la couverture et la prise de contact sur tout le front assigné au corps de cavalerie. Vers 11 heures, elle s'engage sur le front Loupeigne-Mareuil-en-Dôle-La Tuilerie, poussant des reconnaissances sur Tannières et sur Lhuys ; à sa gauche, elle cherche à se relier le long de la voie ferrée aux premiers éléments de la 43e division d'infanterie, qui débarquent vers Arcy-Sainte-Restitue ; à droite, ses autos-canons, renforcés des autos-canons de la 5e division de cavalerie, prennent sous leur feu les lisières Est du bois de Dôle et se relient à la 13e division d'infanterie, déployée à l'Ouest de Courville.

La 5e division de cavalerie, très ralentie aux ponts de la Marne, commence à s'engager vers 14 heures. A 15 heures, la 4e division de cavalerié occupe les croupes au nord de Loupeigne et de Mareuil-en-Dôle, en liaison à gauche avec la 43e division d'infanterie et à droite avec la 5e division de cavalerie qui s'étend jusqu'à Chery-Chartreuve tenu par la 13e division d'infanterie ; elle est appuyée par son groupe, tandis que la 5e division de cavalerie est appuyée par deux groupes de la 154e division d'infanterie, mis à la disposition du 1er corps de cavalerie.

Le commandant du corps de cavalerie apprend à la même heure que la 1re division de cavalerie est dirigée sur Epernay pour rejoindre le corps de cavalerie et que la 20e division d'in-

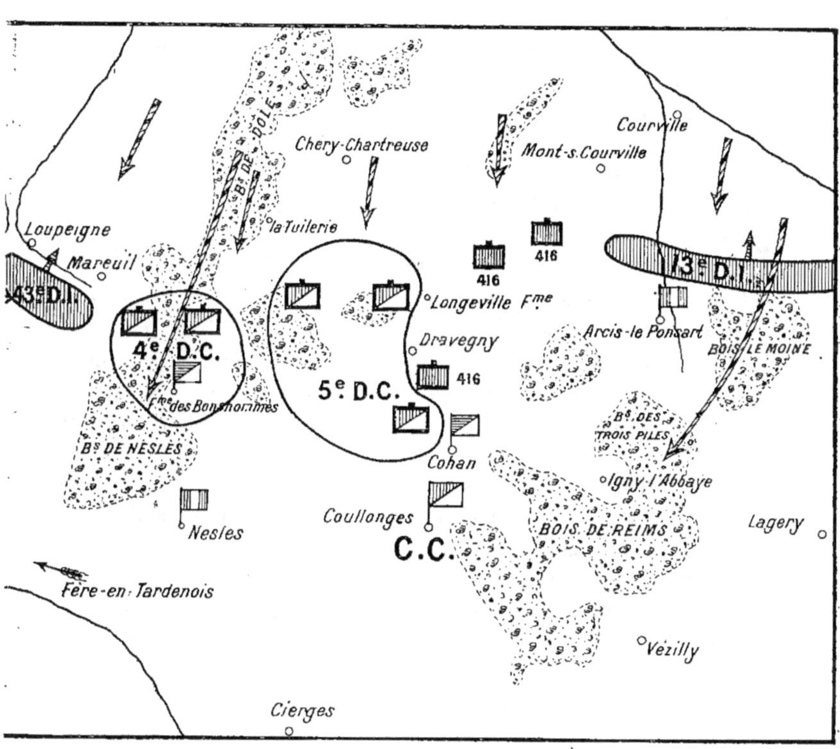

SITUATION LE 28 MAI, A 18 HEURES

Profitant de sa supériorité numérique et de l'insuffisance du 1er C. C. en artillerie (2 groupes sur les fronts des 4e et 5e D. C.) l'ennemi progresse par infiltration par le bois de Dôle, d'une part, par le bois le Moine et de Reims d'autre part.

Cette infiltration détermine une perte de contact entre la 13e D. I. et la 5e D. C. et entre la 4e D. C. et la 43e D. I.

fanterie, qui commence à débarquer dans la région de Fère-en-Tardenois, est mise à sa disposition.

Les effectifs engagés sur le front des 4e et 5e divisions de cavalerie sont trop faibles pour permettre une résistance de durée ; le corps de cavalerie ne dispose d'ailleurs d'aucune réserve ; dans ces conditions, son chef décide de maintenir la 20e division d'infanterie dans la région Nesles-Dravegny-Coulonges, en l'échelonnant de manière à lui permettre de s'engager, soit en direction de Marcuil-en-Dôle, soit en direction de Chéry-Chartreuve, et de porter le 416e régiment d'infanterie, qui vient d'être mis également à sa disposition, sur Dravegny, pour étayer la gauche de la 13e division d'infanterie.

L'action de l'ennemi devient dans le courant de la journée de plus en plus pressante ; la 13e division d'infanterie cède peu à peu du terrain, malgré l'appui du 416e régiment d'infanterie, mis tout entier à sa disposition : sur le front du corps de cavalerie, l'ennemi pénètre dans le bois de Dôle, mais sans parvenir à en déboucher.

A la fin de la journée, les Allemands s'efforcent par des attaques répétées d'augmenter le gain qu'ils ont réalisé dans la vallée de la Muize et dans le bois de Dôle : sur le front de la 5e division de cavalerie, ils pénètrent dans Chéry-Chartreuve et s'avancent jusqu'aux lisières Nord des bois de Cruaux et jusqu'à Longeville, à la nuit, ils attaquent Dravegny : sur le front de la 4e division de cavalerie, ils pénètrent dans la forêt de Nesle : sur le front de la 13e division d'infanterie, enfin, après s'être emparés de Courville, ils atteignent les abords de Lagery.

La situation devient d'heure en heure plus difficile et le front français, un instant ressoudé grâce à l'entrée en ligne du corps de cavalerie, menace à nouveau de se rompre. Il faut à tout prix éviter cette rupture, et le commandant du corps de cavalerie n'hésite pas à engager les derniers éléments disponibles pour assurer au moins la liaison avec les unités voisines. Un régiment de la 5e division de cavalerie, maintenu jusque-là en réserve, occupe à minuit Igny-l'Abbaye, que la 13e division d'infanterie a évacué.

Le corps de cavalerie a pu remplir dans la journée du 28 Mai la mission qui lui avait été confiée ; grâce à son intervention, le front français, un instant brisé, s'est ressoudé et l'avance ennemie a été très sensiblement ralentie. Il a dû, pour remplir sa

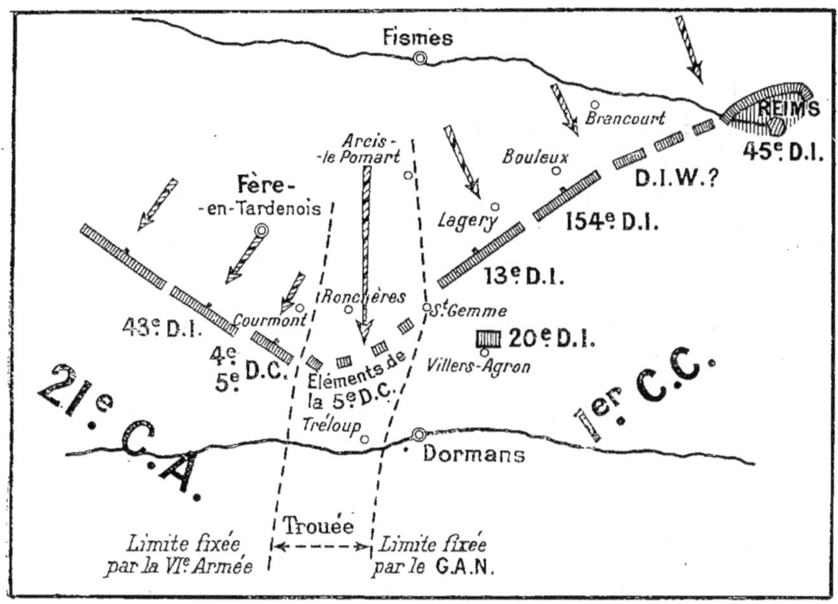

RUPTURE DU FRONT
ENTRE LE 21ᵉ C. A. ET LE 1ᵉʳ C. C.

Dans la nuit du 28 au 29, un ordre de la VIᵉ armée place sous les ordres :

Du commandant du 1ᵉʳ C. C. le front à l'est d'Arcis-le-Ponsart : 13ᵉ D. I., 154ᵉ D. I. et 20ᵉ D. I. en cours de débarquement.

Du commandant du 21ᵉ C. A. le front à l'ouest d'Arcis-le-Ponsart : 4ᵉ D. C., 5ᵉ D. C., 43ᵉ D. I. et 21ᵉ C. A.

Le 30, une note du G. A. N. fixe comme limite entre le 1ᵉʳ C. C. et le 21ᵉ C. A. la ligne Arcis-le-Ponsart, Saint-Gemme, Tréloup.

Mais l'ordre nº 3117 de la VIᵉ armée en plaçant sous les ordres du 1ᵉʳ C. C. le 9ᵉ C. A. W. et la 19ᵉ D. I. W. lui indique une limite désaxée vers l'ouest de plus de 6 kilomètres. D'où confusion.

mission, engager toutes ses unités, et la recherche de la liaison aux ailes l'a obligé à élargir démesurément son front ; à la nuit, ses 4 brigades, qui représentent au maximum 2.000 fusils et 16 sections de mitrailleuses, s'étendent de Loupeigne, par Dravegny, jusqu'à Igny-l'Abbaye sur plus de 20 kilomètres.

La nuit a, heureusement, diminué l'ardeur des attaques allemandes, mais la situation n'en reste pas moins critique.

A la droite du corps de cavalerie, la 13e division d'infanterie et la 154e division d'infanterie, violemment attaquées, ont été plus ou moins désorganisées, et plus à l'Est les divisions anglaises, surprises par l'attaque, ont dû replier même leurs réserves.

La bataille et l'entrée en ligne d'unités appartenant à des formations différentes ayant entraîné une confusion inévitable, il devenait indispensable pour remettre de l'ordre et pour assurer le maintien des liens tactiques de réorganiser le commandement des troupes engagées.

Dans la nuit du 28 au 29, un ordre du général commandant la VIe armée constitue deux commandements sur le front attaqué ; à l'Est, celui du général commandant le 1er corps de cavalerie qui disposera des 13e division d'infanterie, 154e division d'infanterie et 20e division d'infanterie sur la ligne générale Arcis-le-Ponsart, Brancourt ; à l'Ouest celui du général commandant le 21e corps d'armée, qui prendra sous ses ordres les 4e et 5e division de cavalerie, à l'Ouest d'Arcis-le-Ponsart.

Cette répartition des commandements ne devait être effective que le 29, à partir de midi ; elle répondait sans doute à une nécessité, celle de rétablir de l'ordre sur le champ de bataille, mais elle présentait le grave inconvénient de dissocier le corps de cavalerie, qui échappait presque tout entier à son chef organique, à l'heure où, en raison même de la situation et de la mission qui lui avait été confiée, il aurait été plus nécessaire de le laisser sous son autorité.

L'ordre de la VIe armée, qui avait fixé cette nouvelle organisation du commandement, donnait, en même temps, comme mission au corps de cavalerie (réduit à ses éléments non endivisionnés et aux 13e division d'infanterie, 154e division d'infanterie et 20e division d'infanterie) de rétablir le front entre

l'aile droite du 21ᵉ corps d'armée et la 45ᵉ division d'infanterie
(région de Reims).

En exécution de cette prescription, le général commandant
le corps de cavalerie adressait le 29 mai, à 2 heures du matin,
l'ordre suivant à la 20ᵉ division d'infanterie :

1º La 20ᵉ division d'infanterie, qui termine ses débarquements
au sud de Villers-Agron, a pour mission de s'engager entre la 5ᵉ division
de cavalerie et la 13ᵉ division d'infanterie. La droite de la 5ᵉ division de
cavalerie est au sud-ouest d'Arcis-le-Ponsart, la gauche de la 13ᵉ division d'infanterie est indéterminée ; elle a perdu Arcis-le-Ponsart à
16 heures et s'est repliée ;

2º La 20ᵉ division d'infanterie se rassemblera au fur et à mesure de
l'arrivée de ses éléments, dans la région de Villers-Agron, Vezilly
(Q. G.) Aouchy ;

3º Elle recherchera le plus tôt possible les liaisons latérales et reprendra le contact de l'ennemi ;

4º Elle engagera son premier régiment appuyé par ses premières
batteries dès que cela sera possible afin de soutenir la gauche de
la 13ᵉ division d'infanterie.

29 mai. Le 29 mai, à 1 heure du matin, Coullonges est menacé par l'infanterie ennemie et le commandant du 1ᵉʳ corps
de cavalerie est obligé de ramener son poste de commandement
à Courmont, où il apprend que la 1ʳᵉ division de cavalerie sera
à sa disposition dans la région de Ronchères, vers 9 heures
du matin.

Dans la matinée du 29, la situation devient plus grave ; la
13ᵉ division d'infanterie, très éprouvée par la durée du combat, résiste péniblement entre Bouleuse et Lagery et demande
avec insistance des renforts ; la 5ᵉ division de cavalerie a dû
se replier vers 10 heures sur la ligne générale Cohan, ferme des
Bonshommes, après avoir engagé toutes ses réserves, et demande elle aussi du secours ; la 20ᵉ division d'infanterie, dont
le transport a été retardé par l'encombrement des routes, est
encore réduite à 2 bataillons et 2 groupes, le reste de la division
dirigée au cours de son mouvement sur le 21ᵉ corps d'armée ne
rejoindra d'ailleurs jamais le corps de cavalerie.

Il importe à tout prix d'éviter une rupture du front et pour
cela il est indispensable de permettre aux éléments déjà engagés de continuer la lutte.

La 11ᵉ brigade de dragons (1ʳᵉ D. C.) et le groupe cycliste
de la 1ʳᵉ division de cavalerie sont dirigés sur Villers-Agron

aux ordres de la 13e division d'infanterie ; peu après, la brigade de cuirassiers de la 1re division de cavalerie est mise à la disposition de la 5e division de cavalerie, qui a perdu Coullonges. Ainsi dès son arrivée la 1re division de cavalerie est jetée presque tout entière dans la lutte (ordres du 29 mai, 11 heures et 12 h. 30) (1).

Le général commandant le 1er corps de cavalerie installe à midi son poste de commandement à Passy-Grigny.

Vers 14 heures, il reçoit successivement l'ordre nº 3117 de la VIe armée, qui place sous son autorité la 19e D. I. W. et le 9e C. A. W., et l'instruction nº 1222 du groupe d'armée du Nord qui confirme cet ordre ; l'ordre de la VIe armée et l'instruction du groupe d'armées du Nord fixent malheureusement des limites très différentes à la zone d'action assignée au 1er corps de cavalerie ; tandis que l'instruction du groupe d'armée du Nord, confirmant, en effet, un message antérieur, limite cette zone vers l'Ouest à la ligne générale Arcis-le-Ponsart-Saint-Gemme-Tresloup ; l'ordre de la VIe armée porte de près de 6 kilomètres plus à l'Ouest cette limite, créant ainsi une véritable trouée entre le 21e corps d'armée et le 1er corps de cavalerie.

Le général commandant le 1er corps de cavalerie signale immédiatement au groupe d'armée du Nord et à la VIe armée la gravité de cette situation, en même temps qu'il demande au 21e corps d'armée d'étendre sa droite jusqu'au contact de la 13e division d'infanterie.

L'ordre du 1er corps de cavalerie du 29 mai, 14 heures, en indiquant la limite Ouest du secteur, prescrit à la 13e division d'infanterie de se relier étroitement à la droite du 21e corps d'armée (groupement de la Tour), et à la 154e division d'infanterie, de conserver de même un contact étroit avec la 18e D. I. W., division d'aile du corps anglais.

« *Les troupes engagées doivent résister sur place.* »

La 13e division d'infanterie, malgré ses efforts, ne parvient pas à rester en liaison avec le groupement de la Tour, des patrouilles ennemies sont signalées aux lisières de la Forêt de Ris

---

(1) L'ordre de 11 heures fixe la limite entre le 21e corps d'armée et la 13e division d'infanterie : « Bois des Cinq-Piles (21e C. A.), Vézilly (13e D. I.), Morfontaine ferme, lisière ouest du bois Meunière (13e D. I.), Ronchères (21e C. A.), Villardelle ferme (21e C. A.).

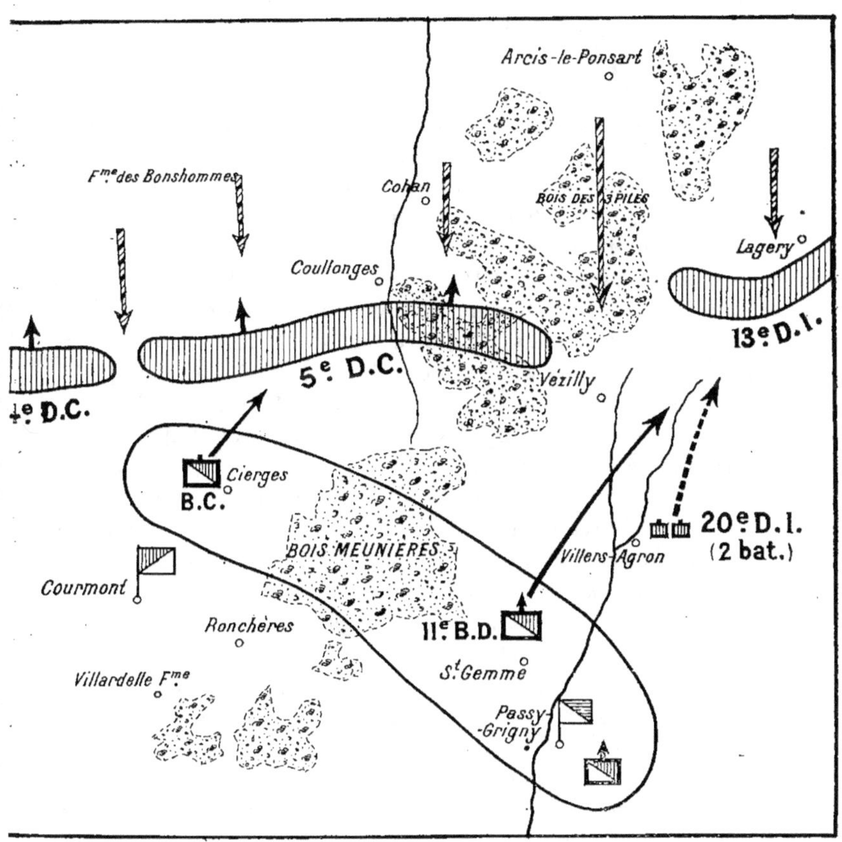

SITUATION LE 29 MAI, 11 HEURES

La menace de rupture du front s'accentue entre la 5ᵉ D. C., violemment attaquée, et la 13ᵉ D. I. ; la 5ᵉ D. C., pour conserver sa liaison avec la 4ᵉ D. C., occupe un front hors de proportion avec ses effectifs. Dès son arrivée, le 1ᵉʳ D. C. reçoit l'ordre de mettre 1 brigade à la disposition de la 5ᵉ D. C. et 1 brigade à la disposition de la 13ᵉ D. I et le commandant du 1er corps de cavalerie décide de constituer, sous les ordres du général Rey, un détachement spécial comprenant la 5e brigade de dragons, quatre compagnies du génie, deux groupes de l'artillerie divisionnaire 20, qui aura pour mission de se porter dans la région de Ronchères afin de couvrir la gauche du 1er corps de cavalerie et d'assurer sa liaison avec le 21e corps d'armée (ordre du 29 mai, 17 h. 30).

La poussée de l'ennemi s'était malheureusement accentuée, pendant l'après-midi du 29, sur le front du 21e corps d'armée et sur le front du 1er corps de cavalerie.

Le commandant du 21e corps d'armée voulant à tout prix maintenir son aile gauche au contact du 11e corps d'armée afin de pouvoir couvrir la direction de Paris, s'était trouvé dans l'impossibilité de renforcer son aile droite (4e et 5e D. C., renforcées de quelques bataillons de la 20e D. I.) et celle-ci, réduite à un mince rideau, dépourvu de réserve, avait dû céder du terrain et se replier jusqu'aux lisières Ouest de la forêt de Ris, perdant de ce fait toute liaison avec le 1er corps de cavalerie.

L'ennemi devançant le détachement Rey dans la région de Ronchères avait occupé la lisière Nord de la forêt de Ris ; dans ces conditions ce détachement ne pouvait plus assurer sa mission de liaison avec le 21e corps d'armée ; il devait se contenter de couvrir l'aile gauche du 1er corps de cavalerie, des bois Meunières à la Cote 191, (2 kilomètres Sud-Est de Ronchères).

La 13e division d'infanterie, de son côté, après avoir perdu Aougny et Vezilly, avait dû se replier, à la fin de la journée, dans la direction générale Saint-Gemme - Villers-Agron.

Le 29 au soir, le front français, qui, grâce à l'entrée en ligne du 1er corps de cavalerie, a cédé lentement mais sans se rompre le 28 et le 29, présente ainsi une trouée de 4 à 5 kilomètres entre le 1er corps de cavalerie et le 21e corps d'armée ; cette trouée conduit l'ennemi à la vallée de la Marne, et, pour éviter qu'en s'infiltrant à travers la forêt de Ris, il ne parvienne jusqu'à la rivière et ne réussisse à la franchir, le commandant du 1er corps de cavalerie charge les sapeurs cyclistes de la 1re division de cavalerie d'assurer la garde des ponts de Passy et de Dormans, dont ils prépareront d'urgence la destruction. (Ordre du 29 mai 19 h. 15.)

A la fin de la journée, un message de la VIe armée avait appris au 1er corps de cavalerie l'entrée en ligne de la Ve armée,

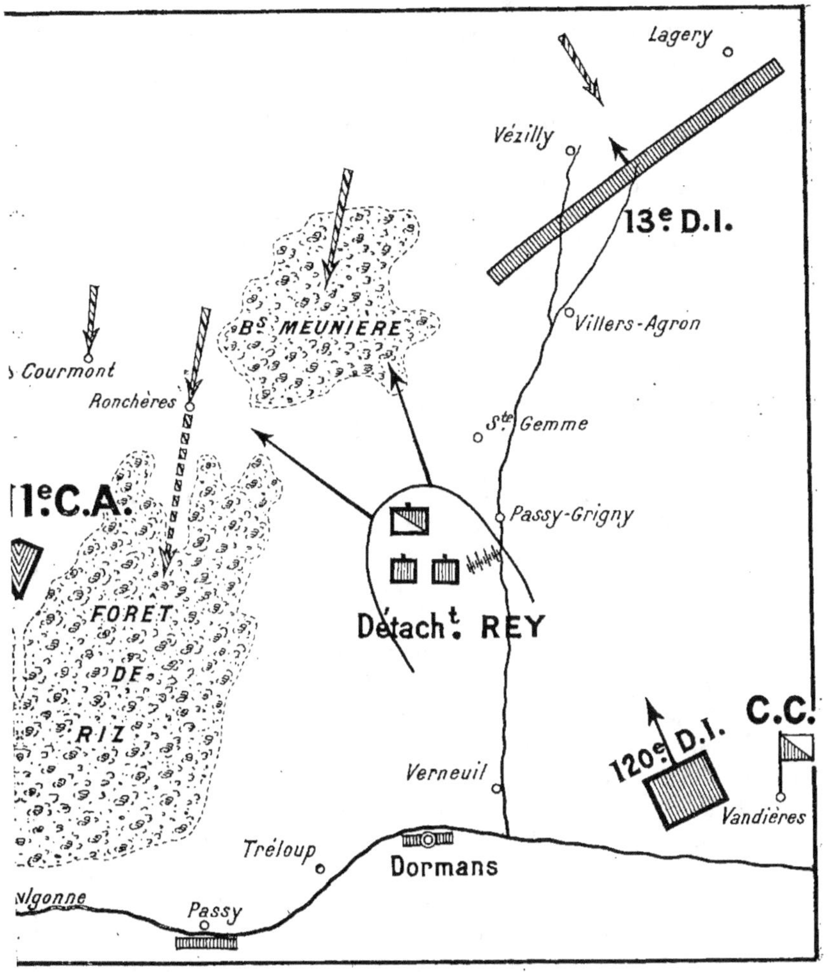

SITUATION LE 29 MAI, VERS 21 HEURES

Le 29 mai à 17 h. 30, le commandant du 1er C. C. constitue le groupement Rey (1 brigade, 2 compagnies du génie, 2 gr. A. C.) avec mission de couvrir l'aile gauche de la 13e D. I. et de rétablir la liaison avec le 21e C. A. Mais déjà les infiltrations allemandes atteignent la forêt de Ris, et la 13e D. I. est peu à peu refoulée au sud de la ligne générale Vezilly-Lagery.

dont il dépendra à partir du 30 midi ; un peu plus tard, il est avisé, que, le cas échéant, il pourra faire appel à la 120e division d'infanterie qui débarque dans la région de Châtillon-sur-Marne ; et dès 20 heures, il demande à celle-ci de porter en avant deux bataillons, l'un sur Passy, l'autre sur Verneuil pour appuyer son aile gauche qui paraît particulièrement menacée.

Les divisions du 1er corps de cavalerie ont rempli leur tâche ; elles sont parvenues à maintenir la continuité de la ligne de bataille ; elles ont donné le temps aux réserves d'arriver ; elles leur permettent de se déployer.

III. — Le 1er corps de cavalerie est rattaché à la Ve armée. — Nouvelle organisation du front. — Déploiement de la 120e division d'infanterie et de la 40e division d'infanterie. — Les attaques allemandes du 30 et du 31 mai. — Déploiement de l'artillerie lourde. — Les attaques du 1er juin. — Stabilisation du front 2-12 juin. — Relève du 1er corps de cavalerie.

29 mai. Le 29 mai, vers 20 heures, le commandant du 1er corps de cavalerie transporte son poste de commandement à Vandières, au centre du secteur qui lui a été confié ; d'après les derniers renseignements reçus, la 154e division d'infanterie et la 19e D. I. W. tiennent les plateaux au Nord de Bouleuse, de Tramery et de Lhéry ; la 13e division d'infanterie et le détachement Rey sont au contact de l'ennemi sur le front Lagery-Vézilly, lisière nord-ouest de la forêt de Ris. La pression de l'ennemi semble surtout s'accentuer sur le front de la 13e division d'infanterie dans la région de Vézilly et à l'aile gauche du détachement Rey, qui conserve difficilement une liaison très incertaine avec la droite du 21e corps d'armée (groupement de la Tour) (1).

Dans la soirée, le 1er corps de cavalerie est renforcé par le 49e régiment d'artillerie de campagne porté, qui reçoit l'ordre de s'établir au sud de la Marne, sur les hauteurs de Dormans, afin d'appuyer directement l'aile gauche du groupement.

L'ordre 3/3 de la Ve armée reçu tard dans la nuit, après avoir indiqué la situation générale de l'armée, qui a pour mission de

(1) Eléments de la 5e division de cavalerie et de la 20e D. I.

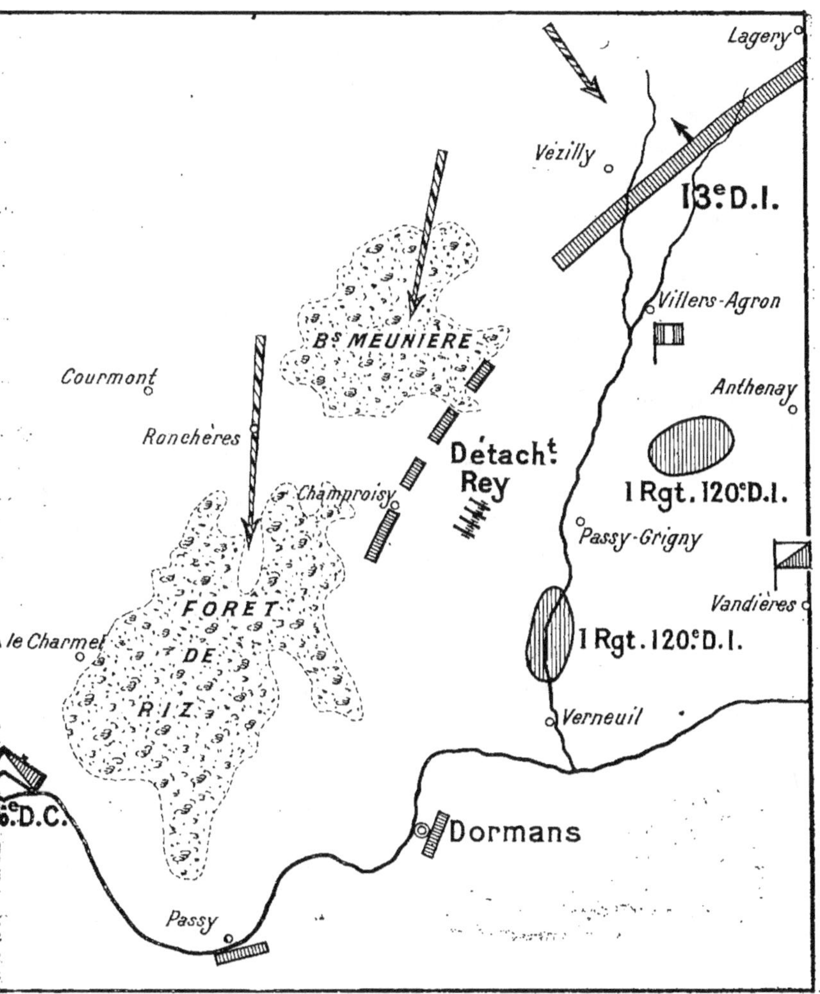

SITUATION GÉNÉRALE LE 30 MAI, 6 HEURES

Le détachement Rey est au contact de l'ennemi dans la région de Champvoisy. La 120e D. I. a porté un régiment en soutien du détachement Rey et un régiment en soutien de la 13e D. I. La liaison avec le 21e C. A. n'est plus assurée.

défendre la région de Reims, fixait comme limites du 1er corps de cavalerie « à l'Est la ligne Merry, Premecy, Aubilly, Bligny, Chaumuzy au groupement Mazillier ; à l'Ouest la ligne Arcis-le-Ponsart, le Vieux-Vézilly, Goussancourt, Saint-Gemme, Tréloup, Courtisy, Saint-Agnan (ces localités à la VIe armée).

Les limites entre la Ve et la VIe armée telles qu'elles résultaient de cet ordre étaient très différentes de celles indiquées par la VIe armée au groupement de la Tour, qui ne devait pas dépasser vers l'Est le front Jaulgonne, cote 213, Beuvardes, et le commandant du corps de cavalerie signalait de nouveau au groupe d'armée du Nord et à la Ve armée les dangers d'un manque de liaison qui risquait d'ouvrir à l'ennemi le chemin de la Marne.

30 mai. La nuit est relativement calme et le 30, à 8 h. 30, le commandant du 1er corps de cavalerie adresse aux éléments placés sous son autorité, un ordre destiné à préciser leur situation et leur mission. (Ordre n° 451/3.)

. . . .

III. — Le corps de cavalerie tiendra sur son front actuel ; il assurera au minimum la possession des hauteurs jalonnées par la route de Reims à Ville-en-Tardenois, Saint-Gemme.

En vue de rapprocher son front de celui du 21e corps d'armée et d'assurer autant que possible une liaison avec lui, il se prolongera jusqu'à Champvoisy et lisières Nord de la forêt de Ris.

Il couvrira Dormans.

IV. — *154e division d'infanterie*, 19e *D. I. W.*, *13e division d'infanterie.* Mission : tenir sur place sur leur front actuel.

Détachement Rey : une brigade de cavalerie, artillerie et génie dont il dispose.

Mission : tenir Champvoisy, arrêter l'ennemi aux lisières Nord de la forêt de Riz, surveiller la trouée de Charmel, assurer la liaison avec le 21e corps d'armée.

120e division d'infanterie.

Mission : assurer la possession des hauteurs Ouest de Passy et de Verneuil, étayer la gauche du groupement Rey, couvrir Verneuil et Dormans.

La mission confiée à la 120e division d'infanterie est surtout une mission de soutien, cette division ne devant pas être engagée en première ligne, d'après les ordres de la Ve armée ; mais

dans la matinée, la 120ᵉ division d'infanterie est mise définitivement à la disposition du général commandant le 1ᵉʳ corps de
cavalerie ; celui-ci décide aussitôt de la faire entrer sur le front
de la 13ᵉ division d'infanterie, qui s'est distendue à l'extrême
pour assurer la continuité de sa ligne de résistance.

1º Le général Mordacq prendra sous ses ordres le front limité
à l'Est par Aouchy, Olizy, Violaine, Cuisles ces localités à la 120ᵉ division d'infanterie ; il aura le commandement des forces de la 13ᵉ division d'infanterie actuellement engagées sur ce front.

2º Le général de Bouillon prendra le front à l'Est de cette ligne ;
liaison avec la 19ᵉ D. I. W. et la 154ᵉ division d'infanterie. Il regroupera et encadrera au Nord de la Marne à portée d'intervention celles
de ses forces, qui auront reflué.

3º Même mission : tenir sur place le front : route Ville-en-Tardenois-
Sainte-Gemme-hauteurs Oue t de Passy et de Verneuil.

Artillerie :

La 120ᵉ division d'infanterie est renforcée de 1 groupe en position
à Trotte.
Le détachement Rey dispose de 2 groupes en position à l'Ouest
de Verneuil. (Ordre nº 455/3 du 30 mai.)

La défense du front du 1ᵉʳ corps de cavalerie commence à
être renforcée par des batteries d'artillerie lourde, qui, dès leur
arrivée, sont établies sur les hauteurs au Sud de la Marne d'où
elles ont un champ de tir étendu et de nombreux observatoires ; ces batteries sont placées sous les ordres du lieutenant-
colonel Goujon, qui est désigné pour remplir les fonctions de
commandant de l'artillerie lourde du corps de cavalerie.

A 11 h. 45, l'ordre nº 15/3 de la Vᵉ armée constitue à l'est du
1ᵉʳ corps de cavalerie, sous les ordres du général Pellé un
nouveau groupement comprenant la 154ᵉ division d'infanterie, la 19ᵉ D. I. W. et des éléments du 19ᵉ C. A. W., la limite
ouest de ce groupement est déterminée par la ligne générale :
Ville-en-Tardenois, Boujacourt, Cuchery, Venteuil, qui appartient au corps de cavalerie.

Presque à la même heure, la 19ᵉ D. I. W. et la 13ᵉ division
d'infanterie, déjà très éprouvées par les combats des jours précédents, sont violemment attaquées et doivent se replier sur la
ligne Anthenay-Olizy-Violaine-Ville-en-Tardenois ; la 120ᵉ division d'infanterie, devant le danger qui menace la 13ᵉ division
d'infanterie, engage ses réserves pour l'étayer, et le comman-

dant du 1er corps de cavalerie obtient de la Ve armée l'autorisation de la faire appuyer par un régiment de la 40e division d'infanterie, qui débarque au nord de Damery.

Le commandant du corps de cavalerie installe à 13 heures son poste de commandement à Reuil. Le recul du front du 1er corps de cavalerie, l'intervalle qui le sépare du 21e corps d'armée le déterminent à envisager la défense du front Sud de la Marne de manière à maintenir tout au moins par le Sud de la rivière la liaison avec le 21e corps d'armée si cette liaison ne peut être assurée au Nord. La préparation de cette défense, est confiée au commandant du génie du 1er corps de cavalerie qui disposera des sapeurs cyclistes de la 1er division de cavalerie et d'éléments d'infanterie et du génie.

La garde du front sud de la Marne, à l'Est du secteur dont la défense est assurée par le génie du corps de cavalerie, est confiée au général commandant la brigade de dragons de la 4e division de cavalerie, qui vient de débarquer.

Le général Simon (commandant la brigade de Dr. de la 4e D. C.) a pour mission d'organiser et de défendre les ponts de la Marne, de Dormans (inclus) à Damery (inclus).

Il disposera de sa brigade, des éléments d'infanterie groupés à Dormans sous le commandement du colonel commandant le 416e régiment d'infanterie. Son action sera appuyée :

Par un régiment d'artillerie à tracteurs établi au sud de Dormans ;

Par l'artillerie lourde du corps de cavalerie établie au sud d'Œuilly ;

En outre, par deux groupements d'artillerie lourde d'armée établis, l'un entre Mareuil-le-Port et Dormans, l'autre entre Mareuil-le-Port et Damery.

Il ne commande pas ces artilleries, mais il se mettra en rapport avec elles.

Les équipages des troupes engagées au nord de la Marne repasseront au sud ; il y a lieu de les faire écouler dans les meilleures conditions.

A 15 heures, la 40e division d'infanterie toute entière est mise à la disposition du commandant du 1er corps de cavalerie, qui décide de lui faire relever la 13e division d'infanterie, épuisée par les attaques répétées de l'ennemi.

1o Le général commandant la 40e division d'infanterie est chargé de tenir le front à l'est de la ligne Aouchy, Olizy, Violaine, Cuisles (ces localités à la 120e D. I.). Il s'étendra à droite jusqu'à la 19e D. I. W, qui aurait sa gauche à Romigny et qui a reçu l'ordre du général Pellé de tenir sur la ligne Romigny-Poilly.

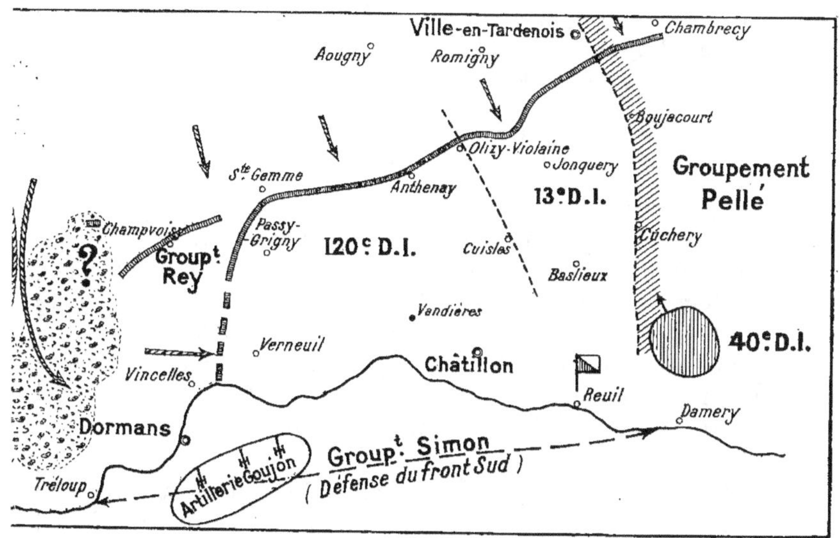

SITUATION GÉNÉRALE LE 30 MAI, 14 HEURES

Le 1er C. C. est violemment attaqué à sa gauche (région Verneuil) et au centre (région Jonquery). La situation du groupement Rey débordé par sa gauche risque de devenir critique.

La défense sud de la Marne est assurée par le groupement Simon.

2° La 40ᵉ division d'infanterie n'engagera sur ce front étroit que les troupes nécessaires à sa tenue et libérera ainsi les troupes du général Mordacq (120ᵉ D. I.) qui avaient été obligées de s'étendre au delà de leur zone pour faire face à l'avance ennemie sur Jonquery.

Les éléments de la 13ᵉ division d'infanterie, relevés, doivent être regroupés en deuxième ligne dans le secteur de la 120ᵉ division d'infanterie, de manière à reconstituer le plus tôt possible une réserve.

La 120ᵉ division d'infanterie dispose de tous les éléments non engagés de la 13ᵉ division d'infanterie, qui doivent être reconstitués en réserve avec la 11ᵉ brigade de dragons.

À l'aile gauche du corps de cavalerie, une reconnaissance faite sur le front du détachement Rey avait fait connaître que ce détachement n'était plus en liaison avec la droite du détachement de la Tour. Le général commandant la 20ᵉ division d'infanterie avait rendu compte, d'autre part, qu'un de ses éléments, placé aux lisières Ouest de la forêt de Ris, en avait été retiré, la forêt de Ris lui paraissant appartenir au corps de cavalerie.

Dans ces conditions, la situation du détachement Rey pouvait devenir rapidement critique si l'ennemi parvenait à déborder sa gauche, et à 15 h. 45 le commandant du 1ᵉʳ corps de cavalerie lui adressait l'ordre suivant :

Mission : Couvrir la gauche du général Mordacq (120ᵉ D. I.), agir en liaison intime avec la 120ᵉ division d'infanterie. Se garder soigneusement à gauche, parce que la liaison avec le 21ᵉ corps d'armée n'existe pas ; l'ennemi a atteint Chartèves sans cependant passer la Marne qui est gardée. Tenir solidement et résister à la pression ennemie, en s'échelonnant, la gauche refusée. Devant une attaque supérieure, prolonger la gauche de la 120ᵉ division d'infanterie (sans perdre son contact) vers 234 (hauteurs ouest de Verneuil).

La liaison entre la 120ᵉ division d'infanterie et le détachement Rey restant insuffisante malgré cet ordre, le commandant du corps de cavalerie se décide à placer le détachement Rey sous l'autorité du commandant de la 120ᵉ division d'infanterie. (Ordre du 20 mai, 18 h. 30.)

Les événements justifiaient rapidement les craintes du général commandant le corps de cavalerie au sujet de sa gauche. A la fin de la journée, l'ennemi, s'infiltrant dans la forêt de

Ris et débouchant du ravin de l'Hérolle, tournait le détachement Rey, qui recevait aussitôt l'ordre suivant :

L'ennemi s'infiltrant par l'Hérolle et Tréloup a atteint les Patis et les lisières ouest de Vincelles, tournant la gauche du détachement Rey qui tenait la Chapelle-Hurlay et Champvoisy. Le détachement Rey se retirera de manière à faire face à ce danger. (Ordre du 20 mai, 22 h. 15).

Dans la nuit, le détachement Rey, échappant à l'encerclement qui le menaçait, parvenait à se retirer sur Passy-Grigny, Verneuil et Dormans.

A la fin de la journée, le commandant du 1er corps de cavalerie avait transporté son poste de commandement à Damery, d'où, à 22 h. 30, il adressait à ses divisions la directive suivante :

1° Les troupes du groupement Féraud maintiennent l'ennemi sur le front Tréloup, Champvoisy, Anthenay, Olizy, Chambrecy.

Liaison à droite avec les troupes du groupement Pellé, à gauche, crochet défensif couvrant le pont de Dormans.

La mission est de tenir sur les positions actuelles, c'est-à-dire à peu près la ligne Vincelles, cote 234. En cas de repli forcé, la ligne à tenir à tout prix serait la ligne Verneuil-Passy-Grigny.

2° Un renseignement d'aviation permet de prévoir une attaque ennemie, soit sur le front Vincelles-Champvoisy, soit sur le front Sainte-Gemme-Anthenay.

3° L'attaque devra, autant que possible, être prévenue par l'exécution de tirs de harcèlement sur les points de rassemblement probable des troupes ennemies, entre autres Goussancourt, Vézilly, Villers-Agron, et la vallée Vézilly-Villers-Agron.

4° A la pointe du jour, le général commandant la 120e division d'infanterie fera procéder à l'envoi de reconnaissances à pied et par A. M. C. qui chercheront à observer les mouvements de l'ennemi de manière à déclencher en temps utile les barrages de l'artillerie.

5° Les barrages seront, si la chose est possible, très exactement vérifiés sur le terrain en présence de représentants de l'infanterie.

6° Les divisions pourront actionner directement par T. S. F. l'artillerie lourde.

7° L'aviation fournira une première patrouille sur la région Verneuil-Passy-Grigny-Villers-Agron, à la pointe du jour; une deuxième patrouille à 10 heures.

31 *mai*. Pendant toute la nuit, les attaques répétées et les bombardements incessants de l'ennemi maintenaient en alerte les unités du 1er corps de cavalerie en leur imposant de lourdes pertes.

Le 31 mai, à 5 heures du matin, le commandant de la 120e division d'infanterie adressait au commandant du 1er corps de cavalerie le rapport suivant :

La situation devient très critique, tous les bataillons de la division ont été engagés et certains ont perdu plus de la moitié de leur effectif...

La bataille continue sur tout le front ; il n'est pas douteux qu'un front de 11 kilomètres tenu par des unités surmenées et énervées par une lutte inégale et n'ayant plus de réserves, ne puisse résister à la poussée persistante d'un ennemi considérablement supérieur en nombre, exalté par ses succès et renforcé pour chaque effort, (convois de camions signalés dans l'après-midi du 30).

Si une nouvelle attaque se produit dans la journée, le front sera percé en de nombreux points et comme je n'ai plus de réserves pour arrêter l'infiltration, l'échec peut être très grave, avec une rivière « à dos ».

Je demande que deux régiments soient mis à ma disposition pour renforcer ma ligne et me reconstituer quelques réserves.

Il était impossible d'accorder au commandant de la 120e division d'infanterie le renfort demandé par lui, mais les deux bataillons de la 40e division d'infanterie qui constituaient l'unique réserve du 1er corps de cavalerie étaient mis à sa disposition.

Le commandant du 1er corps de cavalerie avait été avisé par le commandant de la Ve armée qu'il ne pourrait lui être attribué aucun renfort avant plusieurs jours ; il lui parut indispensable, dans ces conditions, d'organiser le secteur qui lui était confié de manière à réaliser dans l'emploi des moyens de défense le minimum de dépense et le maximum de rendement.

Dans ce but, et dès les premières heures du 31 mai, il prescrivit :

1° Le regroupement et la réorganisation aux ponts de la Marne des nombreux éléments plus ou moins dissociés qui se repliaient sur cette rivière ;

2° La réorganisation au Nord de la Marne des éléments retirés du combat en raison de leur usure (13e D. I. en particulier) afin de constituer avec eux de nouvelles réserves ;

3° L'organisation d'une liaison solide et constante par le Sud de la Marne avec le détachement de la Tour (mission confiée au général Simon) ;

4° Le renvoi au sud de la Marne des équipages disponibles et la construction de ponts ou de passerelles à Reuil et à Port-à-Binson ;

5° La remise en ordre des unités engagées et le retrait des éléments étrangers ;

6° Une organisation générale de l'artillerie du secteur.

Le 1er corps de cavalerie dispose, à partir du 31 mai, de 29 groupes d'artillerie. Cette artillerie est répartie en artillerie lourde de corps sous les ordres du colonel Goujon et en artillerie divisionnaire (1) ; les conditions d'emploi de l'artillerie lourde sont déterminées dans un ordre spécial du 31 mai :

I. — Les missions générales de l'artillerie lourde seront les suivantes :

1° Interdiction ou harcèlement sur les communications de l'ennemi.

Les tirs devront être soutenus et permanents pendant toute la période de mouvement en cours. Il en est prévu notamment sur les voies d'accès à la Marne et sur les ponts ; ils font l'objet d'un plan particulier.

Ces tirs auront priorité sur les autres.

2° *Contre-batterie.*

L'artillerie lourde devra contre-battre immédiatement toute batterie ennemie dont l'emplacement est présumé d'une manière même approchée.

La vulnérabilité actuelle des batteries laisse aux tirs sur zone une efficacité qui en justifie l'emploi.

Ces tirs devront être exécutés avec le maximum de densité dans le minimum de temps.

L'initiative des contre-batteries appartient au commandant de batterie, de groupe ou de groupement, indépendamment de celles qui seront prescrites par le commandement.

3° L'artillerie lourde pourra être employée en contre-préparation ; la demande de contre-préparation sur des objectifs désignés sera adressée au général commandant le 1er corps de cavalerie ou au colonel commandant l'artillerie du 1er corps de cavalerie. En cas d'urgence,

---

(1) *Artillerie lourde de corps :*

Commandant de l'artillerie lourde : colonel Goujon, à Igny-le-Jard.

1° *Groupement Régnier :* commandant Régnier, à Le Viviers 3 groupes 155, 1 groupe 105.

2° *Groupement Petit :* poste de commandement Trou-d'Enfer. 2 groupes 155, 1 groupe 145, 1 groupe 12).

3° *Groupement X... :* colonel commandant le 60° régiment d'artillerie lourde. 1 groupe 155, 1 groupe 145, 1 régiment 75 porté.

Artillerie des divisions :

120° division d'infanterie. — Artillerie de campagne : 8 groupes 75 ; artillerie lourde : 2 groupes 155 C.

40° division d'infanterie. — Artillerie de campagne : 6 groupes 75 ; *x* groupes anglais.

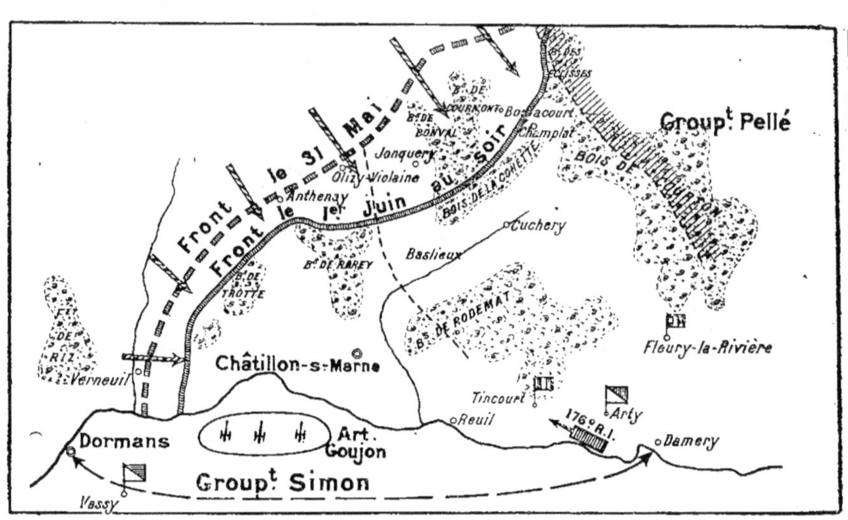

SITUATION LE 31 MAI AU SOIR

Le 1er C. C., malgré les violentes attaques de 6 divisions ennemies, se maintient sur ses positions.

directement au commandant de l'artillerie lourde, qui fera connaître dans quelle mesure il peut donner satisfaction.

II. — Une escadrille est mise à la disposition de l'artillerie lourde du corps de cavalerie. En principe, elle assurera le service de l'artillerie lourde, mais elle donnera également aux artilleries divisionnaires des objectifs éventuels dans les conditions fixées par le commandant de l'artillerie.

Vers 8 heures, l'aviation du corps de cavalerie fait connaître par message lesté : « *l'action de l'artillerie ennemie s'accentue dans la région Anthenay et Olizy-Violaine, une attaque se prépare sur la droite de la 120ᵉ division d'infanterie* ».

Vers 9 heures, en effet, la préparation d'artillerie ennemie s'étend sur tout le front de la 120ᵉ division d'infanterie, puis sur celui de la 40ᵉ division d'infanterie.

Les tirs de contre-préparation et de barrage du corps de cavalerie sont déclanchés. L'ennemi attaque vers 10 heures, il est partout repoussé, sauf sur la gauche de la 120ᵉ division d'infanterie qui perd Verneuil ; quelques éléments français passent sur la rive sud ; le pont de Verneuil, très fortement bombardé par une artillerie de gros calibre et dont l'ennemi s'approche, est déjà détruit (11 h. 10). D'autre part, l'ennemi progresse dans la région d'Olizy et Violaine.

Des prisonniers faits dans la matinée annonçaient pour le soir une nouvelle attaque sur tout le front du corps de cavalerie : 4 divisions étaient identifiées devant la 120ᵉ division d'infanterie et 2 divisions devant la 40ᵉ division d'infanterie.

L'attaque annoncée avait lieu à 16 heures et était partout repoussée.

Dans la soirée, le 1ᵉʳ corps de cavalerie était renforcé :

D'une brigade composite anglaise affectée à la défense Sud de la Marne.

De 3 bataillons du centre d'instruction divisionnaire de la 40ᵉ division d'infanterie affectés à cette division.

D'un bataillon de cyclistes anglais (250 hommes) affecté à la 120ᵉ division d'infanterie.

1ᵉʳ *juin*. La 120ᵉ division d'infanterie identifie devant son front les 50ᵉ, 58ᵉ, 103ᵉ divisions d'infanterie et 7ᵉ D. R. allemandes.

Dans la matinée, après un intense bombardement, l'ennemi

déclenche une attaque précédée d'un barrage roulant ; il débouche du Sud d'Anthenay, s'empare de Violaine et de la Maquerelle, de la croupe Nord-Ouest de Jonquery, atteint Cuisles ; la liaison avec la division de droite est perdue. L'attaque dirigée sur les bois de Trotte et de Pareuil échoue.

Dans la soirée une nouvelle attaque allemande réussit à prendre pied dans le bois de Trotte, qui est repris par les cavaliers à pied de la 11e brigade de dragons, à la suite d'un violent combat.

La 40e division d'infanterie est attaquée à son tour à 16 heures, sur le front : Bois de Bonval, Ville-en-Tardenois. La 19e D. I. W., fléchissant à sa droite, permet à l'ennemi de tourner par l'Est le bois de Courmont, dont les défenseurs parviennent à se dégager par une attaque à la baïonnette ; les bois de Bonval et de Courmont restent aux mains de l'ennemi qui s'avance jusqu'aux lisières Sud du bois de la Cohette.

La situation du corps de cavalerie devenait tout à fait critique ; la 120e division d'infanterie et la 40e division d'infanterie ont subi de lourdes pertes et ont dû engager presque toutes leurs réserves, une nouvelle attaque ennemie peut avoir les plus graves conséquences surtout si elle parvient à prendre pied dans la coulée Cuisles-Châtillon menaçant ainsi de couper en deux la ligne de défense du corps de cavalerie.

Dans ces conditions, le commandant du corps de cavalerie décide de faire tête à l'ennemi par une contre-attaque générale qui aura le double avantage de réhausser le moral des unités jusqu'alors maintenues sur la défensive, et d'enrayer l'offensive ennemie en la devançant.

Cette contre-attaque sera préparée et protégée par une courte et violente action de toute l'artillerie.

A 18 heures, les unités du 1er corps de cavalerie se portent en avant.

La 120e division d'infanterie, se couvrant sur Anthenay, reprend pied sur les hauteurs 233, s'y installe et nettoie le village de Cuisles. Elle pousse des éléments sur la croupe Ouest de Jonquery.

La 40e division d'infanterie, couverte par un détachement qui occupe les bois des Eclisses, attaque sur le bois de la Cohette et s'installe à l'intérieur du bois et aux lisières Ouest qui dominent Jonquery.

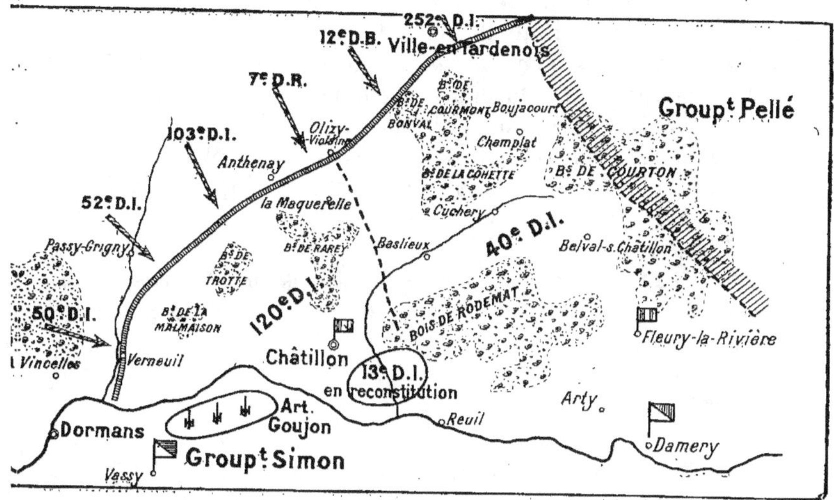

SITUATION LE 1er JUIN, 22 HEURES

Violemment attaqué le 31 mai et le 1er juin par 6 divisions ennemies, le 1er C. C réussit à maintenir définitivement son front sur la ligne générale. B. de Trotté, B. de Rarey, B. de la Cohette, B. des Éclisses.

A la nuit, la situation du corps de cavalerie se trouve rétablie.

Dans la soirée, le 1er corps de cavalerie recevait comme renfort le 170e régiment d'infanterie ; ce régiment était aussitôt échelonné dans la région Baslieu-Châtillon prêt à appuyer soit la 120e division d'infanterie, soit la 40e division d'infanterie.

Les progrès de l'ennemi au voisinage immédiat de la Marne, dans la région de Dormans, décident le commandant du 1er corps de cavalerie à donner l'ordre, à 20 heures, de faire sauter le pont de Dormans, dès que les derniers éléments de la 1re brigade de cuirassiers qui résistent encore au Nord de la rivière auront pu se replier.

L'organisation même de la défense du front Sud de la Marne est prévue dans tous ses détails par les instructions n° 498/ C/3 et 508/3, qui précisent la mission du général Simon, auquel elle est confiée (1).

A 22 heures, le poste de commandement du corps de cavalerie est installé à Arty.

2 *au* 12 *juin.* La contre-attaque française du 1er juin a définitivement enrayé l'offensive allemande ; désormais le front se stabilise chaque jour davantage.

L'ennemi attaque en vain le 2 juin les bois de Navarre et de Rarey ; ses attaques sont repoussées, et après cet échec son infanterie demeure inactive ; seule son artillerie, renforcée de nombreuses pièces à grande portée, intervient par des tirs chaque jour plus violents.

Les troupes françaises, par contre, exécutent quelques coups de main heureux, le 3 sur Verneuil, le 5 sur la Cohette et Boujacourt, le 11 dans le bois Sabot.

Cette stabilisation relative du front permet de compléter l'organisation défensive du secteur ; dans une note du 4 juin, le commandant du 1er corps de cavalerie fixe comme première

---

(1) Les forces sont réparties en 3 secteurs :

Sous-secteur ouest (général de Brantes) : une brigade composite anglaise, brigade de cuirassiers.

Sous-secteur centre (général Rey) : Centre d'instruction divisionnaire 22, 2 escadrons 1/2 du 28e dragons.

Sous-secteur est (colonel Kirchleger) : 1/2 escadron du 28e dragons, compagnies du 23e régiment d'infanterie territoriale.

Réserve de secteur : bataillon du 166e régiment d'infanterie.

position de résistance la ligne Verneuil-Trotte-Cuisles-Champlat et comme position des réduits à ne pas dépasser, la ligne Châtillon-Baslieu-Cuchery-La Neuville-aux-Larris.

Une deuxième position est prévue.

Les unités s'emploient avec activité à l'organisation de ces différentes positions, et un plan de défense complet est établi.

Les troupes non indispensables à la défense du secteur sont peu à peu retirées : le 5, la 13ᵉ division d'infanterie et les éléments de la 1ʳᵉ division de cavalerie ; le 8, les divisions du corps de cavalerie lui sont elles-mêmes rendues, elles doivent être rassemblées à l'arrière, en réserve, à partir du 10 :

La 1ʳᵉ division de cavalerie : zone de Vouzy ;

La 5ᵉ division de cavalerie : zone d'Etoges ;

La 4ᵉ division de cavalerie : zone Montmirail.

Le 12 juin, le commandant du 1ᵉʳ corps de cavalerie et son état-major sont relevés par le Vᵉ corps d'armée.

IV. — Observations sur le rôle et sur l'emploi du corps de cavalerie au moment des attaques allemandes de mai 1918. — Echelonnement initial et emploi prévu. — Effort fourni. — Rôle des grandes unités de cavalerie en réserve générale. — Les résultats obtenus.

1º Echelonnement initial et emploi prévu du corps de cavalerie.

Le G. Q. G. avait prévu l'emploi du 1ᵉʳ corps de cavalerie, soit sur le front de la VIᵉ armée, soit sur celui de la IVᵉ armée, c'est-à-dire sur un point quelconque d'un front dont le développement général représentait en ligne droite plus de 150 kilomètres (Coucy-le-Château-Grand-Pré).

Il était impossible de prévoir le point sur lequel le corps de cavalerie serait employé, et dans ces conditions on pouvait soit le réunir dans une position centrale, soit, au contraire, échelonner ses divisions en arrière du front.

La première solution présentait le grand avantage de maintenir le corps de cavalerie sous les ordres de son chef et de lui permettre d'intervenir, le cas échéant, avec tous ses moyens réunis ; elle présentait, par contre, l'inconvénient de retarder son intervention, s'il était appelé à intervenir sur un des points extrêmes du front.

La seconde solution présentait sans doute le très réel inconvénient de disloquer initialement le corps de cavalerie et de lui interdire, par suite, tout au moins aux débuts, l'emploi simultané de tous ses moyens, mais elle avait aussi le très grand avantage de permettre au commandement de disposer rapidement d'une division, soit sur le front de l'Aisne, soit sur le front de Champagne.

Cette deuxième solution fut adoptée.

L'emploi éventuel du corps de cavalerie fut préparé par des reconnaissances exécutées sur le terrain. Cette préparation, qui, évidemment, pouvait ne pas répondre à la réalité, obligea du moins les cadres à reconnaître le terrain sur lequel ils pouvaient être appelés à combattre et leur fit étudier les mesures d'exécution susceptibles de permettre l'intervention rapide du corps de cavalerie.

2° Réunion du corps de cavalerie pour la bataille. Effort demandé aux hommes et aux chevaux.

L'entrée en ligne du corps de cavalerie imposa à certaines de ses unités un effort considérable.

La 5e division de cavalerie dut effectuer dans la nuit du 27 au 28 et dans la matinée du 28, une étape de plus de cinquante kilomètres sur des routes encombrées où les mouvements étaient extrêmement difficiles ; elle fut engagée sans avoir pris aucun repos et pendant les quatre jours, qui suivirent, elle fut toujours employée en première ligne.

La 1re division de cavalerie, alertée dans la région de Vitry-le-François le 28 dans la journée, fut engagée le 29 vers midi, après avoir parcouru d'une seule étape et en moins de 20 heures plus de 100 kilomètres, et elle resta en première ligne pendant les trois jours qui suivirent.

L'artillerie de la 5e division de cavalerie eut à fournir un effort identique.

Les unités du corps de cavalerie supportèrent sans défaillances ces épreuves, et les pertes en chevaux furent très faibles, malgré des circonstances atmosphériques peu favorables.

L'entraînement progressif des cavaliers et des chevaux au cours des étapes qui les avaient amenés de la région d'Étrépagny jusqu'à la Marne, contribua sans doute à cet heureux résultat, qui paraît dû aussi pour beaucoup à la régularité des ravitaillements et à la vitesse de marche très modérée adoptée (6 à 7 kilomètres à l'heure) ; on n'hésita pas d'ailleurs à faire souvent marcher à pied les cavaliers. L'expérience affirmait une fois de plus que sur de longs parcours, avec des chevaux chargés, il vaut mieux employer des allures lentes, prolongées, que des allures rapides, même suivies de repos.

Il convient de signaler l'usure considérable que subit la ferrure.

3° Rôle des grandes unités de cavalerie comme réserve générale. Le corps de cavalerie réserve du G. A. N. Insuffisance des moyens mis à sa disposition.

L'emploi des grandes unités de cavalerie comme réserve générale destinée à faire face à une attaque brusquée et en particulier à parer à une rupture du front avait été prévu dès 1917 par le commandement.

La cavalerie, en raison de sa mobilité qui lui permet de se transporter rapidement, *même en dehors des routes*, à de grandes distances, en raison des moyens de reconnaissance et de liaison qu'elle possède par elle-même, en raison enfin de la solidité de son encadrement, semblait, en effet, tout particulièrement apte au rôle de réserve générale. Les évènements de mai et d'avril 1918 devaient confirmer cette opinion. La cavalerie, appelée en toute hâte aux heures critiques, réussit à enrayer l'avance ennemie sur les points où il était parvenu à briser notre front et assura ainsi l'entrée en ligne des grandes unités réservées.

Il y a lieu cependant de remarquer que le 1ᵉʳ corps de cavalerie ne disposait pas, en mai 1918, des moyens qui lui auraient été nécessaires pour remplir la tâche qui pouvait lui être confiée.

En effet :

1° L'artillerie du corps de cavalerie comprenait seulement

trois groupes de 75 (un groupe par D. C.), proportion d'artillerie de campagne tout à fait insuffisante pour des unités qui devaient être appelées à faire barrage sur des fronts étendus. Le corps de cavalerie lui-même ne disposait ni d'artillerie lourde, ni d'artillerie de 75 de corps, il lui était donc impossible de renforcer éventuellement l'artillerie d'une de ses divisions ou de contre-battre l'artillerie adverse.

2° La faiblesse des effectifs du corps de cavalerie aurait dû être compensée par des moyens mécaniques de feu, mais la dotation de la cavalerie en mitrailleuses était encore limitée à 2 sections par régiment et celle en fusils-mitrailleurs à 6 fusils-mitrailleurs par escadron, tandis qu'il aurait été nécessaire de disposer d'au moins 4 sections de mitrailleuses par régiment et de 8 fusils-mitrailleurs par escadron ;

3° Le ravitaillement des unités de cavalerie en munitions n'était pas assuré, une voiture de munitions au moins par régiment aurait été nécessaire ;

4° Le corps de cavalerie ne disposait enfin d'aucun soutien d'infanterie.

Le 1er corps de cavalerie parvint sans doute à remplir sa tâche malgré l'insuffisance de ses moyens, mais ce fut au prix de lourds sacrifices, et les résultats obtenus demeurèrent certainement inférieurs à ce qu'ils auraient pu être.

4° Intervention du corps de cavalerie. Les résultats obtenus.

L'intervention du 1er corps de cavalerie le 28 au matin, au moment où la rupture du front français était déjà réalisée permit :

1° De déterminer les progrès de l'avance ennemie et les points extrêmes atteints par elle ;

2° De ralentir cette avance ;

3° De rétablir la liaison entre les unités d'infanterie déjà engagées.

Le corps de cavalerie n'était pas en mesure d'opposer immédiatement à l'ennemi une barrière assez puissante pour briser sur place ses attaques, mais il parvint à tendre sur tout le front de rupture un réseau ténu et solide qui, en assurant la conti-

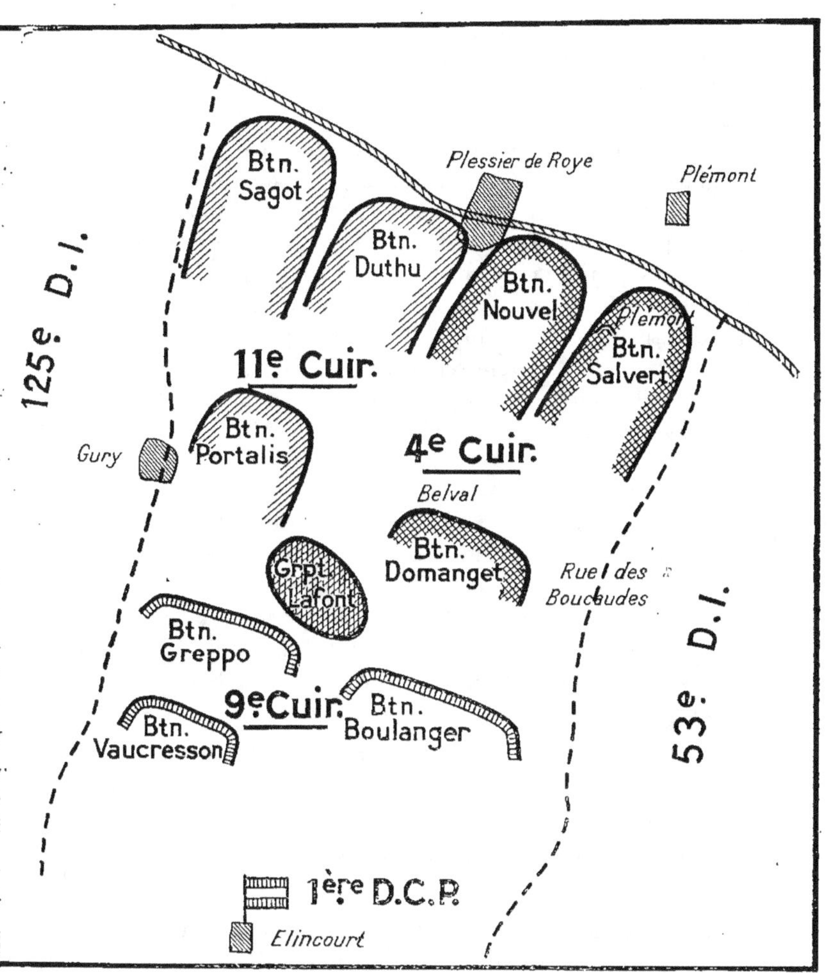

SITUATION AU MOMENT DE L'ATTAQUE

nuité de la ligne de résistance, ralentit l'avance ennemie et permit l'arrivée et le déploiement des réserves d'artillerie et d'infanterie.

L'intervention du corps de cavalerie le 28 et le 29 mai exerça ainsi une action décisive sur le développement de la bataille.

Il y a lieu de remarquer que, seule, une grande unité de cavalerie était capable d'intervenir assez rapidement pour exercer cette action ; il aurait été, en effet, impossible d'amener à pied d'œuvre, en temps voulu, même au moyen de camions, une grande unité d'infanterie, en raison de l'encombrement des routes ; et si, d'ailleurs, une unité d'infanterie avait pu être amenée à proximité du point de rupture, il lui aurait été impossible de se déployer assez rapidement pour reprendre sur tout le front le contact de l'ennemi, en assurant sa liaison avec les unités voisines.

V. — La 1re division de cavalerie à pied dans le secteur de Saint-Claude-Le-Plemont (juin 1918).

La 1re division de cavalerie à pied occupe, aux débuts de juin, le secteur de Saint-Claude, son front, qui s'étend sur environ 5 km. 500, est encadré, à droite par la 53e division d'infanterie, à gauche par la 125e division d'infanterie.

Le secteur comprend deux sous-secteurs :

Le sous-secteur du Plemont, à droite, tenu par le 4e cuirassiers ;

Le sous-secteur du Plessier, à gauche, tenu par le 11e cuirassiers.

Dans chaque sous-secteur les régiments ont deux bataillons en ligne, un bataillon en réserve sur la position intermédiaire.

Le 3e régiment de la division (9e cuirassiers) est en réserve et doit occuper la deuxième position.

Un groupement fort de 1 bataillon du 65e régiment d'infanterie territoriale et de 2 compagnies du génie, sous les ordres du commandant Lafont, est chargé de défendre la position intermédiaire dans sa partie médiane, assurant ainsi la liaison entre les bataillons en réserve des deux régiments en 1re ligne.

L'artillerie d'appui de chaque sous-secteur est constituée par un groupement fort de deux groupes.

L'artillerie lourde courte comprend deux groupes de 155.

Enfin l'artillerie lourde longue du 34e corps (au total 72 pièces) peut intervenir sur tout le front de la 1re division de cavalerie à pied.

L'organisation des liaisons (téléphone, T. S. F., T. P. S., coureurs, chiens) a été préparée avec un soin particulier, tous les postes de commandement de chefs de bataillons disposent d'un poste de T. P. S. et tous les postes de commandement de colonel d'un poste de T. S. F. Ces postes donnèrent, au cours de la bataille, d'excellents résultats et montrèrent une fois de plus que la T. P. S. et la T. S. F. constituent le seul mode pratique de liaison au combat. Les 2e escadrons divisionnaires (10e dragons) doivent fournir les postes de coureurs.

Le secteur de Saint-Claude constituait dans son ensemble une position solide, en raison de l'échelonnement des troupes (infanterie, mitrailleuses, artillerie) et de la bonne organisation du terrain et des liaisons.

D'après les instructions du général commandant la IIIe armée (ordre particulier du 6 juin), la 1re division de cavalerie à pied doit tenir coûte que coûte sur le Plémont, en raison de l'importance de la position qui constitue un véritable bastion, dont dépend l'ensemble de la ligne de résistance.

Les renseignements recueillis dans les premiers jours de juin indiquaient que les Allemands préparaient une attaque très sérieuse contre le Plémont.

L'attaque de 3 heures à 7 heures. — Dans la nuit du 8 juin, vers 23 h. 30, le secteur de la 1re division de cavalerie à pied et les secteurs voisins sont très violemment bombardés, le bombardement est caractérisé :

1o Par des tirs de destruction très précis sur les tranchées des 1re et 2e lignes, avec mélange d'obus toxiques.

2o Par des tirs de neutralisation sur les batteries.

3o Par des tirs d'interdiction et de harcèlement sur les arrières.

L'alerte est aussitôt donnée et les réserves occupent leurs emplacements de combat ; tandis que l'artillerie ouvre un tir de contre-préparation.

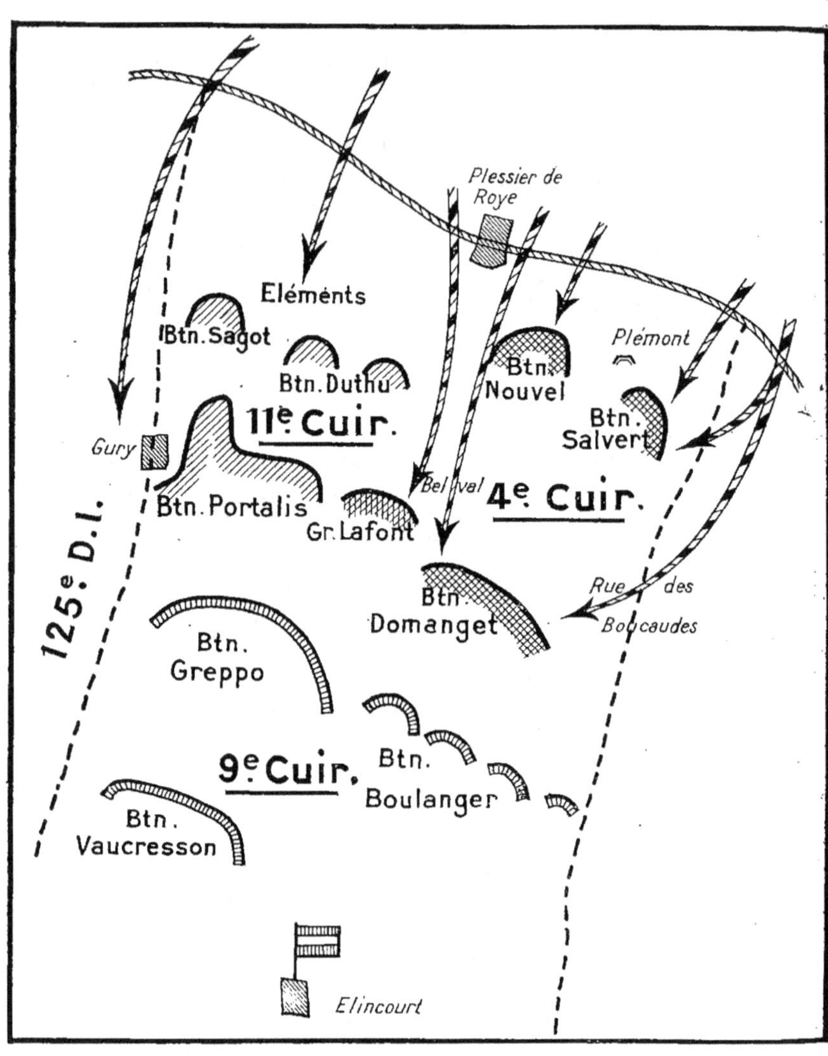

SITUATION ENTRE 7 HEURES ET 9 HEURES

La violence du bombardement rend les communications difficiles et certaines unités subissent de fortes pertes en gagnant leurs emplacements de combat (bataillon Portalis) ; toutes les lignes téléphoniques sont coupées.

A 3 heures du matin, l'infanterie allemande se porte à l'attaque, précédée d'un rideau de fumée ; l'attaque exécutée en forces se développe sur tout le front de la 1ʳᵉ division de cavalerie à pied.

A droite, elle progresse à l'Est et à l'Ouest du Plemont qui, vers 5 heures, est presque complètement encerclé, les deux bataillons de 1ʳᵉ ligne du 4ᵉ cuirassiers (bataillon Nouvel et bataillon Salvert) se défendent héroïquement.

Le bataillon de soutien (bataillon Dommanget) occupe les Boucaudes et le boyau de Belval, empêchant ainsi l'encerclement complet de la position.

A gauche, l'ennemi, précédé d'un épais rideau de fumée et de gaz toxiques, déborde le parc du Plessier, que le bataillon Duthu défend énergiquement, mais est arrêté devant la tranchée des chasseurs.

Vers 6 heures, la lutte est acharnée ; dans toute la zone de couverture de nombreux îlots de résistance se sont formés ; on lutte à la grenade, à la mitrailleuse.

Le général Destremau, commandant l'infanterie divisionnaire, prescrit au colonel du 4ᵉ cuirassiers de faire contre-attaquer par le bataillon de soutien de son régiment en direction du Plemont pour dégager les bataillons de 1ʳᵉˢ lignes de son régiment ; mais celui-ci estime qu'il ne peut le faire sans risquer de laisser les Allemands prendre pied dans la ligne intermédiaire ; il demande des ordres ; il lui est répondu :

« Pas d'ordre de repli, on résiste sur place. »

L'attaque de 7 heures à 13 heures. — A gauche, l'ennemi s'infiltre peu à peu par le couloir de Gury jusqu'au bois de Ricquebourg et vers 9 h. 15 débouche de Lamotte.

Au centre, il pénètre jusqu'à la ligne intermédiaire et occupe la carrière Madame.

Les bataillons de 1ʳᵉ ligne du 11ᵉ cuirassiers, très éprouvées par un violent bombardement d'obus toxiques, sont débordés, le bataillon soutien (Portalis) et un bataillon de la réserve

(Greppo) qui ont dû s'établir en crochet face au Nord-Ouest, les protègent encore contre l'encerclement qui les menace.

L'artillerie, qui, elle aussi, a subi de fortes pertes, doit se replier ; certaines batteries (42e batterie du 270e) dont les avant-trains ont été détruits, exécutent l'ordre qui leur est donné :

« *Tirer jusqu'au dernier moment et faire sauter les pièces* »,

Vers 11 heures, la 1re ligne est réduite à quelques centres de résistance et la défense est reportée sur la position intermédiaire.

A droite, le Plemont est encerclé depuis 8 heures : le bataillon Salverte est presque complètement submergé ; le bataillon Nouvel résiste encore.

Une batterie portée du 42e est détruite.

La défense a été ramenée sur la ligne des réduits (Boucaudes-Belval) occupée par le bataillon Dommanget.

A 7 h. 20, le commandant de la 1re division de cavalerie à pied a mis un bataillon de la réserve à la disposition de l'infanterie divisionnaire, afin d'essayer de dégager le Plemont par une contre-attaque, mais cette contre-attaque ne peut être exécutée ; un peu plus tard, il demande en vain l'appui d'un bataillon réserve du 32e corps d'armée, il ne peut l'obtenir.

Les Allemands, après avoir débordé peu à peu l'aile droite du 4e cuirassiers, pénètrent jusqu'aux carrières Chauffour.

A partir de 10 heures, comme dans le sous-secteur du Plessier, la défense est reportée sur la position intermédiaire ; quelques îlots de résistance luttent encore sur la 1re position.

Ainsi l'aile gauche et l'aile droite de la 1re division de cavalerie provisoire sont débordées, tandis qu'au centre l'ennemi a pénétré jusqu'aux carrières Madame dont les abords sont héroïquement défendus par les mitrailleuses du lieutenant Soulet qui, après avoir résisté jusqu'à 16 heures, disparaîtra dans la bataille.

Il n'est plus possible de défendre la 1re position, et, à 10 h. 30, le commandant de la 1re division de cavalerie à pied donne l'ordre suivant :

Il faut absolument tenir le plateau Saint-Claude, je donne l'ordre à l'artillerie qui peut encore tirer de faire un sérieux barrage en avant de la 2e position au débouché du bois de la réserve.

Tous les efforts des éléments non encore disponibles de la 1re division de cavalerie à pied sont employés à organiser la défense du plateau Saint-Claude avec la consigne de « *tenir à tout prix* ».

Vers 12 heures, la glorieuse résistance du Plemont a pris fin, le colonel commandant le 4e cuirassiers a reçu du bataillon Nouvel un bref message « *Foulus* ».

L'attaque à partir de 13 heures. Encerclement du plateau Saint-Claude. — La 125e division d'infanterie, qui se trouvait à l'aile gauche de la 1re division de cavalerie à pied s'étant replié sur Magny-sur-Matz, la progression allemande par Gury et le massif de Ricquebourg devient de plus en plus menaçante pour les éléments du 9e et du 11e cuirassiers qui défendent le plateau Saint-Claude, tandis que, plus à l'Est, le bataillon Dommanget résiste encore dans la tranchée des Alpins.

La lutte sur le plateau de Saint-Claude est acharnée, mais vers 16 heures, l'ennemi ayant débordé les défenseurs par l'Est, et par l'Ouest, le colonel Durand, qui commande le groupement, décide, pour éviter l'encerclement, de se replier sur les bois de Bellinglise. (Ordre de 16 h. 30.)

De son côté, le bataillon Dommanget se retire sur la tranchée de Bellinglise, en contact étroit avec l'ennemi, dont les mitrailleuses établies vers les ruines du château de Beauvoir lui font subir de lourdes pertes.

Entre 18 et 20 heures, la lutte continue violente et confuse, sous la pression des attaques allemandes sans cesse renforcées, les défenseurs doivent céder, mais des groupes isolés se maintiennent, luttant corps à corps jusqu'à l'encerclement et l'écrasement complet. L'artillerie appuie les cuirassiers, en liaison étroite avec eux, certaines batteries luttent jusqu'à la dernière minute et doivent détruire leurs canons, qu'elles n'ont pas le temps d'enlever.

A 21 heures, on se bat encore près du château de Bellinglise et aux lisières d'Elincourt, où a été organisée une position de repli.

Le commandant de la 1re division de cavalerie à pied, afin de pouvoir regrouper ses unités en vue de reprendre le combat, décide vers 19 heures d'occuper la ligne du Matz, qui, rapidement organisée, lui permettra d'enrayer l'avance de l'ennemi.

A 20 h. 30, il établit son poste de commandement à Rimberlieu, tandis que les régiments se reforment à l'abri du Matz, dont ils tiennent les ponts : 11ᵉ cuirassiers à Vandelicourt, 4ᵉ cuirassiers à Maretz-sur-Matz, 9ᵉ cuirassiers à Vaugenlieu.

10 *juin*. La nuit est calme, à 10 h. 30, le général commandant la 1ᵉ division de cavalerie à pied reçoit l'ordre de mettre le 9ᵉ cuirassiers à la disposition du IIᵉ corps d'armée et de regrouper le reste de la division dans la région de Coudun, après qu'elle aura été relevée sur le Matz par la 123ᵉ division d'infanterie.

Conclusions. — L'héroïque défense de la 1ʳᵉ division de cavalerie à pied a imposé aux Allemands de si lourdes pertes, qu'ils seront incapables le lendemain de renouveler leurs efforts.

L'ennemi n'a pu, d'ailleurs, briser de front la résistance des éléments de la division, il n'est parvenu à les faire céder qu'en les enveloppant avec des forces infiniment supérieures.

CHAPITRE XIII

L'OFFENSIVE ALLEMANDE DU 15 JUILLET 1918. — OPÉRATIONS DU 1er CORPS DE CAVALERIE DU 15 JUILLET AU 22 JUILLET.

I. — La situation générale au début de juillet sur les fronts des IVe, Ve et VIe armées. — Situation particulière du Ier corps de cavalerie. — Mission prévue pour lui.

II. — L'offensive allemande du 15 juillet au sud de la Marne. — Le corps de cavalerie est mis à la disposition de la Ve armée. — Prise de contact de l'ennemi. — Déploiement des 3e et 5e divisions de cavalerie pour établir la continuité du front et assurer l'entrée en ligne des réserves. — 15-16 juillet.

III. — Le Ier corps de cavalerie est renforcé des 131e division d'infanterie et 77e division d'infanterie. — Premières contre-attaques. — Arrêt de l'offensive ennemie. — Constitution de la IXe armée et projets de contre-offensive générale. — Occupation du plateau Œuilly-Leuvrigny. — 17-18-19 juillet.

IV. — La contre-offensive générale du 20 juillet. — Les Allemands sont rejetés au nord de la Marne. — Projets de poursuite. — Le Ier corps de cavalerie est relevé par le XIVe corps d'armée. — Le Ier corps de cavalerie ramené en arrière comme réserve du G. Q. G. est mis à la disposition de la VIe armée.

I. — La situation générale au début de juillet sur les fronts des IVe, Ve et VIe armées. — Situation particulière du 1er corps de cavalerie : Mission prévue pour lui.

Les attaques exécutées par l'armée allemande le 27 mai lui avaient permis de pénétrer profondément dans les lignes françaises et d'atteindre la vallée de la Marne entre Château-Thierry et Verneuil, mais son avance avait été enrayée dès les premiers jours de juin par la résistance des Ve et VIe armées, et son front, formant une large poche au Sud du Chemin-des-Dames, s'était peu à peu stabilisé.

Il était évident que l'ennemi mettant à profit ces premiers succès ne tarderait pas à tenter une nouvelle action offensive de grande envergure, mais il était impossible de déterminer par avance le front sur lequel il porterait son effort ; certains considéraient que la VIe armée était plus directement exposée à une attaque, qui, en cas de réussite, ouvrirait aux Allemands la route directe de Paris ; d'autres estimaient au contraire que l'ennemi dirigerait son action principale sur le point de jonction des IVe et V^e armées et chercherait d'abord à s'emparer de Reims, dont l'occupation pouvait avoir des conséquences morales considérables.

Le 1er corps de cavalerie après avoir été relevé le 10 juin dans le secteur d'Arty par le 5e corps d'armée avait été ramené en réserve du G. Q. G. dans la région de Montmirail afin d'être prêt à intervenir le cas échéant soit au profit de la Ve armée soit au profit de la VIe ; il devait dans ce cas occuper au Sud de la Marne sur le front Montfaucon-Condé-en-Brie, Igny-le-Jard une deuxième position qu'il avait été chargé de reconnaître et dont il devait préparer l'organisation.

L'incertitude de la situation, les préparatifs d'attaque signalés par l'aviation sur tout le front ennemi, de Soissons à l'Argonne, déterminent peu après le Haut commandement à échelonner le corps de cavalerie en arrière des IVe, V^e et VIe armées, de façon qu'une de ses divisions au moins fût en mesure d'intervenir rapidement en faveur de l'une ou de l'autre de ces armées.

Le commandant du corps de cavalerie fut en même temps invité à étudier et à faire étudier par les unités placées sous ses ordres les conditions dans lesquelles elles pourraient intervenir le cas échéant sur le point du front qui serait menacé.

Ces études, faites d'après les directives données par les armées intéressées, concernaient en général l'occupation d'une deuxième position, afin d'arrêter, jusqu'à l'arrivée des renforts d'infanterie, une offensive ennemie victorieuse ; elles étaient complétées par la reconnaissance de la position

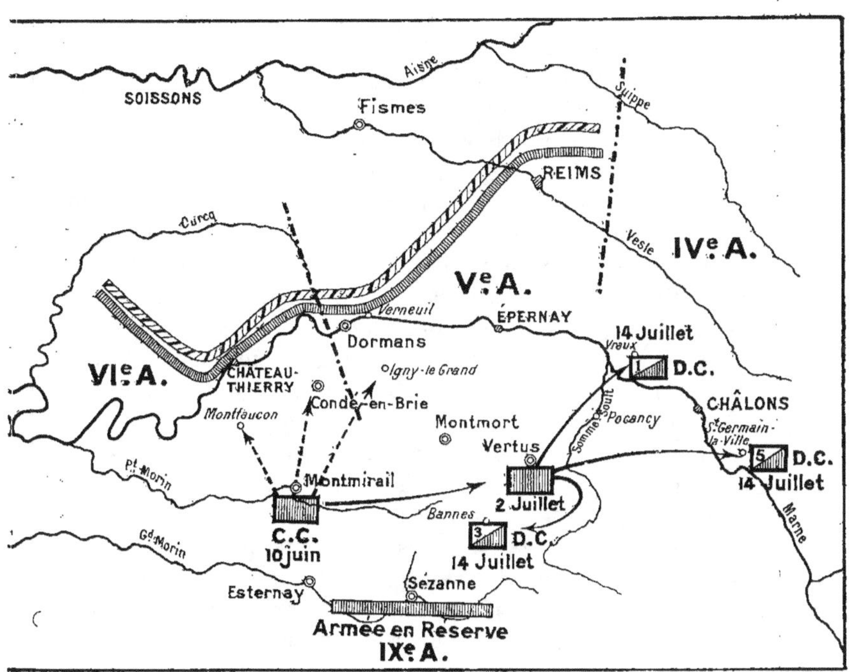

SITUATION GÉNÉRALE AUX DÉBUTS DE JUILLET, SUR LES
FRONTS DES IVᵉ, Vᵉ, VIᵉ ARMÉES.

Situation particulière du 1ᵉʳ C. C. Mission prévue pour lui.

à occuper dans tous ses détails, (emplacements des unités, des S. M., emplacements de l'artillerie, organisation des liaisons, etc...) par la recherche des itinéraires les plus favorables et par la rédaction des ordres d'exécution.

Les préparatifs d'attaque, qui semblent chaque jour plus certains sur le front de la VIe armée, décident le commandant en chef à réunir le 2 juillet le corps de cavalerie à proximité de cette armée, dans la région de Vertus ; quelques jours plus tard (6 juillet), sur la demande de la IVe armée, qui considère l'attaque comme imminente, il est échelonné tout entier en arrière du front de cette armée : la 1re division de cavalerie à Vraux, la 5e division de cavalerie à Saint-Germain-la-Ville, la 3e division de cavalerie à Pocancy. Les 1re et 5e divisions de cavalerie doivent en cas d'attaque occuper la deuxième position, l'une à l'Ouest de Châlons, l'autre à l'Est ; tandis que la 3e division de cavalerie sera maintenue en réserve·

Le commandant en chef ayant décidé aux débuts de juillet de former à Sézanne une armée de réserve (IXe armée) destinée à intervenir, soit sur le front de la IVe armée, soit sur celui de la Ve, le corps de cavalerie est rattaché à cette armée le 6 Juillet. L'intention du commandant de la IXe armée est de constituer sous les ordres du commandant du 1er corps de cavalerie un groupement de forces qui, en cas d'attaque, sera chargé d'assurer l'occupation et la défense de la deuxième position au Nord de Châlons ; mais afin de conserver la possibilité d'intervenir sur le front de la Ve armée, si celle-ci est attaquée, il décide de maintenir une des trois divisions du 1er corps de cavalerie plus à proximité de cette armée, en ramenant la 3e division de cavalerie de la région de Pocancy dans la région de Bannes (nuit du 11 au 12 juillet).

Le 14 juillet au matin les différents éléments du 1er corps de cavalerie occupent :

Quartier général et éléments non endivisionnés : Vertus.

1re division de cavalerie : Vraux.

5e division de cavalerie : Saint-Germain-la-Ville (La Chaussée).

3e division de cavalerie : Bannes

II. — L'offensive allemande du 15 juillet au sud de la Marne. — Le corps de cavalerie est mis à la disposition de la Vᵉ armée. — Prise de contact de l'ennemi. — Déploiement des 3ᵉ et 5ᵉ divisions de cavalerie pour rétablir la continuité du front et assurer l'entrée en ligne des réserves, 15-16 juillet.

15 juillet. 1 h. 30. Les Allemands exécutent enfin l'attaque prévue depuis tant de jours ; elle débute par un feu violent d'artillerie. Le front des IVᵉ et Vᵉ armées est embrasé, bouleversé, par les explosions continues des projectiles ennemis et la lueur du feu des batteries illumine le ciel. L'artillerie française, de son côté, riposte énergiquement.

A Vertus, les habitants réveillés par les roulements du canon sortent dans les rues, s'interrogent avec angoisse, tandis que quelques officiers essayent de découvrir d'une hauteur proche le développement de l'attaque.

Les nouvelles, les ordres se succèdent parfois contradictoires, provenant soit du groupe d'armées du Nord, soit des armées.

Dès 1 h. 15, un message de la IXᵉ armée alerte les divisions qui doivent se tenir prêtes à marcher à partir de 4 heures ; un peu plus tard (3 heures) un nouveau message rappelle que le corps de cavalerie tout entier est en réserve, sous les ordres du commandant de la IXᵉ armée, qui a seul qualité pour l'employer ; mais déjà cet ordre ne peut plus être observé, car la IVᵉ armée a prescrit à la 1ʳᵉ division d'occuper pour 4 heures la deuxième position entre le ferme d'Alger et Saint-Hilaire.

Vers 8 h. 15 un message du groupe d'armées du Nord avertit le commandant du 1ᵉʳ corps de cavalerie que la 3ᵉ division de cavalerie vient de recevoir l'ordre d'être prête à faire route vers le Nord et qu'un officier de l'état-major de cette division se rend à Montmort pour y recevoir les instructions du commandant de la Vᵉ armée ; peu après (8 h. 45), le groupe d'armées du Nord confirme que la 3ᵉ division de cavalerie est mise à la disposition de la Vᵉ armée.

Le commandant du 1ᵉʳ corps de cavalerie et son état-major attendent avec calme, mais non sans impatience l'ordre qui fixera enfin une mission au corps de cavalerie. Les bagages sont chargés, les paquetages sont bouclés, les mesures de départ sont prises ; tout est prêt.

L'attente se prolonge, le bruit du canon a peu à peu diminué ; les nouvelles les plus diverses circulent ; les uns affirment que sur tout le front l'attaque allemande est repoussée, les autres, au contraire, prétendent que partout elle progresse.

A 11 h. 30, un message de la IXe armée avertit le commandant du 1er corps de cavalerie qu'il sera appelé à prendre le commandement d'un groupement de réserve constitué dans la région de Châlons, en arrière du front de la IVe armée ; mais presque aussitôt un ordre du groupe d'armées du Nord annule ce message et l'invite à se rendre d'urgence à Montmort avec son chef d'état-major, pour y recevoir les instructions du commandant de la Ve armée ; il devra en même temps diriger la 1re division de cavalerie sur Dizy-Magenta. Ce dernier ordre est lui-même inexécutable, car la 1re division de cavalerie, alertée successivement par la IVe armée et par la Ve armée a déjà mis à exécution les ordres de la IVe armée, qui lui sont parvenus les premiers.

Le commandant du 1er corps de cavalerie, en arrivant à Montmort, apprend que sur tout son front la IVe armée a enrayé les attaques de l'ennemi ; par contre les Allemands ont réussi à progresser sur le front des Ve et VIe armées, ils sont même parvenus à franchir la Marne entre Château-Thierry et Châtillon-sur-Marne et leur offensive continue à se développer au Sud de la rivière, menaçant Epernay et la route de Paris. L'attaque ennemie a désorganisé la ligne de défense française, qui, au Sud de la Marne, n'est plus constituée que par des éléments plus ou moins dissociés.

D'après les instructions du commandant de la Ve armée (ordre n° 1327/3) :

> Le commandant du Ier corps de cavalerie disposant de la 3e division de cavalerie, du 33e régiment d'infanterie coloniale et de bataillons territoriaux, a pour mission de tenir la Marne de Mareuil à Boursault et la deuxième position de Leuvrigny à la Marne.

L'état-major de la Ve armée ne peut fournir aucun ren-

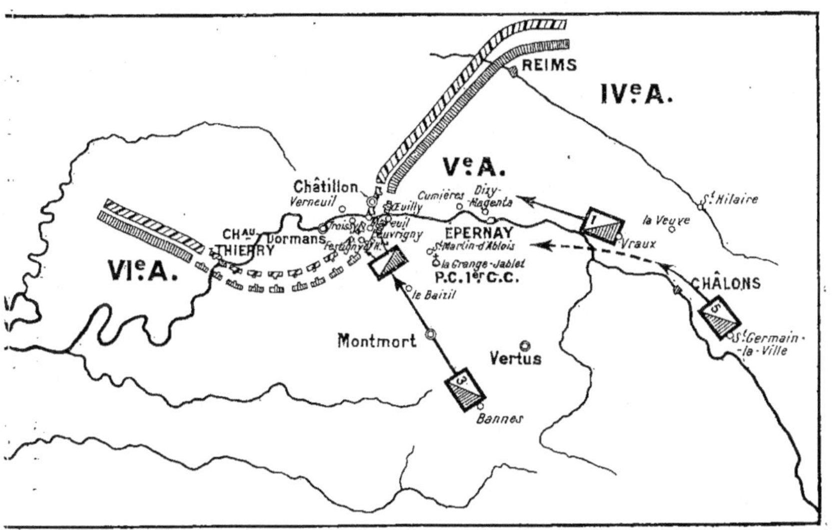

L'offensive allemande du 15 juillet au sud de la Marne.
Le C. C. est mis à la disposition de la Vᵉ Armée

seignement précis sur la situation ; on sait seulement que des bataillons de la 10e division d'infanterie coloniale, appartenant en majorité au 33e régiment d'infanterie colonial, constituent, sous les ordres du colonel Larroque, un groupement de fortune au contact de l'ennemi entre Œuilly et Leuvrigny.

Il importe avant tout d'éclairer la situation, et tandis que l'état-major du 1er corps de cavalerie reçoit par téléphone l'ordre de se diriger sur la Grange-Jablet (3 kilom. S.-E. de Saint-Martin-d'Ablois) où le commandant du corps de cavalerie a décidé d'établir son poste de commandement, le chef d'état-major du 1er corps de cavalerie est lui-même envoyé en reconnaissance pour entrer en liaison avec le colonel Larroque et les bataillons d'infanterie coloniale engagés au Sud de la Marne.

Les premiers renseignements recueillis sont assez vagues, car il a été impossible de trouver le colonel Larroque ; ils permettent seulement d'établir que les Allemands ont pris pied au Sud de la Marne, vers Mareuil et Troissy, et qu'ils sont au contact d'éléments coloniaux (bataillons sénégalais) sur le front Œuilly-Festigny-les-Hameaux. Ces bataillons ne disposent que de faibles réserves et les batteries établies à la lisière Nord-Ouest des bois de Boursault, violemment prises à partie par les pièces à longue portée de l'ennemi et par ses avions, ne leur prêtent aucun appui.

Le poste de commandement du 1er corps de cavalerie est installé à 17 heures à la Grange-Jabelet ; le commandant du corps de cavalerie ne dispose encore que d'une partie de ses éléments non endivisionnés (compagnies du génie) qui ont été transportés en camions ; la 3e division de cavalerie ne pouvant arriver qu'à la fin de la journée dans la région de Saint-Martin-d'Ablois, en raison de la longueur de l'étape qu'elle a dû parcourir : les officiers disponibles de l'état-major du corps de cavalerie, des éléments non endivisionnés, de l'artillerie et du génie sont chargés de reconnaître le secteur confié au 1er corps de cavalerie et de prendre le contact avec les éléments qui en assurent déjà la défense

A 19 heures, on apprend que la 5e division de cavalerie, qui se trouve encore à la Veuve, est mise à la disposition du 1er corps de cavalerie et doit par une marche de nuit être rendue le lendemain avant 4 heures dans les bois au Nord de Baizil.

La 1re division de cavalerie est mise à la disposition du 5e corps d'armée qui résiste à l'avance allemande au Nord de la Marne.

Les renseignements apportés par les officiers envoyés en reconnaissance permettent au commandant du corps de cavalerie de préciser dans la soirée la situation sur le front qu'il est chargé de défendre ; toutefois, étant donnée l'arrivée tardive des renforts mis à sa disposition (3e D. C., ultérieurement 5e D. C.) il ne lui paraît pas possible de modifier en pleine bataille la répartition des troupes et l'organisation du commandement ; il estime plus sage de laisser au colonel Larroque le commandement des bataillons au contact de l'ennemi et de préparer l'entrée en ligne de la 3e division de cavalerie en lui faisant occuper une position de soutien.

Le groupement Larroque et la 3e division de cavalerie couvriront le flanc droit de l'attaque, qui doit être exécutée à la gauche du 1er corps de cavalerie par la 77e division d'infanterie pour rejeter l'ennemi au nord de la Marne.

Il n'est pas fait état de la 5e division de cavalerie, qui se trouve encore à plus de 60 kilomètres et dont l'arrivée peut être retardée.

A 21 heures, un ordre du 1er corps de cavalerie précise la mission du groupement Larroque et de la 3e division de cavalerie.

1° L'ennemi est au contact des troupes qui occupent la deuxième position au Sud de la Marne, sur le front Port-à-Binson, bois du Crochet et bois de Nesles.

2° Le front du 1er corps de cavalerie (groupement Larroque, 3e D. C., E. N. E. du C. C.) est limité au Nord par la Marne, au Sud par la ligne générale cote 113 (1 km. S.-O. de Festigny), corne S.-O. de l'étang des Moines.

Le corps de cavalerie assure la défense des ponts de la Marne ; il se relie à gauche avec les éléments de la 77e division d'infanterie et de la 20e division d'infanterie.

3° L'organisation du commandement restera provisoirement la même :

a) Défense de la deuxième position assurée par les troupes du groupement Larroque occupant actuellement cette position.

(7 bataillons d'infanterie coloniale. Artillerie du groupement Carteron, 1 groupe 75, 5 groupes 155 L.).

Le colonel Larroque a pour mission de maintenir l'intégrité absolue de la deuxième position. Il conservera une liaison étroite avec les éléments de la 77e division d'infanterie qui occupent le bois des Châtaigniers et avec les éléments de la 20e division d'infanterie (47e R. I.) qui occupent l'éperon du Vivier.

b). La 3e division de cavalerie, sous les ordres du général commandant la 3e division de cavalerie, organisera et occupera une ligne de soutien jalonnée par Villesaint, lisières nord-ouest du bois de Boursault, Chêne-la-Reine et la Rue.

Le général commandant la 3e division de cavalerie disposera de la 3e division de cavalerie (1 brigade maintenue en réserve); de 2 compagnies du génie du corps de cavalerie sous les ordres du lieutenant colonel commandant le génie du corps de cavalerie, de l'état-major d'artillerie du lieutenant-colonel adjoint au commandant de l'artillerie.

Son artillerie (1 groupe A. D. C. 3) est mise provisoirement à la disposition de la 77e division d'infanterie.

Il aura pour mission, en dehors du soutien défini ci-dessus, d'établir une liaison étroite avec la droite de la VIe armée (77e D. I., 20e D. I.).

En cas de repli du régiment colonial, il prendrait sous son commandement tous les éléments, infanterie et artillerie, du secteur du corps de cavalerie et défendrait la ligne de soutien.

Cet ordre ne devait parvenir que tardivement dans la nuit au colonel Larroque ; celui-ci, ayant engagé toutes ses réserves et n'ayant pu encore entrer en liaison avec le 1er corps de cavalerie, avait, dans la soirée, demandé un soutien à la 10e division d'infanterie coloniale.

Celle-ci mit aussitôt à sa disposition un bataillon de cavaliers à pied prélevé sur une des brigades de la 1re division de cavalerie, mises aux ordres du 5e corps.

Ce bataillon fut chargé d'assurer la continuité du front de défense en occupant l'éperon situé entre Œuilly et Leuvrigny.

La défense du secteur du 1er corps de cavalerie se trouva ainsi renforcée d'un élément emprunté à une unité (1re D. C.) qui lui avait été enlevée.

16 juillet. Les ordres donnés par le général commandant le 1er corps de cavalerie dans la soirée du 15 juillet avaient eu seulement pour but de délimiter les zones d'action des différentes unités déjà engagées dans la bataille (éléments de la 10e D. I. C., bataillons territoriaux, 3e D. C.) mais sans

SITUATION LE 15 JUILLET AU SOIR ET LE 16 JUILLET AU MATIN

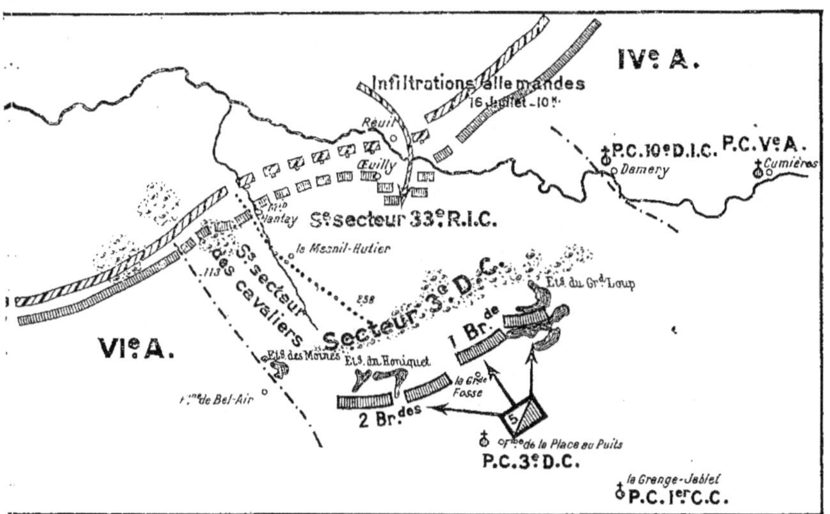

Secteur 3ᵉ D. C. divisé en deux sous-secteurs (15 juillet au soir).
(16 juillet, 10 heures). Infiltrations allemandes. Sud-Est d'Œuilly. — Echelonnement de la 5ᵉ D. C.

entraîner dans la répartition de ces unités des modifications susceptibles de compromettre la conduite du combat qui restait confiée au colonel Larroque.

Cette situation ne pouvait se prolonger sans inconvénients ; il importait en particulier d'assurer dans la répartition des troupes placées sous le même commandement l'échelonnement en profondeur indispensable à l'organisation de la défense et au jeu des réserves.

Dans ces conditions, le commandant du corps de cavalerie décide de confier le commandement de l'ensemble du secteur compris entre la Marne jusqu'à Damery au Nord et la ligne générale cote 113 (ouest de Festigny) étang des Moines au Sud, au général commandant la 3e division de cavalerie, disposant comme commandant d'infanterie divisionnaire du colonel Larroque ; la présence auprès du général commandant la 3e division de cavalerie du colonel Larroque, dont le régiment est au contact de l'ennemi depuis la veille, assurera dans la conduite ultérieure du combat l'unité indispensable.

Le commandant de l'artillerie du 1er corps de cavalerie et son état-major sont mis également à la disposition du commandant de la 3e division de cavalerie pour commander l'artillerie de son groupement :

. . . .

2º Le secteur de la 3e division de cavalerie comprendra deux sous-secteurs :

Sous-secteur nord, 33e régiment d'infanterie coloniale, de la Marne à la ligne générale Moulin-Nantay (inclus), Mesnil-Hutier (inclus). Cote 238 (inclus).

Sous-secteur sud, cavaliers. Limite nord, la limite précédente. Limite sud, la limite du secteur.

3º Le commandant de la 3e division de cavalerie disposera de :
La 3e division de cavalerie ;
7 bataillons d'infanterie coloniale ;
1 groupe d'artillerie divisionnaire de campagne 3 ;
1 groupe d'artillerie divisionnaire de campagne 5 ;
1 groupe d'artillerie divisionnaire de campagne (provisoirement) ;
2 groupes d'artillerie coloniale ;
3 groupes d'artillerie lourde de campagne ;
1 compagnie du génie du corps de cavalerie ;
1 bataillon de la 1re division de cavalerie qui devra être remis le plus tôt possible à la disposition de la 10e division d'infanterie coloniale (P. C. Damery).

4º Dans chaque sous-secteur, les unités seront échelonnées en profondeur : la valeur de deux à trois bataillons au moins constituant une garnison de sûreté sur la ligne de soutien.

La deuxième position devra être conservée intégralement, toute infiltration étant rejetée par une contre-attaque immédiate.

. . . .

6° La nouvelle organisation comprendra d'abord l'organisation sur le terrain de sous-secteur de commandement.

Chaque commandant de sous-secteur prenant sous son autorité toutes les unités placées dans son sous-secteur.

La reconstitution organique des unités sera ensuite réalisée progressivement (1).

La défense des passages de la Marne est confiée par le même ordre, à partir de 15 heures, au commandant du génie du corps de cavalerie disposant d'une compagnie du génie du corps de cavalerie et d'environ un bataillon d'infanterie territoriale.

La 3ᵉ division de cavalerie, dont le poste de commandement est à la ferme de la Place-au-Puits, conservela mission qui lui a été déjà donnée, d'appuyer les attaques de la 77ᵉ division d'infanterie. La 5ᵉ division de cavalerie, poste de commandement (ferme de Bétin), est maintenue en réserve du corps de cavalerie.

Le 5ᵉ corps d'armée dont le poste de commandement est à Cumières, signale, vers 10 heures du matin, des infiltrations ennemies à l'Est de Reuil et au Sud-Est d'Œuilly ; ces dernières infiltrations risquant de déborder l'aile droite du 33ᵉ régiment d'infanterie coloniale, le commandant du corps de cavalerie décide d'échelonner en arrière la 5ᵉ division de cavalerie.

Groupe cycliste : au Sud de l'étang du Grand-Loup.
Une brigade : région Est de la Grande-Fosse.
Deux brigades : région Sud de l'étang d'Honiquet.

Ces brigades doivent être prêtes à s'engager à pied sur la deuxième position, soit pour renforcer, soit pour relever les éléments qui l'occupent.

Vers midi, un message de la VIᵉ armée fait connaître au général commandant le 1ᵉʳ corps de cavalerie que la 131ᵉ division d'infanterie, en cours de transport et dont la tête est orientée sur les bois de la Bouloy, est mise à sa disposition, ainsi que la 77ᵉ division d'infanterie.

____

(1) Ordre du corps de cavalerie du 16 juillet, 4 heures.

Le corps de cavalerie a pour mission :

1º D'arrêter toute progression allemande au sud de la Marne ;

2º D'appuyer l'offensive déjà préparée par la 77e division d'infanterie.

Le commandant du corps de cavalerie, après avoir déterminé (ordre du 16 juillet, 12 h. 30) la nouvelle répartition des forces de son groupement en deux secteurs ; le secteur de la 3e division de cavalerie (tel qu'il a déjà été fixé) et le secteur de la 77e division d'infanterie, ces deux secteurs ayant pour limite la ligne lisière Est du bois des Châtaigniers, cote 113 (Sud de ce bois) ferme de Bel-Air, décide de conserver la 131e division d'infanterie en réserve, afin de lui faire exécuter le 17 une attaque brusquée destinée à refouler les éléments ennemis qui ont réussi à s'établir sur le plateau entre Leuvrigny et Œuilly, et à leur interdire ainsi toute progression par la vallée de la Marne.

L'effort continu de l'ennemi sur le front du 33e régiment d'infanterie coloniale oblige dans la journée le commandant du corps de cavalerie à engager le groupe cycliste de la 5e division de cavalerie, un bataillon de la 3e division de cavalerie et un bataillon de la 5e division de cavalerie.

La situation sur l'ensemble du front demeurait d'ailleurs incertaine ; devant la 77e division d'infanterie, deux attaques avaient été vainement tentées contre le bois des Châtaigniers, qui restait aux mains de l'ennemi ; devant la 3e division de cavalerie, l'ennemi progressait sur Chêne-la-Reine, Festigny, Bois-Brûlé et le long de la vallée de la Marne sur Montvoisin, où il se heurtait au groupement Moineville, constitué dans la journée avec des éléments à pied des 3e division de cavalerie et 5e division de cavalerie pour assurer jusqu'à la Marne la continuité de la ligne de défense.

Dès 15 heures, le commandant de la 131e division d'infanterie, dont les éléments se regroupent dans les bois de Bouloy, a été informé des conditions dans lesquelles sa division devra attaquer le lendemain.

L'intention du commandant du corps de cavalerie est de prendre le 17 l'offensive pour ramener la défense sur la ligne générale Œuilly-Leuvrigny et si possible Cerseuil-Vassy. Objectifs de la 131e division

SITUATION LE 16 JUILLET SOIR

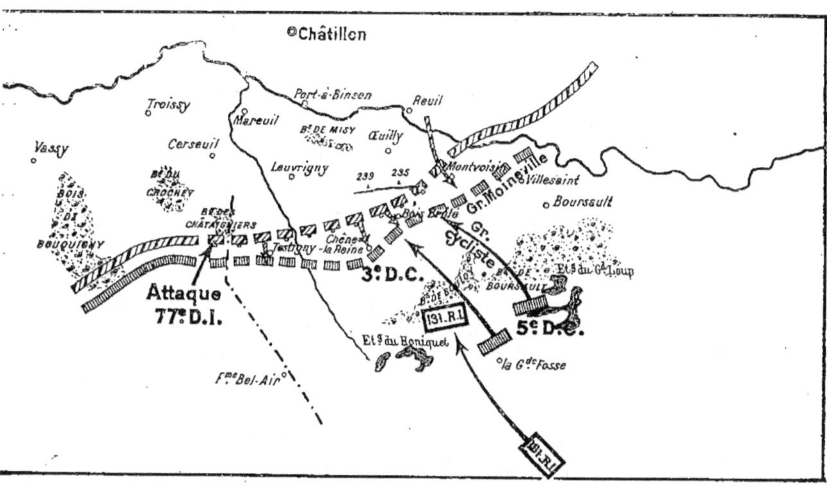

Le groupement Moineville couvre la droite de la 3e D. C. jusqu'à la Marne.
Attaques du bois des Châtaigniers par la 77e D. I.

d'infanterie, lisières sud des bois au sud d'Œuilly, bois de **Mizy**.
Objectif minimum, le chemin à un trait au sud des cotes 235-239.

Cette attaque s'exécutera par dépassement des éléments
qui occupent le plateau de la vallée, elle sera couverte à
droite par le détachement Moineville, à gauche par les attaques de la 3e division de cavalerie et de la 77e division
d'infanterie ; la 3e division de cavalerie aura pour objectif
la deuxième position du chemin Leuvrigny-Chêne-la-Reine
inclus aux lisières est du bois des Châtaigniers.

Mais les renseignements reçus, les progrès de l'ennemi,
les deux échecs de la 77e division d'infanterie contre le bois
des Châtaigniers obligent le commandant du 1er corps de
cavalerie à modifier dans la nuit (22 heures) l'ordre déjà
donné à la 131e division d'infanterie.

1º Il résulte des derniers renseignements que le front ennemi est
jalonné par Nesles-le-Repos, la lisière sud du bois des Châtaigniers, le
Mesnil-Hutier, Chêne-la-Reine, ces localités aux Allemands ; Bois-
Brûlé, la Cense-Carrée (aux Français) ; Montvoisin et la Cave (douteux).

2º Le front est tenu à gauche par la 77e division d'infanterie jusqu'à
Chêne-la-Reine (exclu), au centre par des troupes coloniales de Chêne-
la-Reine à la Cense-Carrée (inclus), à droite par le détachement
Moineville.

3º La 131e division d'infanterie attaquera le front Chêne-la-Reine-
la Cense-Carrée en direction Œuilly.
Objectif la Marne.

4º L'attaque sera couverte à droite par le détachement Moineville
(aux ordres de la 131e D. I.) qui aura pour mission de pousser jusqu'à
Œuilly en bordant la Marne qu'il occupera face au nord au fur et à
mesure de sa progression.

5º Elle sera couverte à gauche par la 77e division d'infanterie qui
attaquera sur Leuvrigny.

6º La 131e division d'infanterie disposera des moyens fixés par
l'ordre antérieur et en plus du détachement Moineville. La 77e division
d'infanterie disposera de ses moyens, et de 1 groupe d'artillerie divisionnaire de campagne, de 1 section autos-canons mitrailleuses, de
1 bataillon de cavaliers à pied de la 3e division de cavalerie.

7º Les troupes dépassées resteront sur place jusqu'à nouvel ordre,
elles seront ultérieurement groupées en réserve du corps de cavalerie.

8º L'attaque sera prête pour 9 heures.
Poste de commandement : 131e division d'infanterie, ferme les
Meulières ;
Poste de commandement : 77e division d'infanterie, ferme de la
Place-au-Puits ;

Poste de commandement : 3ᵉ division de cavalerie, ferme de la
Place-au-Puits ;
Détachement Moineville : Boursault.

III. — Le 1ᵉʳ corps de cavalerie est renforcé des 131ᵉ division d'infanterie et 77ᵉ division d'infanterie. — Premières contre-attaques. — Arrêt de l'offensive ennemie — Constitution de la IXᵉ armée et projets de contre-offensive générale. — Occupation du plateau Œuilly-Leuvrigny, 17-18-19 juillet.

17 juillet. La matinée est calme, l'ennemi paraît s'établir
sur les positions conquises par lui. A 11 heures, la 131ᵉ division d'infanterie attaque le plateau de Leuvrigny, étayée
à droite par le groupement Moineville (trois bataillons de
cavaliers) et le groupe cycliste de la 5ᵉ division de cavalerie ;
à gauche par la 77ᵉ division d'infanterie, renforcée par un
bataillon de cavaliers, qui se porte contre Leuvrigny.

L'attaque progresse d'abord, mais lentement ; à 14 heures,
la 131ᵉ division d'infanterie, après avoir atteint le chemin
de terre cote 239-235, est arrêtée devant les hauteurs de la
cote 239, le régiment à pied Moineville se heurte à un
ennemi solidement établi aux lisières de Montvoisin ; la
77ᵉ division d'infanterie borde la lisière Nord du Mesnil-
Hutier. Sur le front du 5ᵉ corps d'armée, au Nord de la
Marne, les Allemands sont rejetés sur Tincourt.

Le commandant du corps de cavalerie prescrit à la 131ᵉ division d'infanterie de manœuvrer par sa droite, en profitant des bois situés sur le rebord du plateau, de façon à
déborder, d'une part, par l'Ouest Montvoisin, d'autre part,
par l'Est, la cote 235. Cette progression sera appuyée par au
moins deux groupes d'artillerie coloniale et soutenue par
toute l'artillerie du corps de cavalerie ; elle s'exécutera en
liaison étroite avec le détachement Moineville.

Dans la soirée, la 131ᵉ division d'infanterie renouvelle
vainement ses attaques ; le détachement Moineville exécute
lui-même, vers 19 h. 30, une tentative contre Montvoisin,
il n'obtient aucun résultat.

Les actions offensives du 1ᵉʳ corps de cavalerie, dans la
journée du 17 juillet, lui ont coûté de lourdes pertes et il n'a

pu gagner que peu de terrain en s'emparant seulement d'une quarantaine de prisonniers et de dix mitrailleuses ; mais l'avance ennemie est arrêtée et c'est là déjà un résultat considérable.

18 *juillet.* — La situation générale, la nécessité d'immobiliser au moins l'ennemi sur son front, s'il n'est pas possible de le rejeter au delà de la Marne, pour contribuer ainsi indirectement au développement de la contre-offensive qui doit être exécutée par les VIe et X^e armées, déterminent le commandant du 1er corps de cavalerie à prescrire une nouvelle attaque, dès les premières heures de la matinée.

Il estime qu'étant donné le terrain, il importe de s'emparer tout d'abord du plateau compris entre Leuvrigny et Œuilly, en concentrant ses efforts sur le terrain le plus favorable à la manœuvre, c'est-à-dire sur les crêtes boisées qui, au Nord, limitent ce plateau.

1º Les attaques de la 131e division d'infanterie seront reprises le 18 juillet à 5 h. 30 ; elles seront appuyées à droite par le détachement Moineville aux ordres de la 131e division d'infanterie, à gauche par la 77e division d'infanterie. Les missions, les zones d'action, les moyens restent les mêmes.

2º Après une courte mais très violente préparation sur le clos Denvaux 239-235, la 131e division d'infanterie attaquera ces points d'appui et s'efforcera d'occuper le front marqué par le chemin de terre qui les relie.

3º Le détachement Moineville recevra du général commandant la 131e division d'infanterie, les ordres pour son mouvement sur Montvoisin qui doit être attaqué par une action débordante par l'ouest, à laquelle prendra part la droite de la 131e division d'infanterie ; cette action sera appuyée par le groupe d'artillerie divisionnaire de campagne 5e D. C. dont dispose le colonel Moineville et par l'artillerie de la 131e division d'infanterie.

4º La 77e division d'infanterie, se couvrant sur le bois des Châtaigniers et Cerseuil, attaquera sur Leuvrigny et règlera son mouvement sur celui de la 131e division d'infanterie.

5º Le général commandant la 3e division de cavalerie regroupera le plus tôt possible les éléments coloniaux qui étaient sous ses ordres, ainsi que les éléments de la 1re division de cavalerie.

6º Il sera fait un large emploi d'obus fumigènes, chacune des 77e division d'infanterie et 131e disposera d'un lot de ces projectiles.

Le 18 juillet, à 5 h. 30, les unités du 1er corps de cavalerie se portent en avant.

SITUATION LE 17 AU MATIN

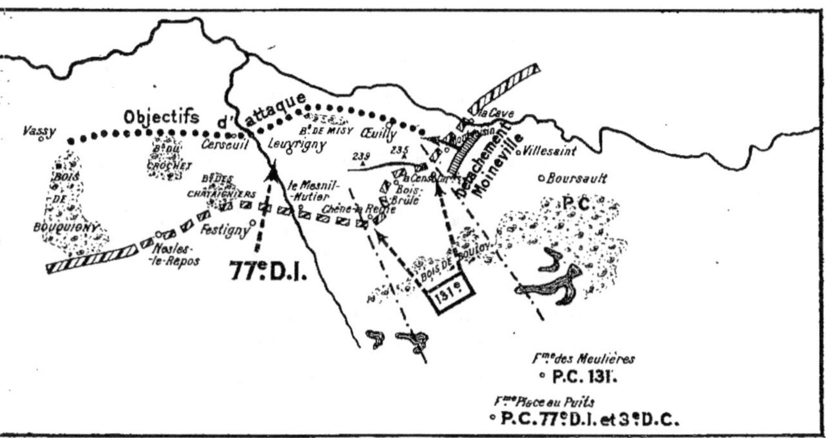

Préparatifs d'attaque de la 131e D. I. pour le 17. — Objectifs d'attaque.
Jalonnement de la ligne ennemie.

Le temps est peu favorable, la pluie n'a pas cessé de tomber pendant toute la nuit et les troupes, déjà fatiguées, avancent péniblement dans un terrain détrempé ; la préparation d'artillerie est insuffisante, le mauvais temps ne permettant pas les réglages par avions ; sur tout le front l'offensive du corps de cavalerie est arrêtée par l'infanterie ennemie, soutenue par de très nombreuses mitrailleuses et par une puissante artillerie.

Vers 10 heures, le commandant du 1er corps de cavalerie est informé que les efforts de la 131e division d'infanterie et de la 77e division d'infanterie sont parvenus seulement à leur conserver les faibles gains de terrain péniblement acquis la veille.

Malgré cet échec, il prescrit à la 131e division d'infanterie et à la 77e division d'infanterie d'exécuter une nouvelle attaque à la fin de la journée ; la 131e division d'infanterie doit être appuyée par deux sections de chars d'assaut légers, qu'on transporte d'urgence, et par un groupe d'A. C. M. Cette nouvelle tentative réussit ; à la nuit, le détachement Moineville est maître de Montvoisin et ses éléments avancés progressent vers la Cave ; la 131e division d'infanterie occupe la ligne des cotes 235-239, tandis que la 77e division d'infanterie progresse par sa droite jusqu'à sa hauteur.

Les attaques exécutées entre l'Aisne et la Marne, dans la matinée, par les VIe et Xe armées, ayant permis de refouler l'ennemi sur un large front ; le commandant en chef décide d'exploiter ce premier succès en groupant sous les ordres du commandant de la IXe armée le 3e corps d'armée et le 1er corps de cavalerie, pour exécuter dans la matinée du 19 une action offensive d'ensemble, destinée à rejeter l'ennemi sur la Marne.

A 16 heures, le général commandant le 1er corps de cavalerie reçoit l'ordre n° 1757/3 de la IXe armée, qui fixe les conditions d'exécution de l'opération. Les objectifs à atteindre sont constitués par les hauteurs qui bordent au Sud la vallée de la Marne, mais ces objectifs atteints les « *divisions doivent pousser de fortes reconnaissances sur les passages de la Marne et se tenir prêtes à s'en emparer en cas de fléchissement de l'ennemi* ».

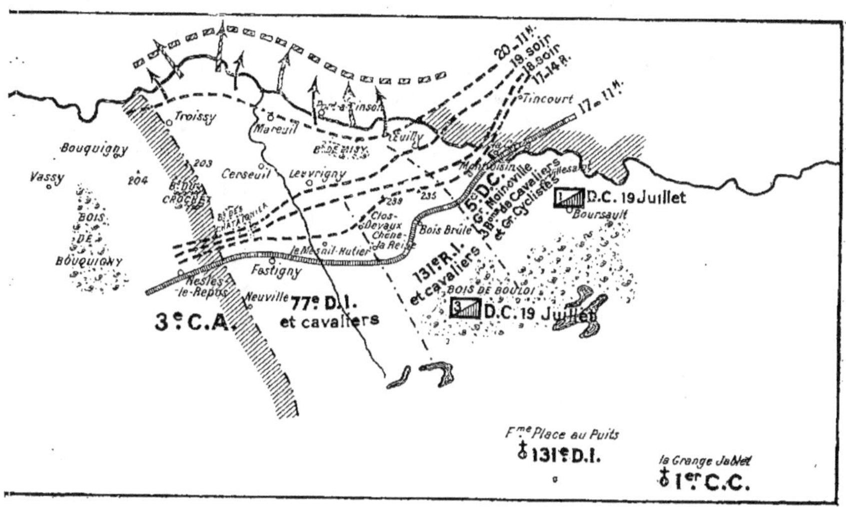

Attaques des 17, 18 et 20 juillet par le détachement Moineville, la 131ᵉ
D. I. et la 77ᵉ D. I.

... « *Le 1ᵉʳ corps de cavalerie et le 3ᵉ corps d'armée dispose-
ront de l'artillerie qui leur est actuellement affectée ; la préparation d'artillerie qui précédera immédiatement l'attaque aura
une durée de dix minutes* ».

Il était évident que la situation générale exigeait une
contre-offensive rapide de la IXᵉ armée, malgré les difficultés résultant du peu de temps dont on disposait, et de la
grande fatigue des troupes.

L'exécution de cette contre-offensive est confiée à la
77ᵉ division d'infanterie et à la 131ᵉ division d'infanterie
renforcées de quatre bataillons de cavaliers à pied, les autres bataillons de cavaliers se regroupent au voisinage de
leurs chevaux, afin de pouvoir exploiter un succès, soit à
pied, soit à cheval.

Un ordre du 18 juillet, 20 heures, fixe les mouvements à
exécuter par les éléments de cavalerie.

1º Les divisions de cavalerie doivent être prêtes à s'engager soit
à pied, soit à cheval, pour exploiter les succès que pourra obtenir
la IXᵉ armée.

2º En conséquence, les bataillons de cavaliers à pied seront regroupés au nord des emplacements des chevaux :
1ʳᵉ division de cavalerie, qui vient d'être rendue au 1ᵉʳ corps de
cavalerie : région nord du bois de Boursault.
3ᵉ division de cavalerie : région sud du bois de Bouloy, moins un
bataillon laissé à la 77ᵉ division d'infanterie.
5ᵉ division de cavalerie : constitue le détachement Moineville.
. . . .

Un deuxième ordre daté de 20 heures 30 fixe les conditions
dans lesquelles sera exécutée la contre-offensive.

1º Les VIᵉ et Xᵉ armées ont attaqué entre l'Aisne et la Marne.
L'ennemi a reflué devant leurs attaques dont le succès menace sa
situation au sud de la Marne ; aux derniers renseignements, il porterait
déjà au nord de cette rivière certains de ses éléments.

2º En vue d'exploiter le plus tôt possible ce premier succès, la
IXᵉ armée exécutera le 19 juillet, dans la matinée, une action offensive
d'ensemble, ayant pour but la conquête des hauteurs de la rive gauche de la Marne.

Objectif ultérieur :
La grande route, — la Marne.

Dès que ces objectifs seront atteints de fortes reconnaissances seront poussées sur les passages de la Marne, dont il y aura lieu de s'emparer le plus vite possible.

. . . .

7° Moyens d'exécution.

131ᵉ DIVISION D'INFANTERIE.

1° *Infanterie* : Infanterie organique moins un régiment maintenu en réserve générale, plus 3 bataillons de cavaliers à pied (détachement Moineville).

2° *Artillerie* : 6 groupes de 75 ; 1 groupe 155 C Schneider.

3° *Chars d'assaut* : 1 compagnie.

77ᵉ DIVISION D'INFANTERIE.

1° *Infanterie* : éléments organiques, plus un bataillon de cavaliers à pied.

2° *Artillerie* : 4 groupes de 75 ; 1 groupe 155 C. Schneider.

3° *Chars d'assaut* : 2 compagnies.

RÉSERVES.

Infanterie : 1 régiment (131ᵉ division d'infanterie) ; 4 bataillons de cavaliers à pied (1. 1ʳᵉ division de cavalerie ; 3. 3ᵉ division de cavalerie) ; 1 groupe cycliste (3ᵉ division de cavalerie).

Artillerie : 1 groupe 155 C. Schneider ; 4 groupes 85ᵉ artillerie lourde ; 2 groupes 86ᵉ artillerie lourde.

8° *Infanterie* : la 131ᵉ division d'infanterie attaquera avec deux régiments accolés ; elle couvrira cette attaque à droite par celle du régiment de cavaliers à pied dans la vallée de la Marne et sur la crête boisée.

La 77ᵉ division d'infanterie attaquera avec deux régiments en première ligne et un régiment plus un bataillon de cavaliers à pied en deuxième ligne.

9° *Artillerie* : La 131ᵉ division d'infanterie devra prévoir le déplacement d'une partie de son artillerie, dès qu'elle se sera installée sur la ligne des observatoires 239-235, pour être en mesure d'appuyer de plus près sa progression et ultérieurement d'allonger son tir sur les passages de la Marne, et de prêter son concours à la 77ᵉ division d'infanterie......... en raison de la faible quantité d'artillerie des divisions d'infanterie, il y aura lieu de procéder par concentrations de feu successives.

10° *Poste de commandement* :

   1ᵉʳ corps de cavalerie : ferme de Jablet.
   131ᵉ division d'infanterie : ferme la Place-au-Puits.
   77ᵉ division d'infanterie : ferme les Pâtis.

Cet ordre venait d'être envoyé aux divisions lorsque le 1ᵉʳ corps de cavalerie reçut vers 20 h. 45 l'ordre n° 198/3 de la IXᵉ armée, d'après lequel, en raison d'un retard dans l'arrivée des chars d'assaut, l'attaque prévue pour le 19 juillet était différée de vingt-quatre heures ; toutefois le commandant du 1er corps de cavalerie était autorisé à exécuter les opérations antérieurement prévues par lui contre le bois de Mizy.

Le commandant du 1er corps de cavalerie estime qu'il importe à tout prix de continuer l'action offensive déjà entamée, afin de ne pas permettre à l'ennemi, soit de s'installer plus solidement, soit de retirer une partie de ses forces, et dans la nuit il envoie à ses divisions l'ordre suivant :

1º ....L'attaque générale prévue est retardée de 24 heures.........

2º Les attaques du 1er corps de cavalerie continueront le 19 juillet dans les conditions suivantes :

La 131e division d'infanterie s'efforcera de conquérir le bois de Mizy et la crête boisée au sud d'Œuilly......... en liaison avec la gauche du 5e corps d'armée.

La 77e division d'infanterie appuiera l'attaque de la 131e division d'infanterie et portera son front sur la route Festigny-Leuvrigny et la deuxième position jusqu'à sa jonction avec la gauche de la 131e division d'infanterie.

3º Le détachement Moineville, qui reste à la disposition de la 131e division d'infanterie, n'aura pour mission que de pousser des éléments de reconnaissance en direction du nord et de l'ouest. Il devra s'organiser très solidement et alléger son dispositif en l'échelonnant en profondeur.

4º Pendant la nuit du 18 au 19 juillet, de nombreuses patrouilles devront être envoyées en avant de nos lignes pour maintenir d'une façon étroite le contact de l'ennemi.

Des tirs intensifs seront entretenus sur les passages de la Marne et sur les emplacements des réserves, en particulier au sud de la rivière. Il sera fait un large usage d'obus toxiques, si les circonstances atmosphériques sont favorables.

Un ordre de l'armée reçu vers 23 heures mettait l'artillerie lourde du 14e corps d'armée à la disposition du 1er corps de cavalerie, cette artillerie devait faire mouvement dans la nuit.

19 *juillet.* Le 1er corps de cavalerie continue ses attaques le 19 juillet dès les premières heures du jour : la 131e division d'infanterie, qui a pour mission de conquérir les lisières Ouest du bois de Mizy, couvrant son action à droite, le long de la Marne, par le détachement de cavaliers, progresse lentement. Des mitrailleuses ennemies l'arrêtent dans son

infiltration le long de la crête boisée et sur le plateau Nord-Ouest de 239. La 77ᵉ division d'infanterie protège l'attaque à gauche par ses feux d'artillerie sur les bois des Châtaigniers, les hauteurs de Cerseuil et de Leuvrigny.

A 13 heures, deux sections de chars d'assaut viennent appuyer l'attaque de la 131ᵉ division d'infanterie ; ces chars sont pris sous le feu des canons ennemis et cinq d'entre eux sont mis hors de combat ; une section d'A. C. M. tente en vain de se porter en avant par la route de Port-à-Binson, elle est arrêtée par le feu d'une pièce de 77 qui prend la route d'enfilade, et deux de ses trois voitures doivent être abandonnées.

A 15 heures, une contre-attaque ennemie est arrêtée par le 41ᵉ régiment, qui se maintient sur le terrain conquis.

Au soir, la progression réalisée est de 300 mètres environ sur tout le front de la 131ᵉ division d'infanterie, qui est maîtresse des hauteurs de la cote 235 et de la cote 239 et atteint le bois au Sud de Leuvrigny, tandis qu'à sa droite le détachement Moineville borde les lisières Est d'Œuilly et encercle le village par les lisières boisées du Sud.

A 19 h. 30, il semble, d'après certains indices, que l'ennemi cherche à se dérober sur le front de la 77ᵉ division d'infanterie ; le général commandant cette division, après avoir reçu l'approbation du commandant du 1ᵉʳ corps de cavalerie, fait aussitôt exécuter une reconnaissance offensive sur Leuvrigny par un bataillon appuyé par quatre groupes d'artillerie. Cette reconnaissance est arrêtée par des feux de mitrailleuses provenant du village et par un barrage d'artillerie.

Dans la journée le 1ᵉʳ corps de cavalerie avait reçu l'ordre de porter la 1ʳᵉ division de cavalerie au Nord de la Marne et, à 16 h. 45, le message suivant était adressé à cette division :

1° La 1ʳᵉ division de cavalerie sera regroupée le 20 juillet, pour 16 heures, dans la zone Saint-Imoges, et se tiendra prête à intervenir pour exploiter le succès des corps d'armée engagés dans cette région.

IV. — La contre-offensive générale du 20 juillet. — Les Allemands sont rejetés au nord de la Marne. — Projets de poursuite. — Le 1er corps de cavalerie est relevé par le 14e corps d'armée. — Le 1er corps de cavalerie ramené en arrière comme réserve du G. Q. G. est mis à la disposition de la VIe armée, 20-29 juillet.

20 juillet. Les attaques heureuses exécutées dans la matinée du 19 par le 1er corps de cavalerie avaient permis à la 131e division d'infanterie de s'emparer du plateau Œuilly-Leuvrigny.

Le commandant du 1er corps de cavalerie estima qu'il convenait de mettre à profit ce premier succès, dans la contre-offensive générale prescrite pour le 20 juillet, en augmentant les moyens d'action mis à la disposition de la 77e division d'infanterie qui serait chargée d'exécuter l'effort principal, tandis qu'à sa droite la 131e division d'infanterie serait seulement chargée de couvrir et d'appuyer cet effort.

La manœuvre par la droite (131e D. I.), prévue dans l'ordre initial du 18 juillet, était ainsi abandonnée et l'avance de cette division était mise à profit pour exécuter une manœuvre par la gauche (77e D. I.).

Le 19 juillet, dès 14 heures, le commandant du 1er corps de cavalerie adresse à ses divisions l'ordre suivant :

A la suite du succès remporté le 19 par la 131e division d'infanterie, l'ordre général d'attaque pour le 20 sera modifié comme il suit :

1° *Mission du corps de cavalerie :*

Le 1er corps de cavalerie prononcera par sa gauche (77e D. I.) une action offensive en direction générale le Mesnil-Hutier, Cerseuil, Troissy.

Cette action sera couverte à droite par une action secondaire exécutée par la 131e division d'infanterie.

L'action offensive du 1er corps de cavalerie précédera et préparera l'action offensive du 3e corps d'armée.

2° *Objectif d'ensemble :*

Lisières nord du bois de Mizy-Cerseuil-Lisières nord du bois du Crochet-cote 204 (1 km. S.-E. de Bouquigny).

. . . .

Objectifs ultérieurs :

La grande route, la Marne.

. . . .

4° *Moyens d'exécution* :

Les mêmes que précédemment, toutefois la 77ᵉ division d'infanterie sera renforcée des :

Compagnies de mitrailleuses des bataillons de cavaliers à pied de la 3ᵉ division de cavalerie pour l'exécution de tirs indirects.

De 3 groupes d'artillerie de campagne de la 131ᵉ division d'infanterie restant en place, mais tirant à son profit.

De 2 groupes d'artillerie lourde de campagne.

5° *Exécution de l'attaque. Idée de manœuvre. Emploi des différents moyens* :

a) *Infanterie*. — La 77ᵉ division d'infanterie attaquera avec 2 régiments en 1ʳᵉ ligne, un régiment plus un bataillon de cavaliers à pied en deuxième ligne.

L'infanterie, appuyée par les chars d'assaut, entamera l'attaque par la conquête du bois des Châtaigniers qu'elle s'efforcera de déborder par l'est, se couvrant du côté de Leuvrigny. Une fois le bois des Châtaigniers enlevé, la 77ᵉ division d'infanterie reprendra sa progression vers le nord-ouest (Cerseuil).

La 131ᵉ division d'infanterie continuera ses attaques, couvrant vers l'est et le nord la progression de la 77ᵉ division d'infanterie.

b) *L'artillerie* de corps prendra sous son feu tous les points de passage connus de Troissy inclus, à Œuilly inclus.

c) *Autos-canons*. — Les autos-canons mitrailleuses feront retour à leurs divisions (moins une section de la 5ᵉ division de cavalerie laissée à la 131ᵉ division d'infanterie, une de la 3ᵉ division de cavalerie, laissée à la 77ᵉ division d'infanterie, et une du 16ᵉ groupe d'autos-canons mitrailleuses laissée au détachement Moineville (Wimpfen).

Ils seront rapprochés avant l'attaque de manière à être à même d'exécuter des reconnaissances rapides au cas où le contact de l'ennemi serait perdu. Ces reconnaissances pourraient, le cas échéant, être appuyées par des détachements de chasseurs cyclistes (groupe de la 3ᵉ division de cavalerie)………

d) *L'artillerie d'accompagnement* du 14ᵉ corps d'armée sera répartie par demi-batterie entre la 131ᵉ et la 77ᵉ division d'infanterie.

Pendant toute la nuit du 19 au 20 juillet les détachements de sûreté du 1ᵉʳ corps de cavalerie conservent un contact étroit avec l'ennemi, dont les gros paraissent se replier au Nord de la Marne.

Le général commandant le 1ᵉʳ corps de cavalerie a prescrit de renforcer ces détachements, qui doivent saisir toutes les occasions favorables pour essayer de pénétrer dans les lignes ennemies ; mais partout ils se heurtent à une résistance énergique.

A 5 h. 30, après une courte et violente préparation d'artillerie, les 77ᵉ divisions d'infanterie et 131ᵉ division d'infanterie attaquent, appuyées par quatre bataillons de cavaliers à pied, deux compagnies de chars d'assaut et deux groupes d'A. C. M.

Le bois des Châtaigniers, qui semblait constituer le point d'appui principal de l'ennemi, est violemment bombardé.

Les attaques progressent rapidement, malgré des résistances locales énergiques, et à 11 heures les premiers éléments du groupement atteignent la rive Sud de la Marne.

Le commandant en chef, dès qu'il est informé que les Allemands sont rejetés au Nord de la Marne, décide de maintenir sur la rivière les forces strictement nécessaires pour en tenir les passages, tandis que les unités rendues ainsi disponibles seront regroupées afin de constituer de nouvelles réserves.

Un premier message reçu vers 10 heures avertit le commandant du 1ᵉʳ corps de cavalerie que la 20ᵉ division d'infanterie est mise à sa disposition pour relever les unités de cavalerie.

Ce message est confirmé par l'ordre nº 2007 de la IXᵉ armée reçu vers midi.

1º La mission de la IXᵉ armée est :

a) De maintenir le contact des arrière-gardes ennemies en établissant des passages sur la Marne et en poussant des avant-gardes au delà de la rivière.

b) De maintenir sur le front actuel au sud de la Marne un faible rideau, et de remettre le plus de forces possible en réserve.

c) D'attaquer sur la rive droite en liaison avec la VIᵉ armée avec les forces disponibles du 38ᵉ corps d'armée.

2º En conséquence, le 1ᵉʳ corps de cavalerie occupera la rive gauche de la Marne entre Troissy inclus et la Cave avec la 20ᵉ division d'infanterie et poussera des avant-gardes au nord.

Il relèvera sans retard :

Les 3ᵉ et 5ᵉ divisions de cavalerie, la 77ᵉ division d'infanterie, la 131ᵉ division d'infanterie.

Les 3ᵉ et 5ᵉ divisions de cavalerie seront dirigées après relève, au nord de la Marne, à la disposition de la Vᵉ armée.

La 77ᵉ division d'infanterie et la 131ᵉ division d'infanterie seront regroupées prêtes à être embarquées.

Le commandant du 14ᵉ corps d'armée assurera à partir du 20, 18 heures, le commandement du secteur du 1ᵉʳ corps de cavalerie.

La relève prescrite s'exécute dans la journée du 20 juillet sans difficultés, les troupes françaises étant maîtresses de toute la rive Sud de la Marne, et à 18 heures le commandant du 1er corps de cavalerie, après avoir donné tous les ordres de détail nécessaires au mouvement des divisions, cède le commandement du secteur au commandant du 14e corps d'armée.

A 19 heures, les divers éléments du 1er corps de cavalerie gagnent les zones de stationnement qui leur ont été assignées :

Quartier général et éléments non endivisionnés : Avize.

3e division de cavalerie : zone Pierry.

5e division de cavalerie : zone Chouilly.

Le 1er corps de cavalerie avait soutenu au Sud de la Marne de durs combats pour arrêter tout d'abord la progression de l'ennemi et ensuite pour le rejeter au Nord de la rivière.

Les journées du 16 et du 17 juillet furent particulièrement rudes ; l'ennemi, qui s'efforçait de progresser par la vallée dans la direction d'Epernay, fut arrêté par l'énergique résistance des bataillons de cavaliers du détachement Moineville, qui reprit ensuite de haute lutte, le 18 au soir, le village de Montvoisin, tandis que dans les mêmes journées la 131e division d'infanterie renouvelait, malgré l'importance de ses pertes, ses attaques sur le plateau de Leuvrigny enrayant ainsi la progression de l'ennemi.

Le chiffre des prisonniers fut relativement peu élevé (une centaine environ), mais l'ennemi subit de très lourdes pertes, comme permirent de le constater les cadavres laissés par lui sur le terrain.

Au cours des combats, les 131e division d'infanterie et le détachement Moineville s'emparèrent de :

Neuf canons : un canon de 105 (allemand), six canons de 77, deux canons de 77 de tranchée ;

Cinquante mitrailleuses lourdes ;

Deux cents mitrailleuses légères.

La 77e division d'infanterie reprit :

Trois canons Schneider ;

Plusieurs canons de 105 et de 155 (français).

Un grand nombre de mitrailleuses lourdes et légères.

Il ne fut pas possible, faute de temps, de faire un relevé complet et précis du matériel abandonné par l'ennemi, qui était surtout important en armes, munitions d'infanterie et en effets d'équipement et d'habillement.

21 au 23 juillet. La résistance rencontrée par la Ve armée au Nord de la Marne détermine le commandant en chef à modifier ses premiers projets ; il estime, en effet, que le 1er corps de cavalerie ne sera d'aucune utilité à la Ve armée, qui ne trouvera pas l'occasion de l'employer dans un terrain coupé, boisé, où l'ennemi lutte pied à pied, tandis que, au contraire, la progression rapide de la VIe armée entre Soissons et Château-Thierry justifiera peut-être en ce point son intervention.

Le 21 juillet, à 23 heures, un ordre du groupe des armées du Nord prescrit au 1er corps de cavalerie en entier de gagner la région de Meaux, où il sera à la disposition du commandant en chef. Le mouvement doit s'exécuter en trois étapes et commencer dès le lendemain.

Le 22 juillet, les divisions se mettent en route dans la direction de Meaux.

24 juillet. Dans la matinée du 24 juillet, l'avance de la VIe armée décide le commandant en chef à mettre le 1er corps de cavalerie tout entier à la disposition de la VIe armée, qui a déjà été renforcée de la 6e division de cavalerie.

A la suite des attaques exécutées par la VIe armée, l'ennemi paraît fléchir ; la 6e division de cavalerie peut être appelée à s'engager ; le 1er corps de cavalerie doit être à pied d'œuvre dès le 24 au soir, afin d'être en mesure d'exploiter, le 25, une défaillance de l'ennemi.

Le général commandant le 1er corps de cavalerie prescrit aussitôt les mouvements nécessaires ; ces mouvements imposent aux régiments un effort considérable, en raison de l'étape déjà effectuée dans la matinée, et ils ne peuvent atteindre que dans la nuit du 24 la zone de stationnement qui leur a été fixée, après avoir parcouru de 80 à 100 kilomètres en moins de vingt-quatre heures.

Le quartier général du 1er corps de cavalerie s'installe à Lucy-le-Bocage.

La 1re division de cavalerie s'installe aux Chesneaux.

La 3e division de cavalerie s'installe à Bouresche.

La 5e division de cavalerie s'installe à Courteaux.

25-29 juillet. Le général commandant la VIe armée fait connaître dans la matinée du 25 au commandant du 1er corps de cavalerie ses intentions au sujet de l'emploi de ses divisions.

La 6e division de cavalerie doit suivre au plus près l'avance de l'infanterie dans la direction générale Bézu-Saint-Germain-Fère-en-Tardenois, et le 1er corps de cavalerie, se tenant en liaison étroite avec elle, doit se tenir prêt à l'appuyer en cas de succès.

Le général commandant le 1er corps de cavalerie, afin d'être en liaison facile et continue avec les troupes d'attaque, transporte dans la journée son quartier général à la ferme de la Prairie et son poste de commandement à Bézu-Saint-Germain. Des officiers sont envoyés en reconnaissance sur tout le front d'attaque, afin d'établir une situation précise.

Les premiers renseignements recueillis font ressortir que l'ennemi oppose une résistance acharnée et que l'infanterie alliée (divisions françaises et américaines) progresse lentement et péniblement dans un terrain coupé et boisé dont les défenses naturelles ont été renforcées par de nombreux réseaux.

Il ne semble pas, dans ces conditions, qu'à moins d'un événement imprévu, les divisions puissent trouver une occasion de s'employer.

L'effort fourni par les régiments du 1er corps de cavalerie depuis le 14 juillet a été considérable ; après avoir parcouru en moins de vingt-quatre heures de 100 à 150 kilomètres, ils ont été jetés sans arrêt dans la bataille et ils ont combattu nuit et jour pendant cinq jours de suite, arrêtant d'abord l'ennemi, puis lui arrachant de haute lutte le terrain conquis ; à peine relevés, ils ont été ramenés en trois étapes derrière la VIe armée, parcourant dans leur dernière marche 100 kilomètres en moins de vingt-quatre heures : malgré la fatigue, accrue encore par le mauvais temps et les bivouacs continuels, malgré l'irrégularité des ravitaillements, malgré les pertes subies, gradés et cavaliers demeurent prêts à un nouvel effort, attendant avec la même confiance l'heure de s'engager ; installés sans abris dans un pays dévasté où tout est détruit, où l'eau même des sources est souillée, ils s'efforcent encore d'employer leur activité en assurant la remise en état du champ de bataille, enterrant les morts, rétablissant les routes, recueillant le matériel de guerre abandonné.

Après cinq jours d'attente, le Haut commandement jugeait que le corps de cavalerie ne trouverait pas l'occasion de s'employer, et le 29, les divisions étaient reportées en réserve au Sud de la Marne dans la région Rebais-Coulommiers.

CHAPITRE XIV

RÉORGANISATION DU CORPS DE CAVALERIE
(JUILLET-AOUT-SEPTEMBRE 1918)

I. — Les déplacements du corps de cavalerie de juillet à septembre. — Emploi du temps.

Le 2 août 1918, le corps de cavalerie, regroupé au Sud de
la Marne, stationne dans la région de Vertus, mais les préparatifs d'attaque, signalés par l'aviation aux lisières Ouest de
l'Argonne, déterminent le commandement à le porter entre
Châlons et Vitry, vers Loisy-sur-Marne, où il sera plus facilement en situation d'intervenir, une de ses divisions est
poussée en échelon avancé au Nord-Est de Châlons.

Aux débuts de septembre (8 septembre), il est ramené dans
la région d'Arcis-sur-Aube, afin de libérer les zones arrières
de la IVe Armée où doivent se concentrer les divisions d'in-
terie mises à la disposition de cette armée en vue de sa prochaine offensive ; le 17 septembre, il reçoit l'ordre de libérer

la zone d'Arcis-sur-Aube elle-même, en se portant jusqu'à Villenauxe ; mais bientôt il est rappelé vers le Nord pour suivre au plus près les attaques de la IVe Armée ; le 21, il occupe de nouveau les abords d'Arcis-sur-Aube ; le 23, il stationne près de Châlons ; le 26, il porte son poste de commandement à la ferme du Piémont.

Dès la fin de juillet, le commandant du 1er corps de cavalerie avait fixé les mesures qu'il convenait d'appliquer pour remettre en état les régiments très éprouvés par la bataille d'Epernay.

La situation ne permet pas d'escompter une période de repos plus ou moins prolongée, il importe donc de mettre à profit toutes les occasions pour perfectionner l'instruction des cadres et celle de la troupe.

Cette instruction sera poursuivie d'après un programme simple et précis ; on évitera les longues séances sur le terrain qui fatiguent inutilement les hommes et les chevaux, pour leur préférer des séances courtes dans lesquelles l'attention peut-être maintenue constamment en éveil, en exigeant de chacun le maximum d'efforts.

Le programme d'instruction dans chaque division comprendra :

1° L'instruction de la troupe ;
2° L'instruction des cadres.

L'instruction de la troupe aura pour but unique sa préparation au combat. Elle comportera des exercices d'instruction et des exercices d'application.

Les exercices d'instruction sont destinés à confirmer les cavaliers dans l'emploi de leurs armes (cheval, carabine, fusil-mitrailleur, mitrailleuses, grenade, sabre).

Les exercices d'application (exercices à cheval et à pied) doivent leur permettre d'acquérir les qualités individuelles qui leurs sont nécessaires au combat (adresse, vigueur, esprit d'initiative et de décision) ; ils doivent les habituer à s'adapter au terrain et à combiner les différents moyens d'action qu'ils possèdent.

L'instruction des cadres subalternes comprendra leur instruction morale et leur instruction professionnelle.

L'instruction morale présente une importance d'autant

plus grande que les cadres promus au cours de la guerre manquent en général d'expérience ; elle n'exige pas des théories spéciales, mais surtout des causeries et des conseils ; toute négligence, toute erreur, doivent être immédiatement relevées et expliquées.

L'instruction professionnelle sera assurée dans les mêmes conditions ; elle sera complétée par l'étude des règlements et des documents de base, et par des exercices exécutés sur le terrain.

L'instruction des cadres supérieurs (officiers supérieurs, chefs de corps, commandants de brigade) comprendra, en dehors de l'étude des documents de base, des exercices sur la carte ou sur le terrain ; ces exercices, comme ceux exécutés par les cadres subalternes, doivent toujours avoir pour base une situation de guerre nettement définie.

Les prescriptions du général commandant le 1ᵉʳ corps de cavalerie furent appliquées avec autant d'entrain que de bonne volonté, et dès la fin d'août les résultats obtenus étaient excellents ; les concours organisés à l'intérieur des divisions (1) étaient caractérisés par un progrès très net dans l'instruction des escadrons.

L'état des chevaux seul restait insuffisant, en raison surtout de la réduction constante du taux des rations ; la ration allouée étant inférieure à la ration normale d'entretien, il était impossible, non seulement de remettre en état les chevaux fatigués, mais même de maintenir en état les chevaux les moins éprouvés ; le commandant du corps de cavalerie obtint enfin, à la suite de demandes renouvelées, une augmentation du taux de la ration d'avoine.

L'amaigrissement continu des chevaux ayant entraîné une augmentation sérieuse du nombre des indisponibilités pour blessures du dos, il parut nécessaire de rechercher l'influence du modèle des selles employées : une enquête faite dans dix-huit régiments permit d'établir que, de tous les modèles de selle en service, le modèle canadien était de beaucoup le meilleur et que la selle française ancien modèle demeurait très supérieure à la selle modifiée.

---

(1) Concours de tir, de groupes de combat.

II. — Développement de l'instruction des grandes unités de corps de cavalerie. — Enseignements tirés des opérations de mars et de juillet. — Le bataillon de brigade. — L'emploi à pied de la cavalerie. — Les liaisons. — Leur perfectionnement. — Perfectionnement de l'instruction de l'artillerie.

Le mode d'emploi des grandes unités de cavalerie dans les dernières batailles ayant donné lieu à des divergences d'interprétation regrettables, il parut nécessaire au commandant du corps de cavalerie de mettre à profit les enseignements tirés des opérations de mai et de juillet pour établir les principes généraux qui peuvent servir de guide dans l'application du règlement.

Le bataillon de brigade, en particulier, dont le commandant du Ier corps de cavalerie avait lui-même proposé la formation, afin de donner aux unités de cavalerie employées en secteur une constitution qui leur permit de relever plus facilement des unités d'infanterie, avait été considérée par certains chefs comme une formation de principe. Cette application trop rigoureuse des instructions du G. Q. G. ne pouvait être admise.

Le bataillon de brigade est constitué en toutes circonstances, parfois même à une grande distance de l'ennemi (1). Cette interprétation étroite du règlement ne permet pas à la cavalerie d'utiliser pleinement sa qualité la plus précieuse : la mobilité.

Dans la plupart des cas et en particulier lorsque la cavalerie doit s'employer rapidement et sur de grands fronts, il importe de mettre à profit le plus longtemps possible la mobilité que lui procure ses chevaux ; il est alors plus simple et plus conforme aux principes d'emploi de l'arme d'engager les unités sous les ordres de leurs chefs directs, par groupements de combat dont l'effectif (demi-section, section, demi-compagnie) dépendra du nombre des cavaliers mis pied à terre, plutôt que d'organiser de parti pris des bataillons dont la formation puis le déploiement constitueraient une perte de temps.

Il est cependant nécessaire de respecter dans la constitution de ces groupements de combat les principes posés par la note du G. Q. G. du 27 novembre 1917 afin de proportionner l'encadrement des combattants à leur effectif.

---

(1) Note de juin 1918 du général commandant le Ier corps de cavalerie.

Il ne peut être établi une règle unique pour l'emploi de la cavalerie ; il appartient au commandement à tous les degrés de savoir adapter dans les meilleures conditions les qualités caractéristiques de l'arme au terrain, aux circonstances et à la mission qui lui est confiée.

Le règlement est un guide qui ne dispense personne de réfléchir et de vouloir.

De même, l'organisation du commandement des unités engagées à pied avait donné lieu à des hésitations et à des doutes : tandis que certains chefs s'étaient désintéressés complètement des unités placées sous leurs ordres, lorsqu'ils n'en avaient pas le commandement direct, d'autres, par contre, étaient intervenus hors de propos. Il était nécessaire d'établir une règle.

L'organisation du commandement des unités de cavalerie engagées à pied a donné lieu à des divergences d'interprétation regrettables (1), qui se sont traduites souvent dans la pratique par des retards apportés à la transmission et à l'exécution des ordres. Il est facile d'éviter ces hésitations en appliquant les principes suivants :

1° Toute troupe de cavalerie engagée à pied isolément reste placée sous les ordres directs du chef qui la commande ;

2° Le commandant d'une unité qui doit combattre à pied peut, soit engager ses unités subordonnées isolément, soit les grouper en section, compagnie ou bataillon.

Dans le premier cas, les unités subordonnées sont employées sous les ordres de leurs chefs directs. Dans le deuxième cas, les unité constituées dépendent uniquement du chef sous les ordres duquel elles sont placées.

Dans ce dernier cas, les officiers non employés n'ont pas à intervenir dans le commandement tactique des unités ainsi constituées ; ils demeurent en réserve de commandement auprès de l'échelon des chevaux de main ; ils ont cependant le devoir de se tenir au courant de la situation et de venir en aide aux combattants dans la mesure de leurs moyens (ravitaillement en vivres et en munitions, par exemple...).

Lorsque la division combat tout entière à pied, elle peut soit engager ses trois brigades isolément, soit, au contraire constituer avec ses trois brigades un régiment à trois bataillons.

L'organisation d'un échelon infanterie divisionnaire entre le général de division et les bataillons de brigade ne paraît pas justifiée. Le commandant de l'infanterie divisionnaire constituera le plus souvent dans une division de cavalerie un échelon supplémentaire et inutile qui ne pourrait que ralentir la transmission des ordres.

Les combats livrés à la fin de mai et aux débuts de juin, au Nord de la Marne, avaient montré que certains officiers

---

(1) Note du général commandant le 1er corps de cavalerie, juillet 1918.

ignoraient ou négligeaient les principes de la sûreté et de la liaison, que beaucoup étaient disposés à considérer un combat défensif comme impliquant par lui-même une retraite, et que presque tous, estimant que leur autorité se limitait étroitement aux combattants placés sous leurs ordres, se désintéressaient complètement de la police général du champ de bataille. Il importait de mettre fin à ces erreurs.

Les principes généraux établis par le règlement sur le service des armées en campagne (1), au sujet, en particulier de la sûreté, de la liaison, de l'échelonnement en profondeur, paraissent trop souvent oubliés : ces principes demeurent toujours vrais, ils doivent être strictement observés.

Le commandement à tous les échelons de la hiérarchie est responsable de la sûreté de la troupe qu'il commande, de ses liaisons avec les unités voisines et de sa liaison avec l'unité dont il dépend.

La cavalerie possède pour assurer sa sûreté et ses liaisons des facilités inconnues à l'infanterie ; l'emploi du combat à pied par les unités de cavalerie ne doit pas les empêcher de conserver quelques éléments à cheval pour les garder et pour les renseigner.

Le combat défensif a été trop souvent confondu avec le combat en retraite.

Lorsque les circonstances ne permettent pas de prendre l'offensive, on doit tout au moins défendre sur place le terrain qu'on occupe.

Une troupe qui a pour mission de défendre une position ne doit quitter cette position que sur un ordre écrit du chef responsable dont elle dépend.

Il appartient aux chefs à tous les degrés et dans leur rayon d'action de contribuer pour une part à la discipline générale du champ de bataille.

L'autorité d'un chef n'est pas limitée à l'action directe qu'il exerce sur la troupe qui lui est confiée : comme représentant du « Commandement » dont il tient son autorité, il a le devoir stricte d'intervenir pour réprimer, sans hésitation et quel que soit leur auteur, tout désordre, tout acte contraire à l'intérêt général dont il est le témoin.

Un sentiment précis du devoir militaire, un dévouement absolu au bien du pays seront en toutes circonstances les guides les meilleurs et les plus sûrs.

Il est indispensable que le commandement soit toujours renseigné le plus rapidement possible et le mieux possible.

Chacun a le devoir de renseigner ses voisins de combat et le chef dont il dépend. Tout renseignement recueilli doit être immédiatement transmis. Tout officier, tout gradé qui rencontre un autre officier ou un autre gradé sur le champ de bataille doit sans hésiter s'enquérir de son identité pour lui apporter de lui-même les renseignements qu'il possède.

On ne doit pas oublier que des renseignements insignifiants en

---

(1) Note du général commandant le 1er corps de cavalerie, juillet 1918.

apparence peuvent, complétés par d'autres renseignements, présenter un intérêt capital.

La transmission rapide des renseignements exige l'organisation constante des liaisons.

A chaque degré de la hiérarchie, les chefs sont responsables de la liaison avec les échelons latéraux et avec l'échelon supérieur.

Les étapes exécutées au cours de cette période de demi-repos furent utilisées pour perfectionner l'instruction des cadres et de la troupe au point de vue des liaisons et de l'observation, soit par l'établissement de liaisons téléphoniques, optiques ou par postes de correspondance au cours de l'étape elle-même, soit par des exercices combinés avec l'aviation du corps de cavalerie considérée tantôt comme aviation amie à laquelle on devait se relier, tantôt comme aviation ennemie, à laquelle il fallait à tout prix se dérober.

La proximité du centre d'instruction de chars d'assaut du camp de Mailly fut également mise à profit ; les officiers des régiments, les sous-officiers et, lorsque cela fut possible, les cavaliers furent successivement envoyés au camp pour assister, ou pour prendre part à des exercices d'emploi des chars. De même, des visites furent organisées aux centres d'aviation de bombardement et de combat des Istres et Bury, à l'école de tir d'artillerie de Coole, où les groupes à cheval du corps de cavalerie furent détachés pour se perfectionner.

Certains n'hésitèrent pas à critiquer de parti pris ces exercices, les considérant comme une « conception théorique », d'autres se plaignirent du travail supplémentaire qu'ils imposaient dans une période qui, après les combats de juin et de juillet, aurait dû être, à leurs yeux, une période de repos complet ; il n'en résulta pas moins pour tous, un effort, l'obligation de voir des engins nouveaux, de prendre contact avec des officiers d'autres armes ; les causeries, les discussions auxquelles donnaient lieu les exercices éveillaient les esprits ; chacun, plus ou moins consciemment, élargit le cercle de ses connaissances.

Chaque jour fut un progrès qui fit du corps de cavalerie un instrument de combat plus entraîné, plus instruit, meilleur.

III. — Projets de réorganisation de la cavalerie. — Projets de juin 1918. — Projets d'août et septembre 1918.

Les opérations auxquelles le 1ᵉʳ corps de cavalerie avait pris part aux débuts de 1918 avaient montré une fois de plus combien l'organisation de la cavalerie était peu en rapport avec les conditions de la guerre.

Les sacrifices sanglants supportés par l'infanterie, le développement et la puissance de l'artillerie, des chars d'assaut, de l'aviation avaient fait peu à peu oublier l'importance du rôle que la cavalerie peut et doit jouer au cours d'opérations actives ; beaucoup, négligeant même les services rendus par elle sous tant de formes diverses au cours de la guerre de tranchée, étaient bien près de la considérer comme tout à fait inutile.

Les réductions subies par elles ne s'étaient pas limitées au nombre de ses unités, elles avaient touché les unités conservées elles-mêmes, ce qui était plus grave encore ; sans doute on lui avait donné des engins nouveaux (V. B., F. M., mitrailleuses), mais sans tenir suffisamment compte de son organisation, de ses charges, de son mode d'action ; sans doute on lui avait imposé de constituer les spécialités multiples devenues indispensables à la guerre, grenadiers, signaleurs, téléphonistes, observateurs, agents de liaison, mais sans pour cela augmenter ses effectifs.

Ainsi les unités de cavalerie étaient devenues peu à peu de puissantes machines, ayant des cadres, des outils, mais dont, faute d'un nombre suffisant d'ouvriers, le rendement demeurait insuffisant.

La situation parut particulièrement critique, lorsqu'après les combats de mars, d'avril, de mai et de juin, il fallut réparer les pertes subies ; les dépôts de cavalerie, déjà épuisés par les prélèvements effectués sur eux au profit des autres armes, étaient hors d'état de fournir les ressources nécessaires.

Le commandant du 1ᵉʳ corps de cavalerie crut devoir signaler la situation au commandant en chef, en lui proposant d'y remédier par une organisation nouvelle des grandes unités de l'arme.

Le recomplètement des grandes unités de cavalerie devient chaque jour plus difficile.

Les faibles disponibilités de leurs dépôts ont à peine suffi à les remettre en état après les combats de mars et d'avril, elles sont aujourd'hui tout à ait insuffisantes pour le faire.

Ces disponibilités dépendent, en effet, d'une part des ressources du recrutement, et de l'autre des besoins de l'armée ; or, les ressources du recrutement diminuent chaque jour, tandis que, par contre, le besoins généraux de l'armée ne cessent d'augmenter ; dans ces conditions, si, à la rigueur, une augmentation relative de la quote-part du contingent attribué à la cavalerie peut et doit être envisagée, d'autre part cette quote-part risque de rester insuffisante pour alimenter l'ensemble des unités.

Les déficits existant dans la cavalerie pourraient certainement être comblés en grande partie au moyen d'indigènes provenant de l'Afrique du Nord.

Il serait imprudent de mélanger dans les mêmes unités des éléments français et des éléments indigènes ; mais on pourrait remplacer dans un certain nombre de régiments un escadron français par un escadron indigène et mettre à profit les ressources provenant de l'escadron français supprimé pour recompléter les autres unités françaises.

Il paraît également possible de renforcer le grandes unités de cavalerie au moyen d'éléments empruntés aux armées alliées et en particulier à l'armée américaine.

Ces éléments ne pourraient être incorporés à l'intérieur des unités françaises ; ils devraient leur être affectés sous forme d'unités constituées (escadrons, régiments.

L'attribution d'unités étrangères aux grandes unités de cavalerie ne saurait sans doute assurer le recomplètement de ces unités elles-mêmes, mais elle aurait le très grand avantage d'augmenter leurs moyens en même temps qu'elle permettrait aux unités des armées alliées d'acquérir l'expérience qui leur fait encore défaut.

Le recomplétement des grandes unités de cavalerie au dépens de la cavalerie divisionnaire, qui a pu être envisagé autrefois, ne saurait être admis aujourd'hui, car l'infanterie en périodes de mouvement ne peut se passer des éléments de sûreté et des moyens de liaison qui lui sont fournis par sa cavalerie divisionnaire.

Le projet de réorganisation de la cavalerie, proposé par le commandant du 1ᵉʳ corps de cavalerie, était établi d'après les enseignements tirés de la guerre.

L'organisation des grandes unités de cavalerie doit leur permettre de répondre aux missions de combat qui leur seront confiées ; elle doit, sans diminuer leur mobilité, leur donner des moyens d'action en rapport avec les exigences de la guerre moderne.

Les transformations qu'il est nécessaire d'apporter à l'organisation de la cavalerie intéressent :

Le régiment ;   la division ;   le corps de cavalerie.

Le régiment.

Les régiments de cavalerie, lourdement grevés par la nécessité de prélever sur l'effectif de leurs escadrons les spécialistes nécessaires aux états-majors (du régiment, de la brigade, de la division), ne disposent plus, au moment du combat, que d'un nombre de carabines tout à fait insuffisant (50 par escadron).

Il convient donc :

a) De majorer leur effectif d'environ cinquante cavaliers, afin que les escadrons ne comptent dans leurs rangs que des combattants.

b) De faire compter aux états-majors de brigade ou de division les spécialistes dont ces derniers ont besoin.

Enfin il est devenu indispensable de donner au régiment les voitures nécessaires au transport d'une réserve de munitions (deux voitures), et au transport du matériel de signalisation (une voiture).

La division.

La division, pour être complètement outillée en vue du combat, a besoin :

a) D'un soutien d'infanterie. — L'expérience de la guerre toute entière a montré cette nécessité. L'organisation des groupes légers devenus plus tard des régiments à pied a eu pour but d'y répondre ; l'endivisionnement des régiments à pied a privé les divisions de leur soutien, alors que l'effectif du groupe cycliste avait été réduit déjà à deux cents fusils. La division de cavalerie est donc plus pauvrement dotée aujourd'hui qu'elle ne l'était en 1914.

Il est indispensable :

1° De porter de nouveau à quatre cents fusils l'effectif du groupe cycliste ;

2° D'affecter à chaque division de cavalerie un bataillon léger (type bataillon de chasseurs).

b) D'un renforcement d'artillerie. — La division de cavalerie dispose d'un seul groupe d'artillerie. Ce groupe ne peut satisfaire aux conditions d'emploi d'une unité qui s'engage presque toujours sur un front étendu, en raison même des missions qui lui sont demandées.

Il est indispensable de doter les divisions de cavalerie d'un deuxième groupe d'artillerie (groupe monté de préférence, ou à la rigueur groupe porté).

Le corps de cavalerie.

Le commandement du corps de cavalerie ne dispose d'aucune réserve qui puisse lui permettre de compléter et de développer l'action engagée par ses unités ; il convient de mettre à sa disposition :

a) Une réserve d'infanterie (trois ou quatre bataillons) ;

b) Une artillerie de corps, comprenant à la fois de l'artillerie de campagne (deux ou trois groupes) et de l'artillerie lourde (deux groupes de 105, deux groupes de 155 Schneider).

L'ensemble de ces propositions représente sans doute un idéal difficile à réaliser dans les conditions présentes, mais dont on peut tout au moins chercher à se rapprocher peu à peu.

Elles ne résultent pas de discussions théoriques, mais elles ont été affirmées par l'expérience vécue de la guerre.

La constitution présente des corps de cavalerie après les pertes éprouvées au cours des dernières opérations ne pourra pas sans doute être respectée intégralement.

Le recomplétement des unités à cheval et des unités à pied devient presque impossible, et on peut se demander s'il ne faudra pas sacrifier les unes aux dépens des autres.

La décision à prendre ne peut avoir qu'une seule base « l'intérêt, général » (1).

La nécessité de donner à la cavalerie une organisation plus appropriée aux conditions de la guerre s'imposait aux esprits les plus prévenus.

En juillet 1918, le G. Q. G. adressait à son tour au commandant du 1ᵉʳ corps de cavalerie deux projets de réorganisation de la cavalerie en lui demandant de lui faire connaître son opinion à leur sujet.

Dans l'un de ces projets (projet B), on envisageait la constitution du régiment de cavalerie à deux escadrons de deux cent vingt-huit cavaliers et un escadron de mitrailleuses, l'état-major du régiment étant lui-même renforcé d'un peloton de liaison ; cette organisation avait le seul avantage de permettre la constitution avec le régiment de deux compagnies à pied en conservant à cheval et à pied le même encadrement ; elle avait le grave inconvénient de diminuer l'effectif des cavaliers de rang et de réduire le régiment de cavalerie à deux escadrons, qui, en raison de leur effectif trop élevé, ne pouvaient posséder ni la mobilité, ni la souplesse indispensable au bon emploi de la cavalerie ; ce projet négligeait en outre le renforcement des groupes cyclistes bien que ce renforcement se fût imposé impérieusement après les dernières opérations.

Le deuxième projet (projet A) prévoyait la création dans

---

(1) Projet de réorganisation, juin 1918.

chaque régiment de cavalerie d'un escadron de mitrailleuses à quatre sections et le renforcement du groupe cycliste en effectif et en mitrailleuses, il augmentait dans une notable mesure les moyens d'action mis à la disposition des divisions de cavalerie et développait d'autant leur capacité offensive ; il réalisait donc un très réel progrès au point de vue de l'organisation des grandes unités de cavalerie.

Le commandant du 1er corps de cavalerie, tout en acceptant les principes généraux de ce dernier, insistait de nouveau pour obtenir les améliorations déjà proposées par lui, surtout en ce qui concernait l'augmentation du nombre des combattants de rang.

Il ajoutait :

Le principe de l'augmentation du nombre des sections de mitrailleuses attribué aux régiments de cavalerie est tout à fait justifié, mais il ne semble pas indispensable de grouper ces quatre sections de mitrailleuses en un seul escadron ; il est au contraire plus simple de rattacher chacune d'elle à un des escadrons du régiment.

Cette solution présente le double avantage de créer un lien plus étroit entre les escadrons à cheval et les sections de mitrailleuses qui seront appelées à s'employer avec eux et de réaliser l'économie des vingt-trois hommes et des dix-sept chevaux destinés à constituer l'état-major de l'escadron de mitrailleuses.

Le commandant du corps de cavalerie approuvait également le renforcement en artillerie prévu dans le projet A.

La constitution d'une artillerie de corps pour le corps de cavalerie s'impose également comme une nécessité : la dotation prévue semble cependant insuffisante. Les corps de cavalerie, en raison même des conditions de leur emploi, ont besoin d'une artillerie organique mobile et à grande puissance susceptible d'intervenir rapidement, soit pour appuyer l'action de l'artillerie des divisions de cavalerie, soit pour contrebattre l'artillerie ennemie.

Le canon de 105 et le canon de 155 Schneider paraissent, en raison de leur mobilité, de leur portée et de la rapidité de leur tir, convenir tout particulièrement aux diverses missions qui peuvent être demandées à l'artillerie d'un corps de cavalerie. Il semble, étant donné l'étendue du front d'action d'un corps de cavalerie, que la dotation en artillerie d'un corps de cavalerie devrait comprendre en dehors de l'artillerie de campagne (trois groupes de 75) :

Deux groupes de 105 ;
Un groupe de 155 Schneider.

A la fin d'août 1918 le commandant du 1er corps de cavalerie, inquiet des difficultés que rencontrait la reconstitution de ses régiments, alors qu'une offensive semblait prochaine, adressait au commandant en chef un nouveau rapport dans lequel, après avoir signalé la situation de ses divisions, il rappelait une fois de plus les améliorations devenues indispensables pour assurer leur bon emploi.

Les divisions à cheval ont été engagées trois fois sérieusement depuis mars 1918 et elles ont rendu des services dont l'importance n'est pas mise en doute, mais elles ont perdu :

> Des officiers ;
> Des cavaliers.

Les divisions de cavalerie à pied ont dû être reconstituées deux fois depuis mars 1918, il a fallu :

> Des officiers ;
> Des cavaliers.

Les officiers deviennent rares et leur valeur moyenne diminue très sensiblement, car la cavalerie a fourni un contingent considérable de cadres à l'aviation, à l'artillerie d'assaut, à l'infanterie, aux états-majors.

Les dépôts de cavalerie sont vides.

Une solution s'impose si on veut que les divisions à cheval, aussi bien que les divisions à pied restent par la valeur de leur encadrement et par leurs effectifs, de véritables unités de combat.

Cette solution peut être :

Soit, de conserver strictement à la cavalerie tous les officiers qu'elle possède et même de lui rendre quelques-uns de ceux qu'elle a détachés dans d'autres armes, en renforçant son contingent de manière à lui conserver ses effectifs.

C'est là une solution coûteuse.

Soit, de consacrer toutes les ressources de la cavalerie à la réorganisation des divisions à cheval dont l'utilité s'est affirmée indiscutable, en leur apportant le renfort d'éléments empruntés aux divisions de cavalerie provisoire dont le maintien s'impose moins impérieusement en raison de l'arrivée des Américains.

Solution plus économique qui entraîne la dissolution des divisions de cavalerie à pied.

Les corps de cavalerie constituent une réserve essentiellement mobile, caractérisée par la solidité de leur encadrement et la valeur combative de leurs éléments.

Ils peuvent être employés :

Soit à parer un imprévu (1918) ;
Soit à exploiter un succès.

En 1918, les corps de cavalerie ont été engagés utilement après avoir parcouru en moins de 24 heures parfois 90 et 100 kilomètres.

Les corps de cavalerie doivent être organisés et outillés en raison des missions qui peuvent leur être confiées ; ils doivent en particulier compenser par des moyens matériels la faiblesse relative de leurs effectifs.

Les transformations imposées par l'expérience de la guerre comportent :

1° Pour le *régiment de cavalerie* :

a) Un effectif lui permettant de mettre en ligne une moyenne de cent cavaliers par escadron ;

b) Des moyens de feu plus complets. Une section de mitrailleuses par escadron.

Deux fusils mitrailleurs par peloton.

2° Pour la *division* et pour le corps de cavalerie la constitution des soutiens d'infanterie déjà réclamés et l'augmentation de leur dotation en artillerie de campagne et en artillerie lourde.

Au mois de septembre 1918 le commandant du corps de cavalerie proposait l'organisation d'un centre d'instruction destiné à recevoir les renforts avant leur envoi dans les régiments.

Ce centre d'instruction devrait à la fois permettre de compléter l'instruction de ces renforts qui souvent laissait beaucoup à désirer et en même temps faciliter et hâter le recomplétement éventuel des régiments.

Il devrait comprendre :

Un officier supérieur commandant ;

Trois escadrons de deux cents hommes (un par D. C.).

L'encadrement de chaque escadron comportant un capitaine et deux officiers au moins.

Enfin, le recomplétement des régiments en chevaux devenait chaque jour plus difficile et plus lent, alors qu'un grand nombre d'animaux aurait pu être conservés pour le service de la cavalerie, s'ils avaient été mis au repos et soignés à temps, le commandant du 1er corps de cavalerie proposait d'organiser pour l'ensemble de ses divisions un centre de triage chargé de recueillir et de classer les chevaux malades des régiments.

Ce centre de triage ne constituerait pas un organe d'hospitalisation fixe, comme les hôpitaux vétérinaires, mais une ambulance temporaire, au besoin mobile ; il recevrait en période de mouvement les chevaux trop fatigués pour suivre les trains régimentaires ; il conserverait seulement ceux qui seraient susceptibles de se remettre avec un peu de repos, tandis qu'il évacuerait sur les hôpitaux de l'arrière ceux dont la guérison exigerait un long traitement.

Pendant les périodes de mouvement, en raison même de son indépendance, il pourrait se déplacer à des allures régulières, parfois même il pourrait stationner quelques jours en un point favorable, il lui serait ainsi possible d'assurer d'une manière très satisfaisante le traitement des petits malades en allégeant d'autant le train régimentaire. Les régiments enfin seraient sûrs de récupérer plus tard leurs chevaux.

Ce centre de triage disposerait d'un volant d'environ quatre cents chevaux, vingt par régiment, ce volant permettrait de remplacer en principe immédiatement dans chaque régiment les chevaux évacués par ce régiment, le cavalier arrivant avec un cheval indisponible repartirait avec un cheval en bon état ; on pourrait ainsi assurer une permanence relative des effectifs de rang.

Ces chevaux compteraient en surnombre dans l'effectif du corps de cavalerie, et en moins dans celui des dépôts chargés d'assurer le ravitaillement des régiments ; il n'en résulterait donc en fait aucune augmentation dans l'effectif total des chevaux entretenus.

Le centre d'instruction du corps de cavalerie et le centre de triage devaient, dans les propositions du commandant du corps de cavalerie, être avantageusement réunis sous une même autorité, les cavaliers du centre d'instruction assurant l'entretien des chevaux.

Le commandant en chef approuvait, au mois d'octobre 1918, la plupart des propositions qui lui avaient été adressées par le commandant du 1er corps de cavalerie ; il décidait de doter, dès le mois de novembre, chaque escadron d'une section de mitrailleuses, de porter à quatre cents fusils l'effectif des groupes cyclistes des divisions de cavalerie, d'organiser dans chaque corps de cavalerie un centre d'instruction et un dépôt de chevaux, de renforcer l'artillerie du corps de cavalerie.

Le renforcement des régiments eux-mêmes, l'organisation de soutiens à pied était également prévus dans un délai rapproché.

La fin des hostilités ne permit pas la réalisation de ces projets, qui auraient enfin donné à la cavalerie une organisation appropriée aux conditions nouvelles de la guerre.

CHAPITRE XV

LE 1ᵉʳ CORPS DE CAVALERIE PENDANT LES OFFENSIVES D'OCTOBRE 1918

I. — La situation générale à la fin de septembre 1918. — L'offensive de la VIᵉ armée. — Mission confiée au corps de cavalerie.

II. — L'offensive du 26 septembre. — La bataille de Champagne du 26 septembre au 3 octobre. — Rôle du corps de cavalerie.

III. — La bataille de Champagne du 3 octobre au 9 octobre. — Les attaques de la 2ᵉ D. I. U. S. et du 11ᵉ corps d'armée. — Les tentatives de percée du 1ᵉʳ corps de cavalerie.

IV. — Le 1ᵉʳ corps de cavalerie en réserve à Livry-sur-Vesle.

I. — La situation générale à la fin de septembre 1918. — L'offensive de la IVᵉ armée. — Mission confiée au 1ᵉʳ corps de cavalerie.

Les Allemands, après l'échec de leur grande offensive de juillet, avaient péniblement résisté aux contre-attaques chaque jour plus violentes des alliés, en jetant dans la lutte leurs dernières divisions disponibles ; l'heure décisive approchait et le Haut commandement décida de mettre à profit l'arrivée de nouveaux renforts américains pour développer une action offensive d'ensemble.

La bataille déjà engagée en Flandre par l'armée belge et par l'armée française ; dans le Nord et sur la Somme par l'armée anglaise et par l'armée française ; au Sud de l'Aisne par la VIᵉ armée, va s'étendre en septembre au Nord de la Marne et jusqu'à l'Argonne.

La IVᵉ armée, renforcée de nouvelles divisions, dotée d'une puissante artillerie lourde, de chars d'assaut, de nom-

breuses escadrilles d'avions, appuyée à sa gauche par la
V^e armée, qui doit attaquer au Nord-Est de Reims, et à sa
droite par l'armée américaine qui débouchera de l'Argonne
en direction de Sedan, a pour mission d'enlever les hauteurs
de Souain et de Massiges pour se porter droit au Nord sur
Rethel et Attigny. Le 1er corps de cavalerie est mis à sa
disposition.

Le 21 septembre, le corps de cavalerie qui stationne près
d'Arcis-sur-Aube reçoit l'ordre suivant (1) :

> Le 1er corps de cavalerie fera mouvement dans la nuit du 22 au
> 23 septembre pour se porter dans la région de Châlons-sur-Marne
> où il passera aux ordres de la IVe armée ; il établira à Châlons-sur-
> Marne son quartier général.
>
> On prendra toutes les dispositions nécessaires pour éviter de divul-
> guer la destination donnée au 1er corps de cavalerie. Aucun officier
> ou homme de troupe ne sera envoyé en permission après le 21 sep-
> tembre.

Ce mouvement vers le Nord, malgré les précautions prises,
afin de le tenir secret, confirmait pour tous les projets d'une
offensive prochaine.

Le 23 septembre en arrivant à Châlons, le commandant
du 1er corps de cavalerie est informé par le commandant
de la IVe armée que celle-ci doit exécuter une puissante
attaque en direction générale du Nord et que le 1er corps
de cavalerie participera aux opérations ; l'ordre personnel
et secret n° 9323/3 du même jour précisait sa mission :

> Le 1er corps de cavalerie, maintenu tout d'abord en réserve d'ar-
> mée, devra être en mesure d'entrer en action aussitôt que les divisions
> d'infanterie d'attaque auront effectué la rupture du front fortifié.
>
> Il se portera alors en direction générale d'Attigny avec mission
> d'éclairer et de couvrir l'armée dans les directions de Vouziers,
> d'Attigny, Rethel et Juniville.
>
> Le commandant du 1er corps de cavalerie se tiendra en contact
> étroit avec les commandants des 11e et 21e corps d'armée, de façon à
> être exactement au courant des progrès de l'attaque et à porter ses
> unités en avant sans perdre de temps.

Cet ordre était complété par la note n° 9410/3 du 25 septembre.

---

(1) Ordre n° 9254/3 du 21 septembre de la Xe armée, à laquelle était rattachée
le 1er corps de cavalerie.

Il n'est pas possible de déterminer à l'avance le moment où les gros de cavalerie pourront disposer d'une brèche suffisante pour prendre les devants, mais le 1ᵉʳ corps de cavalerie devra être en mesure de devancer l'infanterie dès que celle-ci aura enlevé les hauteurs au Nord de la Py sur un front suffisant.

Les commandants de corps d'armée ont le devoir de faciliter l'action du 1ᵉʳ corps de cavalerie par tous les moyens en leur pouvoir, non seulement en le renseignant et en facilitant son mouvement avant son entrée en action (routes dégagées pour son passage, etc.) mais encore en l'aidant de tout leur pouvoir après son débouché (aide de leur artillerie, ravitaillement de toute nature mis à sa disposition, aviation travaillant à son profit, etc.).

L'intention du commandant du corps de cavalerie était de porter ce dernier en avant, deux divisions accolées en première ligne, une division suivant en réserve, prête à appuyer selon les événements l'une ou l'autre des divisions de première ligne ; mais dans la soirée du 24 septembre, il recevait l'ordre de diriger d'urgence la 5ᵉ division de cavalerie vers l'Argonne ; il décidait, dans ces conditions, de maintenir le dispositif adopté pour les deux divisions de première ligne, en raison du très large front de marche assigné au corps de cavalerie et de conserver seulement en réserve l'artillerie et les éléments non endivisionnés du corps, et dans la soirée du 24 septembre il adressait aux commandants des 1ʳᵉ et 3ᵉ divisions de cavalerie l'instruction personnelle et secrète suivante :

Mission du 1ᵉʳ corps de cavalerie :

Le 1ᵉʳ corps de cavalerie, dès que les divisions d'infanterie d'attaque auront effectué la rupture du front fortifié, se portera en direction générale d'Attigny avec mission d'éclairer et de couvrir l'armée dans la direction de Vouziers, Attigny, Rethel, Juniville.

Cette mission implique :

a) La reconnaissance des directions indiquées par des détachements spéciaux.

b) Le mouvement en avant des divisions qui se porteront par bonds sur les grandes coupures du terrain, afin de ne pas permettre aux forces ennemies bousculées par l'attaque de se réorganiser pour les occuper et éventuellement afin d'arrêter les renforts qui pourraient être amenés par l'ennemi.

. . . .

Exécution du mouvement en avant :

Le corps de cavalerie rassemblé pour le jour J dans la région de la Cheppe se portera en avant, ses deux divisions en première ligne.

Le mouvement s'exécutera par bonds successifs, les bonds étant jalonnés par les grandes coupures du terrain :

La Py et l'Ain ;
L'Arne et le ruisseau des Daims ;
La Retourne.

La traversée de la zone organisée comportera la reconnaissance préalable des itinéraires à suivre et l'aménagement de ces itinéraires par chaque division de cavalerie dans sa zone d'action.

Les reconnaissances et les aménagements seront effectués le jour J par des détachements spéciaux. (Il conviendra de multiplier les itinéraires au moins un par brigade).

Les détachements de reconnaissance et les avant-gardes se maintiendront en contact étroit avec les divisions d'infanterie engagées et les généraux de divisions de cavalerie les porteront en avant en raison de la progression générale de l'infanterie.

Les gros ne seront mis en marche que sur l'ordre du général commandant le 1ᵉʳ corps de cavalerie.

Zone d'action des divisions de cavalerie :

Le 1ᵉʳ corps de cavalerie se portera en avant dans le sillage des 11ᵉ corps d'armée et 21ᵉ corps d'armée qui attaquent en direction générale d'Attigny.

La 3ᵉ division de cavalerie, suivant d'une façon générale le sillage du 21ᵉ corps d'armée, prendra comme axe de mouvement la ligne cote 193 (4 kilomètres ouest de Tahure), Baraque (3 kilomètres est de Somme-Py), Orfeuil, Semide, cote 178 (2 kilomètres nord-ouest de Semide), grande route d'Attigny.

La 1ʳᵉ division de cavalerie, suivant d'une façon générale le sillage du 11ᵉ corps d'armée, prendra comme axe de mouvement la ligne Souain, ferme Navarin, cote 151 (1.500 mètres ouest de Somme-Py), Blanc-Mont, Saint-Etienne-à-Arnes, Machault, Pauvres.

Détachements de reconnaissance :

Chaque division de cavalerie assurera sa sécurité dans sa zone d'action.

La 3ᵉ division de cavalerie, surveillant tout particulièrement la vallée de l'Aisne, fournira deux détachements de reconnaissance (de un escadron, une section d'auto-canons chacun).

a) Un détachement en direction, générale : Orfeuil, Semide, Vouziers.

b) Un détachement en direction générale : Somme-Py, Attigny.

La 1ʳᵉ division de cavalerie fournira trois détachements de même effectif :

a) Un détachement en direction générale : Saint-Etienne-à-Arnes, Machault, Pauvres, Mont-Laurent, ultérieurement Amagne.

b) Un détachement en direction générale : Machault, Pauvres, Rethel.

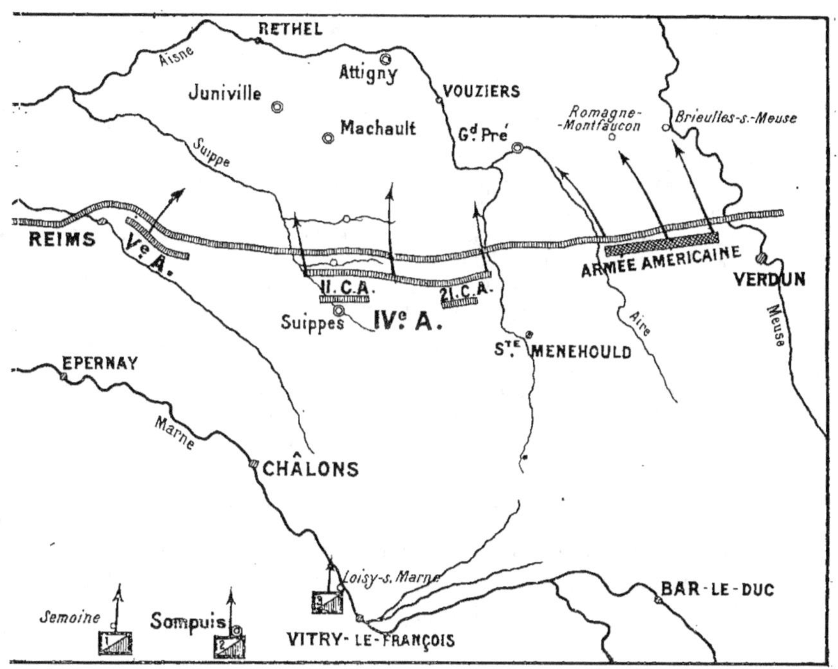

SITUATION GÉNÉRALE LE 23 SEPTEMBRE

Projets d'offensives sur le front de Champagne,

c) Un détachement en direction générale : La Neuville-en-Tourne-à-Fuy, Juniville.

Mission commune à tous ces détachements :

Reconnaître la direction générale indiquée.
Envoyer un renseignement même négatif à chacun des points importants atteints.
S'établir au voisinage de l'objectif et rendre compte.

Aviation :

L'aviation aura pour mission :

1º De renseigner le corps de cavalerie sur les mouvements de l'ennemi dans la zone d'action.

2º De renseigner le corps de cavalerie et les divisions de cavalerie sur la situation de leurs éléments avancés.

3º D'assurer éventuellement les liaisons entre le corps de cavalerie, les divisions de cavalerie et leurs éléments avancés.

Les avions de commandement du corps de cavalerie travaillent au profit des divisions de cavalerie.
Le ballon 92 fonctionnera soit au poste de commandement, soit au centre de renseignements. (Un plan d'emploi de l'aviation sera envoyé ultérieurement.)

II. — L'offensive du 26 septembre. — La bataille de Champagne du 26 septembre au 3 octobre. — Rôle du 1ᵉʳ corps de cavalerie.

Les unités du corps de cavalerie, après avoir atteint le 24 septembre la vallée de la Marne en amont de Châlons continuaient les jours suivants leur marche vers le Nord et venaient s'établir au bivouac le 26, avant le jour, dans les bois au Nord de la route Lépine-Tilloy.

Quartier général du corps de cavalerie à la ferme de Piémont (4 kilomètres Sud-Ouest de Suippes).

Quartier général de la 1ʳᵉ division de cavalerie à la Cheppe.

Quartier général de la 3ᵉ division de cavalerie à Saint-Remy.

Tous ces mouvements furent exécutés de nuit, afin d'échapper aux vues des avions ennemis et une chaleur lourde et orageuse les rendit particulièrement pénibles ; les faibles ressources en cantonnements obligèrent le plus souvent les troupes à bivouaquer, ce qui augmenta encore leur fa-.

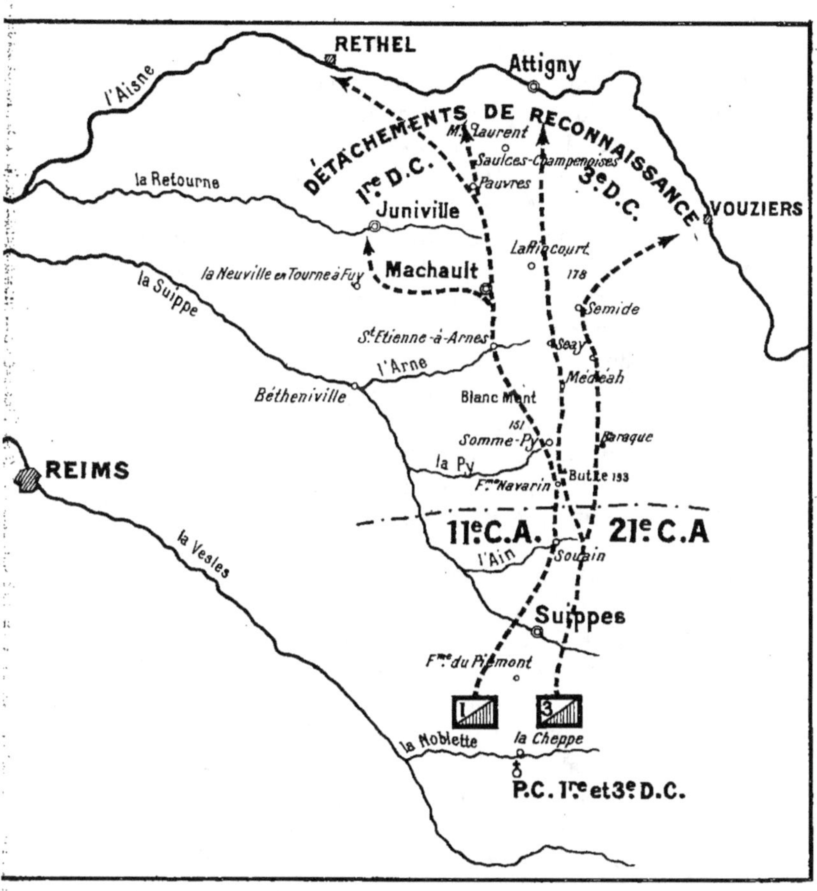

Dispositif prévu pour le mouvement en avant du C. C.

tigue. Ce nouvel effort fut supporté gaiement par tous, et chacun attendit avec une calme et ferme confiance l'heure de la bataille.

Dans la journée du 24 septembre, le commandant du corps de cavalerie était averti que la préparation d'artillerie commencerait le 25 à 23 heures et que les troupes d'assaut se porteraient en avant le 26 à 5 h. 25.

A l'heure fixée sur tout le front de la IVe armée, l'artillerie ouvre un feu violent ; le ciel est illuminé par la lueur des pièces qui tirent sans arrêt ; l'artillerie ennemie, après avoir essayé de contre-battre les batteries françaises ne répond plus bientôt que par intermittence.

Le commandant de la IVe armée avait décidé, sur la demande du commandant du 1er corps de cavalerie que, pour épargner aux régiments une fatigue inutile, ceux-ci resteraient rassemblés dans leur bivouac jusqu'à l'heure où la rupture du front ennemi offrirait une brèche suffisante ; toutefois, pour éviter tout retard au moment du départ, il était convenu que les divisions de cavalerie s'échelonneraient prêtes à monter à cheval, dans un dispositif identique à leur dispositif de marche.

Le commandant du 1er corps de cavalerie avait en outre prescrit aux divisions de détacher auprès des divisions d'infanterie, chargées de l'attaque dans leur zone de marche éventuelle, des patrouilles de combat qui accompagneraient les unités de première ligne et pourraient les tenir constamment au courant du développement du combat. Il espérait ainsi éviter une mise en mouvement prématurée aussi regrettable au point de vue matériel qu'au point de vue moral. Tous les renseignements recueillis doivent être immédiatement transmis au centre de renseignements installé à la sortie de Souain ; le poste de commandement du corps de cavalerie lui-même est établi au voisinage du poste de commandement du 21e corps d'armée.

A 5 h. 25 les troupes d'assaut se portent en avant sous la protection des barrages roulants ; elles sont accompagnées par de nombreux avions ; le temps est couvert et sombre, ce qui rend l'observation particulièrement difficile.

Les premiers renseignements reçus signalent les progrès de l'attaque.

A 15 h. 30, les éléments avancés du 21e corps d'armée ont dépassé la voie ferrée de la vallée de la Py et ceux du 11e corps d'armée bordent les crêtes au Sud de ce ruisseau ; une rupture plus ou moins complète du front ennemi paraît possible, et pour ne pas laisser échapper l'occasion qui peut se présenter, l'ordre est donné aux avant-gardes des 1re et 3e divisions de cavalerie de se porter au Nord de la vallée de la Suippe, prêtes à suivre le mouvement en avant, elles seront précédées par les escadrons de découverte.

Cet ordre est aussitôt exécuté, mais la progression de l'infanterie est arrêtée par l'énergique résistance de l'ennemi et les éléments avancés des divisions de cavalerie doivent bivouaquer sur place.

Le 27, vers 16 heures, l'ennemi paraît céder devant le front du 21e corps d'armée ; le commandant de ce corps d'armée demande que la cavalerie soit poussée en avant en vue d'une intervention éventuelle, et ordre est donné à la 3e division de cavalerie de porter ses avant-gardes au Nord de la voie romaine et son gros entre la voie romaine et la Suippe ; son poste de commandement à l'abri de l'Alma ; la 1re division de cavalerie conserve les mêmes emplacements ; mais la progression du 21e corps d'armée est arrêtée par la résistance de l'ennemi, qui occupe des positions solidement organisées, et la 3e division de cavalerie doit bientôt renoncer à l'espoir de s'employer.

Les combats du 26 et du 27 septembre avaient imposé aux unités engagées en première ligne un effort et des pertes qui exigeaient leur relève, il était d'autre part nécessaire de préparer une nouvelle base de départ pour l'attaque des positions de repli sur lesquelles l'ennemi s'était solidement installé ; dans ces conditions, le front subit à partir du 28 une stabilisation temporaire et toute l'activité des divisions est consacrée au nettoyage des derniers nids de résistance, à l'organisation des positions conquises.

La situation générale ne permettant pas d'envisager une intervention immédiate de la cavalerie, les divisions du 1er corps de cavalerie sont maintenues dans leurs bivouacs, prêtes à être alertées si les renseignements fournis par leurs agents de liaison en justifient la nécessité.

III. — La bataille de Champagne du 3 au 9 octobre. — Les attaques de la 2ᵉ D. I. U. S. et du 11ᵉ corps d'armée. — Les tentatives de percée du 1ᵉʳ corps de cavalerie.

Le 2 octobre, le commandant de la IVᵉ armée décide de tenter le lendemain une nouvelle offensive générale dont l'effort principal sera développé sur les fronts des 11ᵉ et 21ᵉ corps d'armées ; ces deux corps d'armée disposent de plusieurs bataillons de chars d'assaut et le 21ᵉ corps d'armée a été renforcé de la 2ᵉ division d'infanterie de marine américaine, célèbre par l'assaut du bois Belleau.

Les unités du corps de cavalerie sont demeurées échelonnées en arrière des 11ᵉ et 21ᵉ corps d'armée.

La 3ᵉ division de cavalerie, dont le gros est au bivouac à environ 3 kilomètres au Nord-Est de Suippes a porté une brigade d'avant-garde dans les bois de la maison du garde, à 2 kilomètres à l'Ouest de Perthes-les-Hurlus.

La 1ʳᵉ division de cavalerie, dont le gros demeure rassemblé dans la région du camp de la Noblette avec les éléments non endivisionnés du 1ᵉʳ corps de cavalerie, a sa brigade d'avant-garde dans les bois à 3 kilomètres au Sud-Est de Souain.

Dans chaque division les détachements de reconnaissance ont été poussés en avant des avant-gardes (3ᵉ D. C., 2 escadrons ; 1ʳᵉ D. C. : 3 escadrons).

Poste de commandement du 1ᵉʳ corps de cavalerie : abri de l'Alma.

L'attaque progresse d'abord rapidement, surtout sur le front de la 2ᵉ D. I. U. S., qui, dès 8 heures, atteint tous les objectifs de première ligne qui lui ont été assignés. Ce succès détermine le commandant du 1ᵉʳ corps de cavalerie à prescrire à la 1ʳᵉ division de cavalerie qui se trouve dans la zone d'action de la 2ᵉ D. I. U. S., de porter en avant ses détachements de reconnaissance appuyés par son avant-garde.

Mais entre temps le commandant du 21ᵉ corps d'armée, dans la zone d'action duquel se trouve la 3ᵉ division de

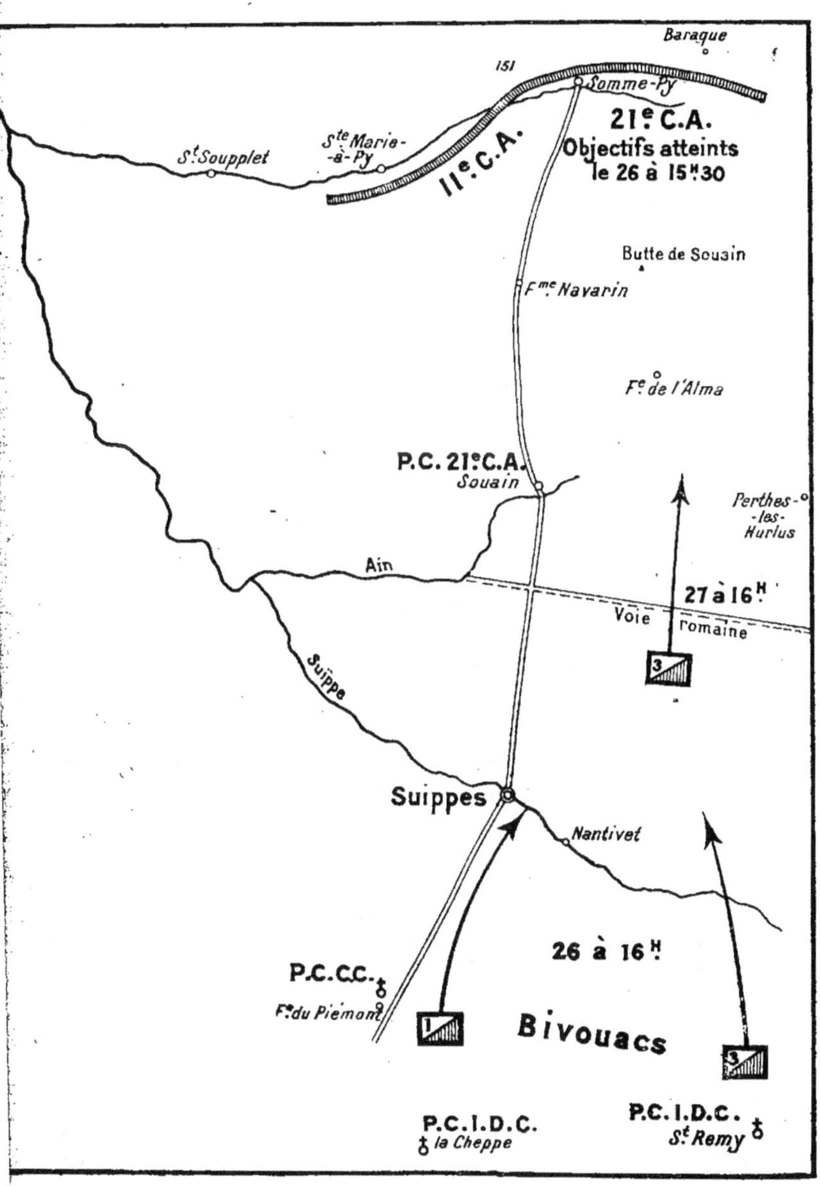

SITUATION LE 27, A 16 HEURES

En raison de l'avance des 11e et 21e C. A. l'avant-garde de la 1re D. C. est portée sur la Suippe. Celle de la 3e D. C. sur la voie romaine : le gros de cette division sur la Suippe.

cavalerie, ayant signalé au commandant de l'armée les progrès de la division américaine et l'occasion d'intervenir qui paraît se présenter à la division de cavalerie encore rassemblée à proximité de son poste de commandement, a obtenu de ce dernier l'autorisation de donner l'ordre à la brigade d'avant-garde de la 3e division de cavalerie de progresser dans le sillage des Américains.

L'exécution de cet ordre risque d'entraîner un mélange d'unités regrettable ; dans ces conditions, le commandant du 1er corps de cavalerie, dès qu'il est mis au courant de la situation, annule l'ordre déjà donné par lui à la 1re division de cavalerie et prescrit à la 3e division de cavalerie de suivre en échelon sa brigade d'avant-garde prête à l'appuyer. Les détachements de reconnaissance de la 1re division de cavalerie qui n'ont pu être rappelés passent aux ordres de la 3e division de cavalerie.

Le général commandant le 1er corps de cavalerie prescrit en même temps au gros de la 1re division de cavalerie et à son artillerie de se porter au Nord-Est de Suippes.

Dès le début de l'après-midi, la brigade d'avant-garde de la 3e division de cavalerie atteint la région Est de Somme-Py, les deux autres brigades de cette division la région boisée au Nord de la butte de Souain.

Entre 15 heures et 18 heures, les reconnaissances envoyées sur tout le front de combat et qui, entre Orfeuil et Sainte Marie-à-Py, ont été poussées au contact immédiat des éléments d'infanterie engagés, rendent compte :

Que la lutte continue sur tout le front.
Que la progression de l'infanterie est partout difficile.
Qu'aucun vide n'existe dans la ligne de combat.
Qu'en particulier à l'aile gauche de la D. I. U. S., où on avait signalé comme possible l'intervention de la cavalerie, cette division américaine combattait au contact immédiat de l'ennemi au nord de Sainte-Marie-à-Py.

Ces renseignements confirmaient ceux déjà transmis par les agents de liaison détachés aux postes de commandement des divisions de première ligne ; le général commandant la 2e D. I. U. S. lui-même estimait que la situation ne permettait pas encore l'intervention du corps de cavalerie.

A la nuit, le 1er corps de cavalerie bivouaque sur place :

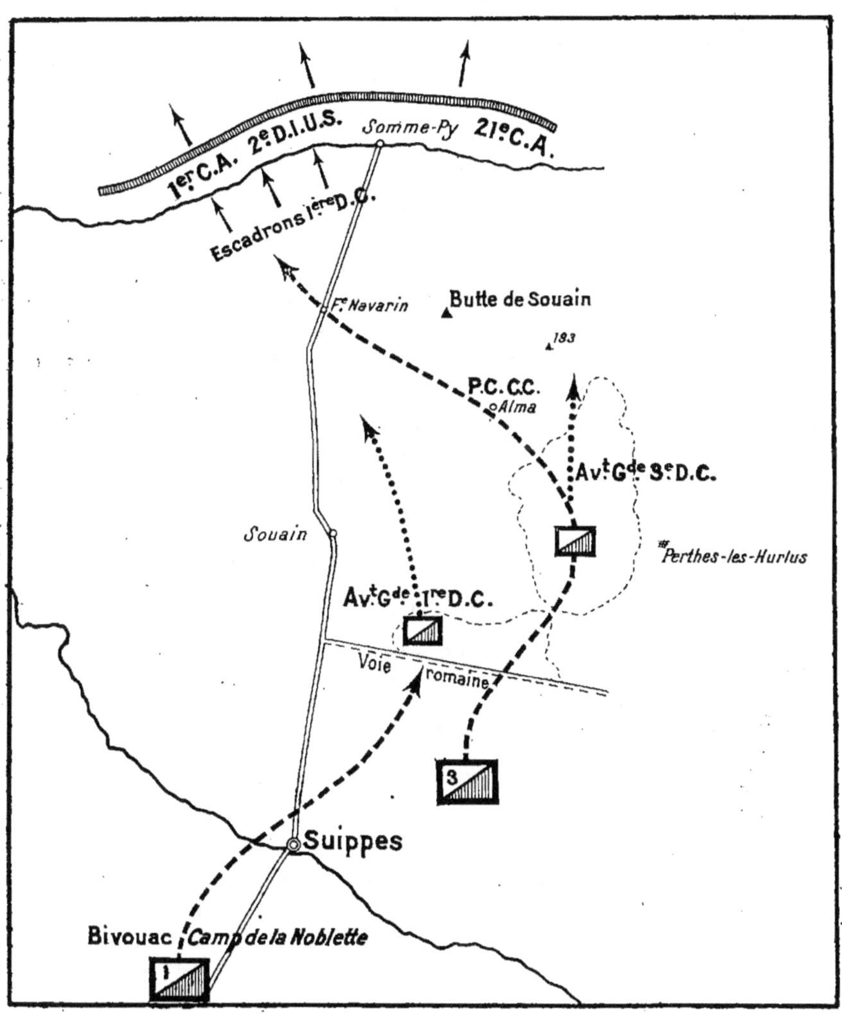

Le 2 octobre, à la suite de l'avance du 11ᵉ C. A. et de la 2ᵉ D. I. U. S. et
sur un ordre direct du commandant d'armée, la 3ᵉ D. C. est portée en avant
dans le sillage du 11ᵉ corps, coupant ainsi la zone de marche de la 1ʳᵉ D. C. Au
soir, la 1ʳᵉ D. C. est formée dans la région 3 kilomètres nord de Suippe. La
3ᵉ D. C. est échelonnée entre Suippes et Souain.

3e division de cavalerie échelonnée de la région Somme-Py à la région Souain - Perthes-les-Hurlus.

1er division de cavalerie, échelonnée à l'ouest de la route Souain - Suippes, ses éléments de tête à 3 kilomètres au nord de Suippes.

Poste de commandement du corps de cavalerie au camp de l'Alma.

Le lendemain, les attaques reprennent dès la pointe du jour ; elles progressent surtout sur le front du 21e corps d'armée, qui, vers 15 h. 30, fait connaître « que l'avance s'accentue rapidement dans la direction de Saint-Pierre-à-Arnes ». Il semble de nouveau que la cavalerie va trouver l'occasion d'intervenir et le commandant du 1er corps de cavalerie, que le commandant de la IVe armée invite à ne pas perdre de temps, donne l'ordre suivant à ses divisions :

La 3e division de cavalerie poussera son avant-garde sur Saint-Pierre et Saint-Etienne-à-Arnes, objectif ultérieur Machault et éventuellement Rethel.

La 1re division de cavalerie sera en mesure d'appuyer en échelon refusé à gauche de la 3e division le mouvement de celle-ci. Elle poussera ses premiers éléments vers Sainte-Marie-à-Py.

Les divisions de cavalerie conserveront leur échelonnement en profondeur, qui leur permettra d'éviter l'entassement et d'être en mesure d'intervenir dès que ce sera possible.

En exécution de cet ordre, le commandant de la 3e brigade légère, qui est à l'avant-garde, porte cette brigade au Nord-Ouest de Somme-Py et détache devant lui des éléments de reconnaissance à pied qui marchent avec l'infanterie.

Bientôt ces reconnaissances rendent compte que la progression ne s'effectue que par les boyaux et sous un violent bombardement, que les mitrailleuses et l'artillerie ennemie entravent toujours l'avance de l'infanterie.

L'avant-garde de la 1re division de cavalerie atteint à 15 heures les pentes Sud de Notre-Dame-des-Champs (1.500 mètres Nord de Sainte-Marie-à-Py). Elle prend le contact des escadrons divisionnaires du 11e corps d'armée (1er chasseurs). Les escadrons divisionnaires et les escadrons d'avant-garde doivent bientôt s'immobiliser en contact étroit

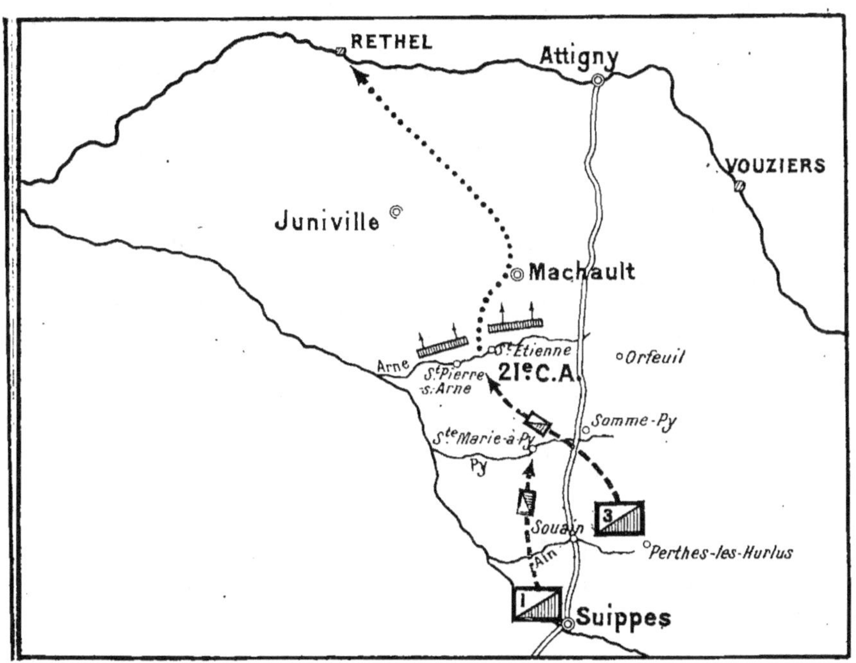

SITUATION LE 5 OCTOBRE AU MATIN

avec l'infanterie, il leur est impossible, en effet, de dépasser celle-ci qui, elle-même, chemine péniblement à l'abri des boyaux, sous un feu violent de mitrailleuses.

Le 1ᵉʳ corps de cavalerie passe la nuit au bivouac, plus ou moins confondu avec les unités des 11ᵉ et 21ᵉ corps d'armée ; le 5 octobre au matin, sa situation est la suivante :

1ʳᵉ Division de cavalerie. — Une brigade (5ᵉ B. D.) et une batterie au contact avec les éléments avancés d'infanterie du 11ᵉ corps d'armée ;

Une brigade (11ᵉ B. D.) au camp de l'Alma ;

Une brigade (5ᵉ B. D.) et deux batteries à Nantivet (à l'Est de Suippes).

3ᵉ division de cavalerie. — Une brigade (3ᵉ B. D.) et une batterie au contact avec les éléments avancés d'infanterie du 21ᵉ corps d'armée ;

Une brigade (10ᵉ B. D.) et deux batteries au Sud-Est de Somme-Py ;

· Une brigade (13ᵉ B. D.) près du poste de commandement de l'Alma.

A 10 h. 30, le 1ᵉʳ corps de cavalerie reçoit par P. V. de son officier de liaison auprès du 11ᵉ corps d'armée le renseignement suivant :

La division d'infanterie de droite du 11ᵉ corps d'armée a des éléments sur la route qui va de Saint-Etienne-à-Arnes à Saint-Pierre-à-Arnes.

Peu après, un nouveau renseignement d'aviation précise :

Saint-Etienne, Saint-Pierre et Saint-Clément paraissent inoccupés, pas de traces d'occupation dans les éléments de tranchées au nord-est de l'Arnes. Aucune circulation sur les routes Saint-Etienne, Cauroy, Saint-Etienne, Machault, Hauvine, Cauroy.

Ces renseignements sont loin d'être conformes à ceux qui sont transmis par les reconnaissances détachées auprès des éléments de première ligne, celles-ci font connaître, en effet, que la progression de l'infanterie française est lente et difficile ; le commandant du 1ᵉʳ corps de cavalerie hésite à porter en avant ses divisions, mais à 14 h. 30 il reçoit l'ordre suivant :

L'ennemi se replie au nord de la Suippes et vraisemblablement plus au nord.

Nous occupons les villages de la vallée de l'Arnes y compris Béthéneville et progressons vers Pont-Faverger et Selles.

Le 1ᵉʳ corps de cavalerie poussera en avant entre la Suippe et la route d'Attigny pour bousculer les arrière-gardes de l'ennemi et l'empêcher de se ressaisir.

Direction générale : Juniville, Rethel.

A gauche, une brigade poussera sur Sainte-Masme, par la rive gauche de la Suippes avec mitrailleuses et artillerie pour déborder et capturer si possible les arrière-gardes ennemies dans la région de Beine.

Il semble, d'après cet ordre, que l'ennemi est en pleine retraite et que la cavalerie peut entamer la poursuite, il semble aussi que le Haut commandement, influencé par les renseignements qu'il reçoit, est bien près de redouter que la 1ᵉʳ corps de cavalerie ne demeure inactif ; aussi, malgré les renseignements très précis qu'il a reçu de ses liaisons, le commandant du 1ᵉʳ corps de cavalerie décide de porter hardiment en avant ses divisions.

1º D'après un renseignement d'aviation, les Allemands évacueraient la ligne de l'Arnes et se replieraient sur la Retourne.

2º Il importe de *poursuivre* l'ennemi dans sa marche de l'Arnes à la Retourne et de *couper la retraite* aux éléments encore au sud de la Suippes.

3º En conséquence :

a) La 3ᵉ division de cavalerie s'orientera sur l'axe Saint-Etienne-à-Arnes, Machault, Pauvres, poussera en avant sa brigade de tête avec une batterie d'artillerie et des auto-canons, appuiera la marche de son avant-garde avec son gros.

b) La 1ʳᵉ division de cavalerie s'avancera sur l'axe Sainte-Marie, Saint-Clément, La Neuville, Juniville ; elle détachera sur son flanc gauche un régiment et des A. M. C. par la vallée de la Suippes sur Béthéneville et Warmereville.

4º Les éléments de tête de la cavalerie pousseront hardiment de l'avant, dépassant l'infanterie, et seront suivis de très près par les gros de la cavalerie ; cependant, avant d'avoir dépassé l'infanterie et afin d'éviter l'entassement, la cavalerie conservera son échelonnement en profondeur.

5º L'artillerie de corps du corps de cavalerie se portera entre Somme-Py et Sainte-Marie-à-Py, emplacement à rechercher par le colonel commandant l'artillerie.

6º La brigade de queue de la 3ᵉ division de cavalerie est maintenue à la disposition du général commandant le 1ᵉʳ corps de cavalerie sur son emplacement actuel.

7° Centre de renseignements du corps de cavalerie sur la route de Souain à Somme-Py, à hauteur de la ferme Navarin. (Ordre n° 549/3 du 3 octobre 1918.)

Cet ordre est aussitôt exécuté ; mais de nouveaux renseignements arrêtent bientôt les escadrons ; l'ennemi tient, en effet, encore solidement les pentes Nord de l'Arnes et l'engagement de la cavalerie est impossible.

A 16 h. 10, le commandant de la brigade d'avant-garde de la 3e division de cavalerie fait connaître :

Qu'aucun escadron de découverte n'a pu encore déboucher sur Saint-Etienne-à-Arnes et sur Saint-Pierre-à-Arnes et qu'aucune troupe amie n'a pu encore franchir l'Arnes.

A 18 h. 30, le général commandant la 3e division de cavalerie adresse le compte rendu suivant :

Il est impossible de dépasser la cote 174 au sud de Saint-Pierre-à-Arnes, les mitrailleuses ennemies établies sur la rive nord de l'Arnes enfilant la route.

A la fin de la journée, les différents éléments du 1er corps de cavalerie occupent les emplacements suivants :

1re division de cavalerie : 5e brigade de cavalerie et une batterie, région Sud de Saint-Pierre-à-Arnes, Saint-Clément-à-Arnes. Patrouilles au contact avec l'ennemi ;
11e brigade de dragons, 3 kilomètres Nord-Est de Saint-Soupplet ;
5e brigade de dragons et deux batteries à Nantivet.

3e division de cavalerie : 3e brigade légère, une batterie d'artillerie et un groupe A. M. C. Est de Somme-Py. Patrouilles au contact de l'ennemi ;
10e brigade de dragons, deux batteries, groupe cycliste et un groupe A. M. C. au Sud-Est de Somme-Py, entre la route de Tahure et le chemin de fer ;
13e brigade de dragons sans changement.

Artillerie de corps : 106e régiment d'artillerie lourde, 5 kilomètres Nord de Souain ;
52e régiment d'artillerie de campagne, 3 kilomètres Nord de Somme-Suippe.

Poste de commandement du 1er corps de cavalerie : l'Alma.

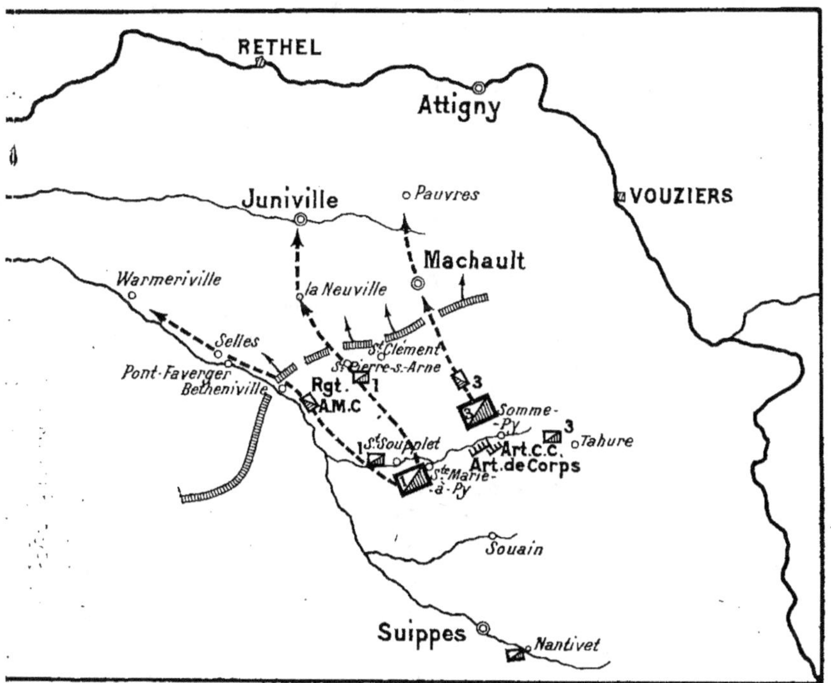

Projets d'offensive du 5 octobre au matin et situation le 5 octobre au soir

Pendant deux jours, le 1ᵉʳ corps de cavalerie reste au bivouac, prêt à monter à cheval, mais la situation demeure stationnaire et le commandant de la IVᵉ armée décide, le 7 octobre, de reporter en arrière deux brigades de la 1ʳᵉ division de cavalerie et le 106ᵉ régiment d'artillerie lourde en maintenant seulement au voisinage immédiat du front d'attaque la 1ʳᵉ brigade de la 1ʳᵉ division de cavalerie (5ᵉ B. D.) et la 3ᵉ division de cavalerie (1) : le 52ᵉ régiment d'artillerie de campagne est mis à la disposition du 9ᵉ corps d'armée pour appuyer ses attaques.

Le 8, les 11ᵉ et 21ᵉ corps d'armée doivent exécuter une nouvelle attaque et les divisions de cavalerie sont alertées, prêtes à monter à cheval, mais les progrès réalisés sont trop limités pour qu'il soit possible de songer à les employer, et le lendemain le 1ᵉʳ corps de cavalerie reçoit l'ordre de se regrouper plus en arrière, dans la région de Livry-sur-Vesle.

IV. — Le 1ᵉʳ corps de cavalerie en réserve à Livry-sur-Vesle.

Le rassemblement du 1ᵉʳ corps de cavalerie à proximité du front d'attaque, son existence sans cesse en alerte, parfois sous le feu de l'artillerie ennemie et toujours sous la menace de ses avions, son maintien pendant plus de quinze jours de suite dans les bivouacs précaires d'une région dévastée, sans eau et sans ressources avaient imposé aux unités une fatigue physique qui risquait de les rendre bientôt inutilisables.

Le commandant de la IVᵉ armée décide le 9 octobre de le ramener plus en arrière et d'établir son quartier général

----

(1) La situation est la suivante :

Poste de commandement du corps de cavalerie : l'Alma.

1ʳᵉ division de cavalerie. — Poste de commandement, camp de Nantivet ; 5ᵉ brigade de dragons, camp de l'Alma ; 11ᵉ brigade divisionnaire, camp de l'Alma ; 5ᵉ brigade de dragons, Sainte-Marie-à-Py : 6ᵉ dragons ; Nantivet : 23ᵉ dragons Artillerie divisionnaire, poste de commandement des Sapins ; A. M. C., 1 groupe : camp de Nantivet ; 1 groupe : Sainte-Marie-à-Py.

3ᵉ division de cavalerie, sans changement.

Artillerie, du corps de cavalerie. — 106ᵉ régiment d'artillerie lourde : camp de Lourde ; 56ᵉ régiment d'artillerie de campagne : camp des Crapouillots.

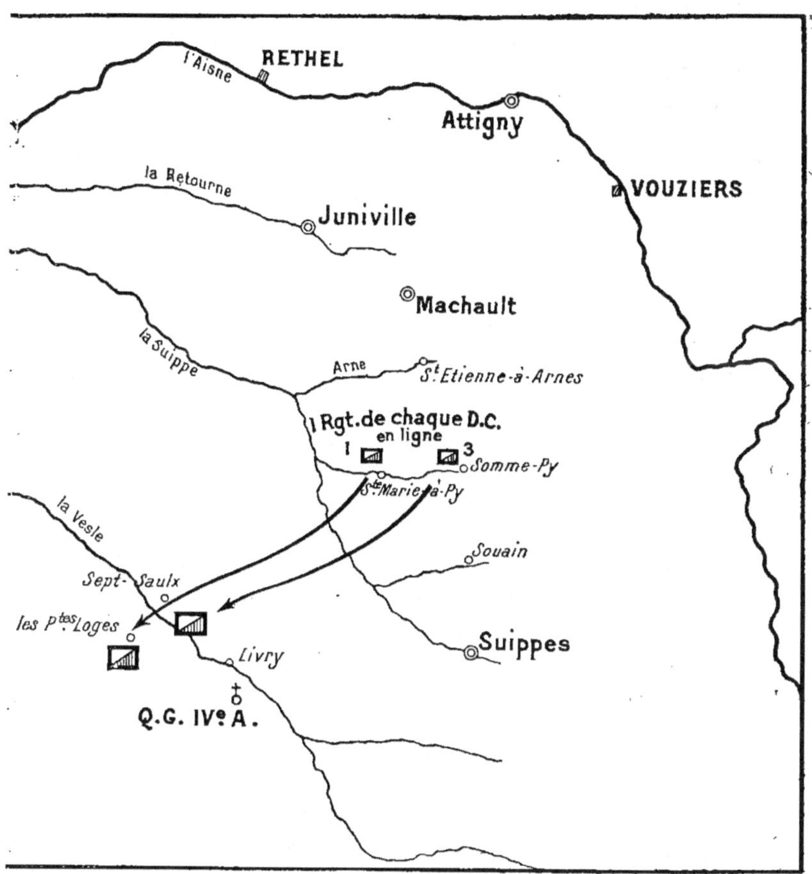

9 OCTOBRE

Les divisions sont ramenées en arrière laissant un régiment sur la Py.

et ses éléments non endivisionnés dans la région de Livry-sur-Vesle, la 3e division de cavalerie à Sept-Saulx et la 1re division de cavalerie aux Petits-Loges.

Il prescrit, toutefois, à chaque division de laisser un régiment sur la Py (1re D. C. à Sainte-Marie-à-Py, 3e D. C. à l'Est de Somme-Py).

Ces régiments constitueront, le cas échéant, les avant-gardes des divisions ; ils se maintiendront en liaison étroite avec les unités d'infanterie de première ligne qui doivent continuer leurs attaques, afin de renseigner constamment le 1er corps de cavalerie et de pouvoir exploiter sans retard une occasion heureuse. Les divisions elles-mêmes doivent se tenir prêtes à être alertées après un préavis de six heures.

Les succès de la Ve armée au Nord de Reims déterminent quelques jours plus tard le commandant en chef à mettre dans les mêmes conditions à sa disposition une des divisions du 1er corps de cavalerie, et le 12 octobre la 1re division de cavalerie est dirigée dans ce but sur Villers-Allerand.

Les deux divisions du 1er corps de cavalerie sont ainsi échelonnées l'une, la 3e division de cavalerie, en arrière du front de la IVe armée, avec un régiment sur la Py, l'autre en arrière du front de la Ve armée avec un régiment sur l'Aisne.

Le 18 octobre, le 1er corps de cavalerie passe tout entier aux ordres de la Ve armée dont la progression se développe heureusement en direction de Sissonne ; mais la IVe armée conserve son artillerie lourde (106e R. A. L.) qui a été mise à la disposition du 21e corps d'armée et son artillerie de campagne (52e R. A. C.), qui a été mise à la disposition du 11e corps d'armée, tandis que la Ve armée lui enlève les groupes à cheval des 1re et 3e divisions de cavalerie pour les mettre à la disposition du 11e corps d'armée, tandis que le groupe d'armées du Nord détache pour une mission éloignée ses groupes de transport de matériel et que le G. Q. G. prescrit la mise en route immédiate sur le groupe d'armées de réserve de tous les groupes d'A. M. C.

Ainsi le 1er corps de cavalerie, rassemblé en arrière du front comme réserve d'armée et pour une mission d'exploitation est dissocié et privé de ses principaux moyens d'action.

Cette situation anormale qui condamnait par elle-même
le 1er corps de cavalerie à l'inaction et à l'impuissance ne
pouvait se prolonger et le 29 octobre un ordre du G. Q. G.
prescrit le regroupement de tous les éléments du 1er corps
de cavalerie en réserve générale sous les ordres de leurs chefs
organiques, qui devront assurer leur réorganisation et leur
remise en état ; la 5e division de cavalerie elle-même, ramenée depuis le 25 octobre à Saint-Remy-en-Bouzemont, au
Sud-Est de Vitry-le-François, est remise aux ordres du commandant du 1er corps de cavalerie.

CHAPITRE XVI

LE 1er CORPS DE CAVALERIE APRÈS L'ARMIS-TICE : 11 NOVEMBRE-31 DÉCEMBRE 1918

I. — Les déplacements du corps de cavalerie du 1er novembre au 31 d.cembre.

II. — Occupation de Metz : 1º Entrée des premières troupes françaises à Metz ; mesures d'ordre diverses ; reprise des établissements militaires et de matériel abandonné par l'ennemi. — 2º Entrée du maréchal Pétain ; entrée du maréchal Foch.

III. — Occupation de la région de Sarrebruck.— Les difficultés de la situation. — Les projets d'organisation de la région de la Sarre.

IV. — La tête de pont de Coblentz. — a) Son organisation ; le corps de cavalerie à Boppart ; arrivée des renforts ; les transports de troupes sur le Rhin. — b) Les rapports avec l'armée américaine ; tenue de la tête de pont. — c) La garde du Rhin ; création de passages. — d) La dissolution du corps de cavalerie.

I. — Les déplacements du corps de cavalerie du 1er novembre au 31 décembre.

Le 1er corps de cavalerie, après avoir été maintenu près de trois semaines en réserve, successivement en arrière du front d'attaque de la IVe armée, puis en arrière de celui de la Ve, avait regroupé vers la fin d'octobre ses éléments non endivisionnés et la 3e division de cavalerie dans la région de Livry. La 1re division de cavalerie était maintenue près de Reims, aux ordres de la Ve armée, tandis que la 5e division de cavalerie demeurait détachée en Argonne à la disposition de l'armée américaine.

Les circonstances n'avaient pas permis au corps de cavalerie de s'engager en entier ; seuls des régiments, parfois même des brigades, avaient pu, sur tout sur le front de la

V[e] armée, dépasser les lignes avancées de l'infanterie ; les pertes avaient été dans leur ensemble relativement légères, mais, pendant près d'un mois, les escadrons avaient vécu au bivouac, par un temps humide et froid, dans une région dévastée qui n'offrait aucune ressource, et une nouvelle épidémie de grippe avait éclairci leurs rangs : les chevaux, d'autre part, avaient été rudement éprouvés.

Le 1er novembre, un ordre du général commandant le groupe des armées du centre prescrit au corps de cavalerie de se porter au Sud de la Marne dans la région de Vitry. Cet ordre était complété le lendemain par une instruction secrète qui faisait connaître au 1er corps de cavalerie que ses divisions seraient dirigées ultérieurement sur le groupe des armées de l'Est.

Le 5 novembre, le 1er corps de cavalerie est rassemblé dans la région de Vitry (Q. G. Loisy-sur-Marne). Le 9 novembre, il reçoit l'ordre de se diriger sur le groupe des armées de l'Est de manière à être rendu le 12 dans la région de Vaucouleurs ; le commandant du corps de cavalerie, accompagné de son chef d'état-major, doit se rendre dès le 10 novembre à Mirecourt, afin de recevoir les instructions du général commandant le groupe des armées de l'Est.

Les succès remportés par les armées alliées sur tout le front français dans le courant de l'été ayant obligé l'ennemi à engager ses dernières réserves, le commandant en chef avait décidé de préparer une puissante offensive en direction générale de Metz ; cette offensive, appuyée à gauche par l'armée américaine, pouvait, en cas de succès, menacer les communications des forces ennemies aventurées en Belgique ; le 1er corps de cavalerie devait exploiter le succès.

La signature de l'armistice, le 11 novembre, ne permit pas de mettre à exécution ces projets.

Les conditions de l'armistice comportaient l'occupation de l'Alsace-Lorraine et des Pays Rhénans par l'armée française ; celle-ci doit exécuter son mouvement en deux phases, la première impliquant une progression de deux étapes (17 et 18 novembre), la deuxième, une progression de quatre étapes, à compter du 21 novembre. (Ordre du G. Q. G. du 13 novembre.)

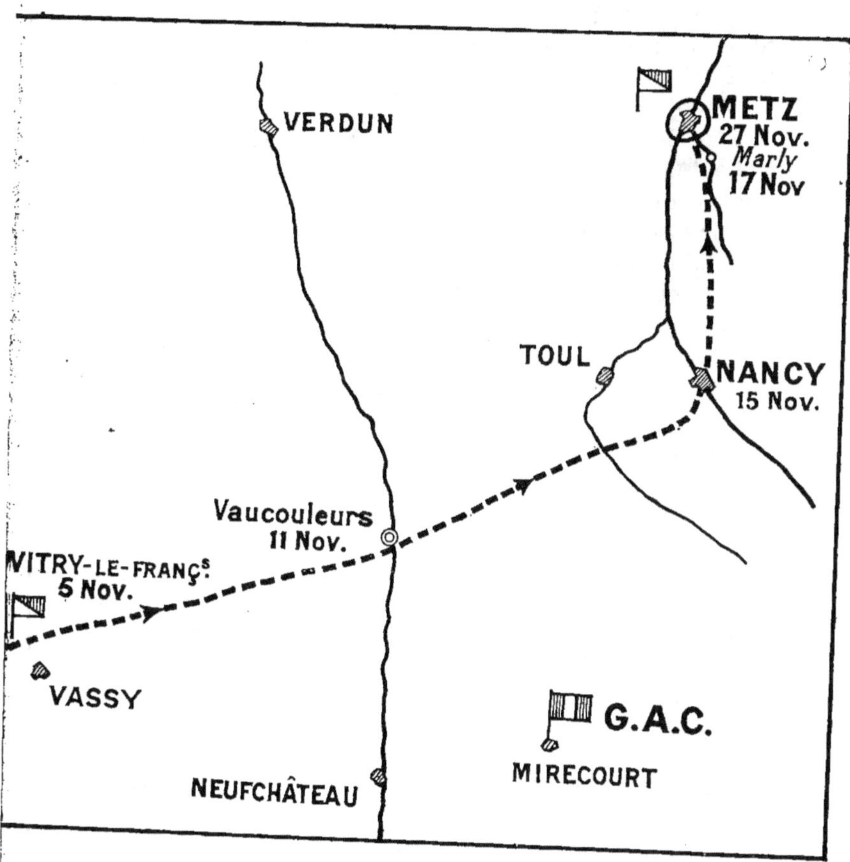

Mouvements du corps de cavalerie du 5 au 11 novembre

Un ordre du général commandant le groupe des armées de l'Est dissocie à partir du 14 novembre le 1er corps de cavalerie ; les 1re et 3e divisions de cavalerie, maintenues sous les ordres du général commandant le corps de cavalerie, sont affectées à la Xe armée, tandis que la 5e division de cavalerie est détachée à la VIIIe armée.

Le général commandant la Xe armée constitue lui-même, à la date du 15 novembre, un groupement comprenant les 1re et 3e divisions de cavalerie, les 26e et 39e divisions d'infanterie ; ce groupement, placé sous les ordres du commandant du 1er corps de cavalerie, doit participer à partir du 17 novembre au mouvement général de la Xe armée en direction de Metz.

Le 15 Novembre le quartier général du 1er corps de cavalerie stationne à Nancy, d'où il gagne le 17 novembre Marly-lès-Metz, tandis que le même jour la 39e division d'infanterie occupe Metz.

Le 19 le commandant en chef fait son entrée solennelle à Metz, et le 23, le quartier général du 1er corps de cavalerie s'installe dans cette place.

Le commandant du 1er corps de cavalerie doit assurer, du 19 novembre au 4 décembre, le commandement de la zone de Metz ; il faut non seulement maintenir l'ordre et la discipline, mais il faut encore ravitailler la population civile, régler avec les autorités locales le bon fonctionnement des services d'intérêt général, récupérer et garder le matériel considérable abandonné par l'ennemi.

A partir du 1er décembre, le 1er corps de cavalerie est rattaché à la IXe armée, dont le quartier général se trouve à Saint-Avold, tandis que la Xe armée continue son mouvement dans la direction générale de Kreutznach-Mayence.

Le 4 décembre, le commandant du 1er corps de cavalerie est remplacé dans le commandement de la zone de Metz par le général de Maudhuy, qui est nommé gouverneur ; le général de Maudhuy ne disposant que de ressources tout à fait insuffisantes pour assurer ses fonctions, le 1er corps de cavalerie met à sa disposition le personnel et le matériel nécessaires : officiers d'état-major, secrétaires, autos, etc. ; les services généraux de la place (santé, intendance, trésor

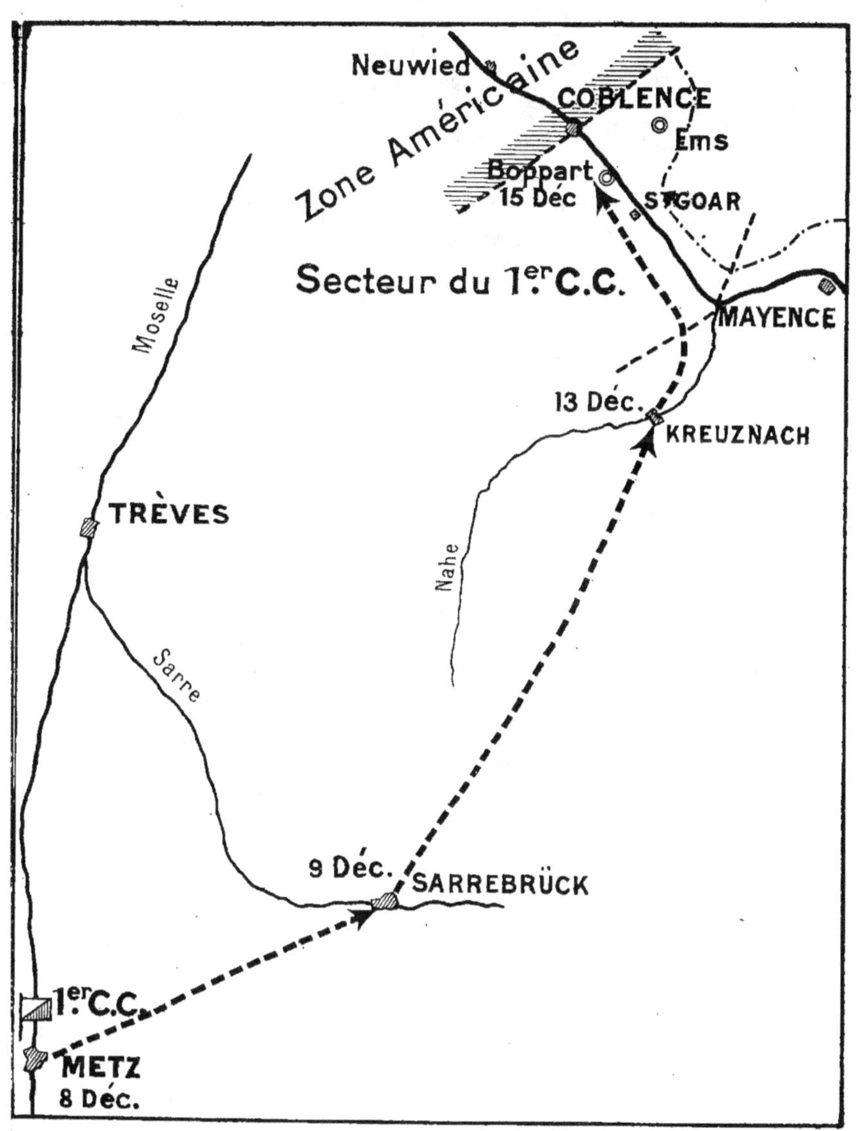

Mouvement du 1ᵉʳ corps de cavalerie du 8 au 15 décembre

et postes, prévôté, etc...) continuent à être assurés par des éléments du 1er corps de cavalerie.

Les 1re et 3e divisions de cavalerie sont mises respectivement aux ordres des IXe et Xe armées ; le commandant du corps de cavalerie ne conserve plus sous son autorité que les éléments non endivisionnés.

Le 9 décembre, le général commandant le 1er corps de cavalerie est appelé à prendre le commandement du territoire de Sarrebruck ; il faut prévoir pour ce territoire, très important par son étendue et par sa population, toute une organisation susceptible d'assurer l'ordre, la surveillance des suspects, la libre circulation, le ravitaillement de la population civile.

Une division d'infanterie qui occupe déjà Sarrebruck est mise aux ordres du commandant du 1er corps de cavalerie, qui disposera également des éléments non endivisionnés du corps de cavalerie ; deux autres divisions d'infanterie doivent ultérieurement renforcer ce groupement.

Les 10 et 11 décembre sont employés à la reconnaissance et à la préparation de l'organisation de la zone de Sarrebruck.

Le 12 décembre, le commandant du corps de cavalerie est convoqué d'urgence à Kreutznach où se trouve le quartier général de la Xe armée ; il apprend que le 1er corps de cavalerie doit immédiatement quitter Sarrebruck pour se porter avec ses éléments non endivisionnés à Coblentz, où sera constitué un groupement comprenant une division à cheval (4e D. C.) deux divisions d'infanterie (48e D. I. et 2e D. C. P.) et les éléments non endivisionnés du 1er corps de cavalerie ; ce groupement, placé sous les ordres du commandant du 1er corps de cavalerie, sera chargé d'assurer la garde de la tête de pont de Coblentz, dont une partie doit être tenue par l'armée américaine, et la surveillance de la vallée du Rhin entre Bingen et Coblentz.

Le 13, le quartier général du 1er corps de cavalerie se transporte à Kreutznach, où il demeure le 14 ; le 15, il s'installe à Boppart sur le Rhin ; Ems, primitivement choisi comme quartier général, ayant été abandonné en raison des difficultés que présentaient les liaisons.

La 48e division d'infanterie, mise à la disposition du

1ᵉʳ corps de cavalerie, aurait dû arriver dès le 14 dans la zone de Coblentz, mais elle subit un gros retard par suite du mauvais état des routes et pour porter en même temps que les Américains des éléments de sûreté sur la rive droite, on doit constituer une simple ligne de postes avec les A. C. M. du corps de cavalerie renforcés, le 15, par deux bataillons d'infanterie.

On décide, dans le but de limiter les transports par camions sur des routes complètement défoncées, de transporter deux des régiments de la 48ᵉ division d'infanterie par bateaux, en leur faisant descendre le Rhin de Bingen à Coblentz.

L'embarquement a lieu le 20 décembre au matin ; vers midi, les deux régiments arrivent à Coblentz, où au début de l'après-midi ils sont passés en revue par le général commandant l'armée américaine.

A partir du 20 décembre, la garde de la tête de pont de Coblentz (secteur Sud) est assurée par la 48ᵉ division d'infanterie.

Les éléments non endivisionnés du 1ᵉʳ corps de cavalerie rejoignent successivement la région de Boppart entre le 16 et le 20 décembre.

Le passage des troupes françaises sur le pont de Coblentz leur imposant un grand détour, on décide d'organiser un passage par vapeurs à Saint-Goard, en attendant qu'on ait pu construire un pont de bateaux.

Le 24 décembre, dles équipages de la 48ᵉ division d'infanterie, qui ont fait mouvement par voie de terre, franchissent le Rhin sur deux vapeurs réquisitionnés et équipés par le génie du 1ᵉʳ corps de cavalerie ; en trois heures sont transportés sur la rive droite six cents chevaux et cent voitures.

La 2ᵉ division de cuirassiers à pied, dont les premiers éléments ont atteint la vallée du Rhin le 23 décembre, et qui doit participer avec la 48ᵉ division d'infanterie à la garde de la tête de pont de Coblentz, achève de se regrouper dans les cantonnements de la vallée, lorsque le général commandant la Xᵉ armée prescrit de la diriger le 27 décembre sur Mayence, en faisant connaître, qu'elle sera remplacée dans le secteur de Boppart par une division d'infanterie coloniale déjà en route.

Le commandant du corps de cavalerie, afin d'éviter une dépense considérable d'essence, propose de transporter la 2e division de cavalerie à pied en bateau ; sa proposition est acceptée, et cette division, embarquée le 27 sur quatre vapeurs, est transportée jusqu'à Mayence, où elle débarque le même jour.

Le 25 décembre, la 4e division de cavalerie, affectée au groupement de Boppart, avait atteint la zone de Zimmern portant ses premiers éléments jusqu'au Rhin.

Le 29 décembre, la 2e division coloniale arrive dans la zone de Boppart ; elle est aussitôt portée sur la rive droite où elle doit renforcer la 48e division d'infanterie.

La constitution du groupement de Boppart, telle qu'elle avait été initialement prévue, est enfin réalisée ; elle comporte deux divisions d'infanterie (48e D. I. ; 2e D. I. C.) sur la rive droite, une division à cheval (4e D. C.) sur la rive gauche et divers éléments (artillerie, génie, A. C. M., etc.) appartenant soit au 1er corps de cavalerie, soit à la Xe armée.

Le commandant du 1er corps de cavalerie avait été informé le 20 décembre que le 1er corps de cavalerie serait dissout à la date du 31 décembre ; le personnel de l'état-major du 1er corps de cavalerie était affecté soit à des états-major, soit à des corps de troupes ; les éléments constitués étaient, soit dissous à leur tour, soit rattachés à d'autres grandes unités.

Le 31 décembre, le général commandant le 1er corps de cavalerie était remplacé lui-même dans le commandement du secteur de Boppart par le commandant du corps d'armée coloniale.

Après quatre ans d'existence, le 1er corps de cavalerie avait vécu.

II. — Occupation de Metz

**1° Entrée des premières troupes françaises à Metz ;
mesures d'ordre diverses ; reprise des établissements militaires et du matériel abandonné par l'ennemi.**

La place de Metz se trouvant dans la zone de marche du groupement placé sous les ordres du général commandant le 1ᵉʳ corps de cavalerie, celui-ci dut assurer l'occupation de la ville et de ses dépendances.

Cette opération présentait de réelles difficultés, non seulement en raison de l'étendue de Metz, du nombre de ses établissements et de ses ouvrages militaires, de l'importance des ressources très diverses qu'elle renfermait, mais aussi en raison de la nature de sa population qui comptait encore un grand nombre d'Allemands de naissance, et en raison aussi des tentatives de mouvements révolutionnaires préparés par l'ennemi.

Le 17 novembre au matin, des détachements de la 39ᵉ division d'infanterie occupent les principaux établissements de la ville ; le lieutenant-colonel Matter, désigné pour remplir provisoirement les fonctions de commandant d'armes, s'installe à la mairie ; le Haut commandement a décidé, en effet, que l'occupation de Metz serait aussi limitée et aussi discrète que possible, jusqu'à l'entrée solennelle du commandant en chef, qui, fixée primitivement au 18 novembre, n'aura lieu que le 19.

Les autorités allemandes ont quitté la ville depuis la veille, laissant à l'abandon les forts, les établissements militaires, les parcs, les magasins ; un comité révolutionnaire, constitué sans doute à leur instigation, a pris la direction des affaires, avec l'aide d'une garde rouge forte de 1.500 à 1.600 hommes ; un des premiers soins de ce comité a été d'organiser, ou tout au moins de faciliter, le pillage, sous prétexte de mettre en vente les approvisionnements laissés par l'ennemi ; le temps lui a heureusement manqué pour mener à bonne fin son entreprise, mais déjà les réserves de vivres et de vins constituées à la gare ont été sérieusement entamées, bon nombre de baraquements en bois ont été démolis et enlevés, la plupart des magnétos des automobiles du parc d'armée et du dépôt d'aviation ont disparu.

Le commandant du corps de cavalerie, mis au courant de la situation, prescrit aussitôt au commandant d'armes délégué de mettre fin à ces tentatives révolutionnaires, au besoin par la force, et de confier la direction des affaires de la ville à son conseil municipal régulier.

Le 17 au soir, tous les établissements importants de Metz sont gardés par des postes français ; la population, enfin libérée du joug si péniblement supporté depuis plus de quarante ans, accueille avec un enthousiasme indescriptible officiers et soldats ; partout les couleurs françaises apparaissent, des bals en plein vent s'organisent sur les places, des cortèges de Lorraines, portant fièrement la cocarde tricolore et chantant la *Marseillaise*, parcourent les rues, la ville entière est en fête et partout règne l'ordre le plus absolu.

Les mesures de circonstance appliquées les premiers jours étaient insuffisantes pour assurer la reconnaissance et la garde de tout ce qui avait été laissé par l'ennemi ; une organisation d'ensemble était indispensable pour achever un travail aussi considérable.

Cette organisation eut pour base :

La division en secteurs de l'ensemble de la zone affectée au corps de cavalerie ; chaque secteur étant attribué à une grande unité chargée d'en assurer la reconnaissance et de prendre toutes les mesures nécessaires au maintien de l'ordre et à la conservation du matériel, des approvisionnements, des établissements reconnus.

La spécialisation dans chaque secteur des services particuliers (artillerie, génie, télégraphie, service automobile, intendance, santé, etc...) aux reconnaissances concernant leur spécialité.

La centralisation à l'état-major du corps de cavalerie et par chaque chef de service des comptes rendu établis dans les différents secteurs. Cette méthode donna des résultats rapides.

Dès le 19 novembre, tous les forts de la place de Metz étaient gardés par des postes ; une première reconnaissance en était effectuée par le service du génie, tandis que le service de l'artillerie procédait à l'inventaire des armes, des canons, des munitions.

Le 3 décembre, au moment où le général commandant le 1er corps de cavalerie remet le commandement de la place au général de Maudhuy, nommé gouverneur de Metz, l'inventaire général des ressources est dans son ensemble terminé.

Ces ressources, en ce qui concerne les denrées de ravitaillement, les effets d'habillement, les matériels divers du service de l'intendance, étaient considérables.

Les magasins du fort Steinmetz renfermaient :

18.000 quintaux de farine.

16.600 quintaux de seigle et de blé.

Un moulin moderne, situé à proximité, pouvait fournir par jour de 450 à 500 quintaux de farine, tandis qu'une manutention installée au voisinage immédiat du moulin et comprenant vingt-deux fours modernes à sole mobile était capable de produire journellement 80.000 rations de pain.

Tous ces établissements étaient reliés à la gare et entre eux par une voie ferrée.

L'usine frigorifique, construite avec tous les perfectionnements connus, disposait de sept chambres susceptibles de contenir chacune 100 tonnes de viande ; l'approvisionnement du frigorifique était encore d'environ 250 tonnes de viande.

Le commandant du 1er corps de cavalerie proposa de mettre immédiatement en marche le moulin et la manutention, afin d'utiliser le personnel civil demeuré sans emploi, et de réduire en même temps les envois faits par l'arrière ; il proposa également, et dans le même but, d'utiliser les ressources du frigorifique pour le ravitaillement de la population civile et de l'armée.

Les ressources en fourrages n'étaient pas moins importantes ; elles comprenaient au moins 10.000 quintaux d'avoine, plusieurs milliers de quintaux de foin et de paille et une très grande quantité de paille de bois.

Les approvisionnements en charbon étaient considérables, une partie seulement avait pu être inventoriée, mais un seul lot représentait plus de 5.000 wagons.

Les magasins de la vieille gare renfermaient des denrées de toutes sortes dont une partie provenait manifestement des pillages faits en France, en particulier :

Des vins fins, une centaine de milliers de bouteilles, dont plus de 30.000 bouteilles de champagne ;

1.000 quintaux de sucre ;

8.000 litres de rhum ;

De la confiture, du miel, du tabac, des cigarettes, etc...

Les magasins d'habillement de la place renfermaient des effets d'habillement ou des matières premières utilisables pour les confections :

90.000 mètres de drap feldgrau, avec l'approvisionnement correspondant de doublure, boutons, etc... ;

100 tonnes de toile en papier ;

500 quintaux de cuir ;

Des casques, ceinturons, havresacs, du linge (draps, serviettes, mouchoirs, nappes, etc... volés en France) en grande quantité.

Deux ateliers étaient installés au voisinage immédiat des magasins :

Un atelier de tailleur comprenant une salle de coupe, des machines à coudre mues au moteur, des découpeuses, etc. La capacité de production de cet atelier pouvait être estimé à 400 ou 500 tenues par jour.

Un atelier de chaussures comprenant également un outillage mécanique perfectionné et susceptible de produire, par jour, 1.100 à 1.200 paires de chaussures.

Le commandant du 1er corps de cavalerie proposait l'utilisation immédiate de ces ressources, suivant leur nature, soit au profit de la population civile, soit au profit de l'armée, et la mise en marche des ateliers pour fournir aux troupes des chaussures et des vêtements destinés à l'habillement des soldats libérés. (Après teinte au besoin du drap Feldgrau).

Le recensement effectué au parc automobile relevait plus de 200 automobiles, qui, toutes, malheureusement étaient privées de leurs magnétos, ainsi qu'un outillage et un matériel de rechange considérable ; au parc de Frescaty, on retrouvait une dizaine d'avions plus ou moins détériorés et un gros outillage.

L'approvisionnement en armes et en munitions comprenait, en dehors de l'armement des forts qui était au complet de guerre, des pièces, des fusils, des munitions, abandonnés par l'ennemi au hasard de son repli.

Dans chaque secteur, armes et munitions furent groupés dans des parcs provisoires ou mis à l'abri dans les forts.

Le personnel des grands services de la zone de Metz étant, en majorité, allemand, il était indispensable d'assurer, par des mesures spéciales, la marche régulière de ces services au profit de la France.

La surveillance technique du service des chemins de fer fut confiée à des officiers spécialisés désignés par le commandant en chef, mais en attendant l'organisation de ce contrôle le commandant du 1ᵉʳ corps de cavalerie, pour éviter tout incident, fit garder par des postes les gares et les ouvrages d'art, en même temps qu'il constituait dans les gares importantes des commissions militaires temporaires.

Des détachements de télégraphistes prélevés sur les divisions et sur la compagnie télégraphiste du corps de cavalerie furent chargés d'occuper les bureaux télégraphiques et en particulier les deux grands centraux de Metz.

Le personnel ainsi détaché avait uniquement comme mission de surveiller les employés réguliers et de contrôler leur travail.

Enfin le service de santé du corps de cavalerie fut chargé d'assurer, au moyen de ses ambulances, le fonctionnement des hôpitaux, dans lesquels se trouvaient encore des blessés français et allemands.

Le ravitaillement de la population civile présentait des difficultés particulières, en raison de l'arrêt brutal de tout rapport économique avec les régions d'où provenaient habituellement les denrées dont elles avaient besoin ; le commandant du 1ᵉʳ corps de cavalerie décida que les commandants de sous-secteur détermineraient, d'accord avec les autorités administratives, les besoins de chaque localité, et que les vivres correspondant à ces besoins seraient ensuite apportés par des camions automobiles du corps de cavalerie, jusqu'à des centres de distributions où ils seraient remis contre bons réguliers aux représentants des localités intéressées. Le pays possédait encore de sérieuses ressources, la population civile fut ainsi ravitaillée sans difficultés.

L'occupation de la zone de Metz exigea encore l'étude et la solution de nombreux problèmes d'ordre très divers, qu'il avait été impossible de prévoir par avance.

Aux fonderies d'Hagondange, 10.000 ouvriers constitués en soviet renvoient les ingénieurs allemands et viennent réclamer du coke pour assurer la marche des hauts fourneaux qui menacent de s'éteindre.

A Thionville, une bande de meneurs provoque la grève d'usines métallurgiques et des tentatives de destruction des usines.

A Metz, la mairie demande la réorganisation des services généraux de la ville (éclairage, transports).

La tâche accomplie par le 1er corps de cavalerie, du 17 novembre au 3 décembre, fut aussi importante que diverse, sans doute il ne put qu'ébaucher l'œuvre que ses successeurs eurent l'honneur de mener à bonne fin, mais il sut créer de toutes pièces une organisation qui permit de faire face aux difficultés du début ; il sut éviter tout heurt avec une population grisée d'enthousiasme et parfois inconsciente des exigences de la situation, et les instantes demandes présentées par le gouverneur de Metz pour conserver auprès de lui l'état-major du corps de cavalerie, ses services, ses unités constituent le meilleur témoignage des services rendus par lui.

2° Entrée du maréchal Pétain ; entrée du maréchal Foch.

Entrée du maréchal Pétain

Les troupes françaises qui, dès le 17 novembre, avaient occupé Metz, avaient été réduites aux effectifs strictement nécessaires pour assurer l'ordre et la garde des établissements publics ; on avait décidé, en effet, pour donner un caractère plus solennel à la libération de la capitale de la Lorraine, que le commandant en chef présiderait lui-même à l'entrée officielle des troupes françaises. Le commandant du 1er corps de cavalerie fut chargé d'organiser la cérémonie.

Le 19 novembre, à midi trente, les troupes montées qui doivent escorter le commandant en chef (une brigade de cavalerie, l'artillerie de la 39e D. I., et celle du 1er C. C.) sont rassemblés sur le terrain de manœuvre de Frescaty à l'entrée de la ville, tandis que les troupes d'infanterie sont échelonnées sur l'itinéraire que doit suivre le commandant en chef.

Le commandant en chef, après avoir passé en revue les troupes montées massées sur le terrain de Frescaty, prend la tête du cortège, suivi du commandant de la Xe armée et du commandant du 1er corps de cavalerie. Ce cortège, long de plus de 6 kilomètres, comprend des éléments d'infanterie appartenant à la 39e division d'infanterie et à la 26e division d'infanterie entre lesquels s'intercalent les musiques de ces divisions, des tirailleurs sénégalais, des compagnies du génie, l'artillerie de la 39e division d'infanterie, l'artillerie du 1er corps de cavalerie, une brigade de cavalerie de la 3e division de cavalerie, des auto-mitrailleuses ; il traverse la ville dans toute sa longueur depuis Frescaty jusqu'à la place d'Armes, où a lieu la dislocation ; le long du parcours les troupes chargées du service d'ordre s'échelonnent, encadrant les nombreuses délégations, sociétés, écoles, associations patriotiques qui sont venues saluer l'armée française et son chef.

Les rues sont pavoisées de drapeaux alliés, d'oriflammes multicolores, partout la foule déborde, derrière la haie des soldats, aux fenêtres, se faisant plus enthousiaste à mesure qu'on approche davantage du cœur de la ville.

La municipalité, les délégations officielles sont groupées sur l'esplanade, elles saluent le commandant en chef à son arrivée ; celui-ci après les avoir saluées à son tour s'arrête pour assister au défilé des troupes.

Le canon tonne, les cloches de la cathédrale sonnent et le défilé se continue au milieu des acclamations de la foule, qui s'incline respectueusement devant les drapeaux, applaudit les soldats et leur jette des fleurs ; l'enthousiasme ne cesse de grandir ; bientôt le bruit se répand que le commandant en chef vient d'être nommé maréchal de France, et ce sont alors de nouvelles acclamations en son honneur.

La cérémonie officielle terminée, les rues sont envahies par la foule, des cortèges improvisés sont formés par les délégations venues pour saluer l'armée française, des bals, des farandoles s'organisent, tout devient prétexte à une manifestation de la joie et de l'enthousiasme populaires.

La ville tout entière est en fête, et la fête se prolonge une partie de la nuit dans les rues brillamment illuminées.

Entrée du maréchal Foch

Le 24 novembre, le maréchal Foch fit à son tour son entrée solennelle dans la capitale de la Lorraine. La cérémonie, moins pompeuse que celle du 19 novembre, n'en eut pas moins un caractère profondément impressionnant.

Le commandant du corps de cavalerie fut chargé de l'organiser d'après les instructions très précises qui furent données par le maréchal lui-même.

Le maréchal, après avoir passé en revue sur le terrain de manœuvre les troupes et après les avoir fait défiler devant lui, réunit les officiers pour leur rappeler en quelques mots les hauts faits de leurs régiments ; malgré l'heure matinale et bien que la cérémonie ait été improvisée, le bruit de son arrivée s'est répandu dans la ville, et déjà la foule se presse aux abords du terrain de manœuvre pour saluer le commandant en chef des forces alliées, tandis que des délégations de jeunes Lorraines en costume national lui apportent des gerbes de fleurs.

Les troupes se forment en colonne, à la sortie du terrain de manœuvre, et le maréchal en prend la tête, suivi et encadré par son état-major et par l'état-major du corps de cavalerie ; une suite nombreuse de jeunes Lorraines, portant des fleurs et chantant des marches patriotiques, accompagnent le cortège qui se dirige par les rues étroites de la vieille ville vers la place d'Armes, où devant la mairie sont massées les délégations officielles.

Le maréchal, en arrivant sur la place d'Armes, s'arrête devant la statue de Fabert, tandis que l'infanterie se rassemble derrière lui ; après avoir fait présenter les armes, il salue d'un geste large l'héroïque soldat. Ce suprême hommage rendu à la mémoire de Fabert, le cortège se disloque rapidement par toutes les rues débouchant de la place.

Le maréchal, après un court arrêt à la cathédrale, se rend enfin à l'hôtel du gouverneur, où les autorités administratives viennent le saluer ; en les remerciant, il célèbre dans une brève allocution les qualités dominantes du Lorrain : la patience, le calme, la confiance, les qualités qui ont valu au soldat français la victoire.

III. — Occupation de la région de Sarrebruck. — Les difficultés de la situation. — Les projets d'organisation de la région de la Sarre.

La zone Sarrebruck-Sarrelouis, que le corps de cavalerie fut chargé d'occuper et d'organiser, était constituée par la portion des arrondissements de Sarrebruck et de Sarrelouis comprise entre l'ancienne frontière de la Lorraine et la ligne dite n° 2 fixée par l'armistice.

De ce fait, les arrondissements administratifs de Sarrebruck et de Sarrelouis se trouvaient partagés en deux parties, l'une constituant la zone proprement dite Sarrebruck-Sarrelouis, rattachée à la VIIᵉ armée, l'autre située au delà de la ligne n° 2 et qui dépendait au contraire de la Xᵉ armée.

Cette situation présentait le grave inconvénient de placer sous deux autorités militaires différentes les mêmes autorités administratives et de laisser la zone Sarrebruck-Sarrelouis dans une position mal définie, puisqu'elle n'était rattachée, au point de vue régime, ni à la Lorraine, ni aux territoires rhénans ; en se prolongeant davantage, elle risquait de compromettre la vie économique de la région et, ce qui était beaucoup plus grave, de diminuer pour toujours peutêtre le prestige de la France aux yeux d'une population prête à se rallier à son influence.

L'étude générale mais précise de la situation de la région Sarrebruck-Sarrelouis montrait combien la question était sérieuse et combien il importait qu'une décision fut prise sans délai.

Le commandant du 1er corps de cavalerie estima, dans ces conditions, indispensable de donner *d'urgence* à la région de la Sarre une organisation en rapport avec son importance économique et avec le chiffre élevé de sa population (plus de 300.000 habitants, en majorité ouvriers) en prenant comme bases de cette organisation la situation présente de cette région, son régime administratif, politique et militaire, ses exigences économiques, ses besoins et ses ressources. Quelques jours seulement après son arrivée, le 12 Décembre, il adressait au général commandant la VIIe armée, dont il dépendait, un exposé de la situation et ses propositions.

Il terminait son rapport par les considérations suivantes :

La situation actuelle de la zone Sarrebruck-Sarrelouis présente les plus grands inconvénients au point de vue :

De la vie économique de la région ;
Du développement de l'influence française.

Il importe que le haut commandement accorde le plus tôt possible à cette région un statut qui lui permette au moins de vivre.
Il est en particulier indispensable :

1° De placer chacun des arrondissements de Sarrebruck et de Sarrelouis sous la même autorité militaire ;

2° D'ouvrir au moins partiellement les barrières établies entre la zone Sarrebruck-Sarrelouis et les arrondissements voisins ;

3° De maintenir en fonction sous le contrôle de l'autorité française (administrateur militaire disposant des spécialistes nécessaires) et sous la direction et la responsabilité des landrats, tous les services locaux (administration, travaux publics, etc...).

Les administrateurs militaires de Sarrebruck et de Sarrelouis ont à remplir une tâche particulièrement importante : ils ont besoin des moyens et des ressources qui répondent à cette tâche : le prestige de la France, le développement de l'influence française l'exigent.

La plupart des mesures proposées dès le 12 décembre par le commandant du corps de cavalerie furent plus tard adoptées ; l'expérience ayant montré combien elles répondaient aux nécessités de la situation.

IV. — La tête de pont de Coblentz

1. Son organisation. — Le corps de cavalerie à Boppart. — Arrivée des renforts. — Les transports de troupes sur le Rhin.

Le commandant en chef des armées alliées avait décidé que la garde de la tête de pont de Coblentz serait confiée à l'armée américaine, renforcée d'une division française ; l'état-major américain ayant fait remarquer que l'emploi de cette division, et surtout ses ravitaillements, présenteraient de sérieuses difficultés, on décida de confier la moitié Nord seulement de la tête de pont à l'armée américaine, tandis que la moitié Sud serait confiée à un groupement français rattaché à la Xe armée (Mayence).

Ce groupement qui devait comprendre la 48e division d'infanterie, la 2e division de cavalerie à pied, la 4e division de cavalerie et les éléments non endivisionnés du 1er corps de cavalerie fut placé sous les ordres du général commandant le 1er corps de cavalerie.

L'occupation de la tête de pont elle-même, réduite aux débuts à une simple ligne de postes établis aux limites fixées par les conditions de l'armistice, devait être réalisée le 14 décembre ; elle ne présentait aucune difficulté pour les troupes américaines, qui se trouvaient déjà presque à pied d'œuvre, mais il n'en était pas de même pour les troupes françaises qui étaient beaucoup plus loin en arrière et on avait dû prévoir le transport de la 48e division d'infanterie par camions, de la région de Luxembourg jusqu'au Rhin, tandis que la 2e division de cavalerie à pied et la 4e division de cavalerie suivraient par voie de terre.

Le transport de la 48e division d'infanterie jusqu'au Rhin dans la région de Boppart devait être terminée le 13 décembre au soir, mais il fut retardé par des incidents imprévus, le mauvais état des routes, la nature du terrain très accidenté, l'arrivée trop tardive des ravitaillements en essence et ce fut avec la plus grande difficulté qu'on parvint à transporter jusqu'aux environs de Coblentz, le 14 dans

1er corps de caval.   20

la soirée, l'état-major de la 48ᵉ division d'infanterie et deux bataillons de cette division.

Ces premiers éléments, renforcés d'éléments légers empruntés au corps de cavalerie (A. M. C., batteries sur tracteurs), permirent d'établir une ligne d'avant-postes qui prolongeait dans la zone française les avant-postes déjà établis par l'armée américaine.

Le 15, le quartier général du corps de cavalerie s'installait non sans difficultés à Boppart, que les dernières troupes américaines n'avaient pas encore évacué. Le 15 et le 16, il était renforcé par ses deux compagnies du génie de corps, par sa compagnie d'aérostiers et par un détachement de projecteurs, et il pouvait constituer, à l'aide de ces divers détachements, une ligne provisoire de postes entre Coblentz et Bingen, afin de surveiller la vallée du Rhin. La police du fleuve est assurée par deux vedettes à pétrole réquisitionnée, monttées par des sapeurs.

Le transport du gros de la 48ᵉ division d'infanterie par camions rencontrant de nouvelles difficultés, le commandant du 1ᵉʳ corps de cavalerie proposa pour hâter son arrivée de l'embarquer à Bingen et de lui faire descendre le fleuve jusqu'à Coblentz. Cette proposition fut acceptée.

Le 18 et le 19, les bataillons restant de la division sont réunis dans la région de Bingen, et le 20 au matin ils sont embarqués sur quatre vapeurs qui doivent les transporter jusqu'à Coblentz. Ces vapeurs portent à leur mât le drapeau français, et les musiques des régiments, réunies à l'avant, jouent des marches guerrières en passant devant les localités importantes. Les habitants, massés sur les bords du fleuve, regardent avec étonnement et respect descendre ces bateaux chargés de soldats français : la légende du vieux Rhin inviolable s'efface devant la réalité.

Les bataillons débarqués à Coblentz sont massés sur une des places de la ville, où le commandant de l'armée américaine, accompagné du commandant de la Xᵉ armée française et du commandant du corps de cavalerie les passe lui-même en revue, après que les drapeaux américains et français se sont mutuellement salué.

Cette manifestation militaire affirmait aux yeux de la population allemande la bonne camaraderie et l'entente absolue des troupes américaines et des troupes françaises que certains avaient essayé de mettre en doute.

2. Les rapports avec l'armée américaine. — Tenue de la tête de pont.

Le travail en commun des états-majors américains et français et les relations quotidiennes qu'il exigea firent naître entre les uns et les autres une sympathie confiante qui facilita singulièrement leurs rapports officiels, et cela malgré les intrigues allemandes qui comptaient exploiter les affinités d'origine et de langue de certains soldats américains pour faire naître chez eux des susceptibilités et des méfiances nuisibles à l'influence française.

Les conditions générales d'occupation de la tête de pont de Coblentz furent établies après entente avec l'état-major américain sur les bases suivantes :

L'organisation de la tête de pont de Coblentz doit être telle qu'elle puisse donner aux troupes alliées la possibilité d'une reprise éventuelle de l'offensive dans les conditions les plus satisfaisantes, c'est-à-dire : permettre la réunion, en temps utile, des moyens dont elles disposent, sur la rive est du fleuve et assurer leur débouché ultérieur vers l'Est.

Les troupes d'occupation doivent donc tenir le plus en avant possible, tout en se plaçant dans les limites fixées par l'armistice, les points les plus intéressants du terrain : carrefours, lisières des bois, débouchés des vallées, etc... Elles doivent, en outre, pour le cas où l'ennemi nous préviendrait et passerait lui-même à l'offensive, avant que la réunion de nos moyens sur la rive Est du fleuve fût assurée, être en mesure de fournir une résistance assez longue, pour que le passage du fleuve par les troupes de deuxième ligne puisse se faire dans les meilleures conditions : d'où organisation du terrain (tranchées et défenses accessoires) et répartition des troupes en profondeur.

Les troupes alliées devront organiser :

1º *Une ligne de surveillance*, qui sera portée le plus en avant possible et, dans l'ensemble, se confondra avec la périphérie d'un cercle d'un rayon de 30 kilomètres ayant Coblentz pour centre.

2º *Une ligne principale de résistance* permettant le déploiement de l'artillerie dans les meilleures conditions ;

3º *Une deuxième ligne*, située à une distance du fleuve suffisante, pour que son passage par les troupes de deuxième ligne puisse continuer sans difficultés ;

4º Eventuellement une ou plusieurs bretelles.

La ligne de surveillance (zone) sera occupée et défendue par une partie des troupes d'occupation qu'on peut fixer approximativement à un quart de l'effectif avec forte proportion de mitrailleuses, le reste de l'effectif étant réservé pour la défense de la ligne principale de résistance sur laquelle il faudra tenir coûte que coûte.

La deuxième ligne ne sera qu'une ligne de précaution qui pourra être occupée, le cas échéant, par des troupes de renfort.

L'artillerie sera affectée, en principe, en totalité à la défense de la ligne principale de résistance.

Dans la zone française, l'occupation de la ligne de surveillance et celle de la première ligne de résistance seront assurées par la 48e division d'infanterie.

Les troupes seront maintenues dans leurs cantonnements, mais toutes les unités devront connaître les emplacements à occuper et la conduite à tenir en cas d'alerte.

La ligne de surveillance sera seule occupée en permanence.

La liaison avec les troupes américaines sera étroitement assurée par des postes mixtes.

La deuxième ligne sera occupée éventuellement par des unités réservées (2e D. C. P.), sur le front compris entre le secteur américain et Saint-Goarhausen.

3. La garde du Rhin. — Création de passages.

La garde du Rhin entre la tête de pont de Coblentz et Bingen, limite Sud du secteur du corps de cavalerie, fut confiée aux compagnies du génie du corps de cavalerie, renforcées par une compagnie d'aérostiers. Le cours du fleuve fut divisé en trois secteurs et dans chaque secteur une unité fut spécialement chargée de la garde des moyens de passage, de la surveillance de la circulation d'une rive à l'autre et de la police du fleuve lui-même.

Le corps de cavalerie ne disposait pour assurer sa liaison avec les éléments chargés de la garde de la tête de pont de Coblentz, que des ponts de Coblentz (un pont permanent et un pont de bateaux), utilisés eux-mêmes par l'armée américaine ; ces ponts constituaient une ligne de communication excentrique de faible rendement, et tout à fait insuffisante.

Le commandant du corps de cavalerie proposa et obtint la création d'un pont de bateaux permanent, au centre du secteur dans la région de Saint-Goard ; mais en attendant l'arrivée des bateaux renforcés destinés à la construction de ce pont, il décida d'utiliser le bac de Saint-Goard, doublé d'un vapeur du fleuve aménagé temporairement en bac.

Une des compagnies du génie du corps de cavalerie organisa les appontements nécessaires, le pont supérieur du vapeur requis comme bac fut renforcé avec des madriers, afin de pouvoir supporter des voitures et des pièces d'artillerie.

Cette organisation de fortune était réalisée dès le 24 décembre ; la surveillance technique du passage fut confiée à un officier du génie du corps de cavalerie, secondé par une compagnie de sapeurs. Dans une seule journée on parvint ainsi à faire franchir le fleuve à 4.000 hommes, 600 chevaux et 100 voitures.

L'arrivée d'équipages de ponts renforcés permit d'établir le 31 décembre un pont de bateaux à hauteur de Saint-Goard, le lancement de ce pont fut assuré par les compagnies du génie du 1ᵉʳ corps de cavalerie.

4. La dissolution du corps de cavalerie.

La démobilisation d'une partie de l'armée française, après l'armistice, et la réduction d'effectif qui en avait été la conséquence, avaient obligé le haut commandement à prévoir la dissolution d'un certain nombre de grandes unités. On avait longtemps espéré que le corps de cavalerie échapperait à cette mesure, qui avait paru particulièrement menaçante, au moment de la dispersion de ses divisions organiques, après l'entrée des troupes françaises à Metz ; mais l'emploi de l'état-major du corps de cavalerie et de ses éléments non endivisionnés, sur la Sarre d'abord, puis sur le Rhin, n'avait que retardé une décision qui fut officiellement annoncée le 20 décembre.

Un ordre du commandant en chef fixait au 31 décembre la dissolution des 1ᵉʳ et 2ᵉ corps de cavalerie.

La nouvelle, dès qu'elle fut connue, provoqua une profonde et douloureuse émotion ; de longs jours de vie commune, les fatigues, les épreuves de la guerre avaient créé entre officiers et soldats des liens d'affection et de confiance qui, bien souvent, avaient rendu la vie plus facile et les exigences du service moins pénibles, et chacun en lui-même éprouvait un déchirement en songeant qu'il allait quitter ce corps de cavalerie qui, tant de fois, avait représenté pour lui sa famille et ses espoirs.

Déjà les grandes unités organiques du corps de cavalerie, celles qui devaient lui survivre, avaient été dispersées ; seuls ses plus modestes éléments, ceux qui devaient disparaître avec lui ou chercher dans d'autres unités une fortune incertaine, étaient restés groupés jusqu'alors sous son égide.

Pourtant chacun, s'inclinant devant la nécessité, sembla dominé par un sentiment plus élevé du devoir pour ne poursuivre qu'un but : faire honneur jusqu'au dernier jour au corps de cavalerie.

Ainsi, tandis que, dans ces derniers jours, peu à peu chacun s'en allait au hasard d'une affectation nouvelle, chacun aussi, jusqu'au dernier instant, s'efforçait avec plus de cœur et d'énergie d'achever la tâche entreprise.

Le 1er janvier 1919, les derniers cavaliers du corps de cavalerie quittaient définitivement Boppart, emportant comme un précieux témoignage de leurs bons services ce dernier hommage de leur chef :

1er CORPS DE CAVALERIE   Q. G., le 27 décembre 1918.

LE GÉNÉRAL

Ordre général n° 286

OFFICIERS, SOUS-OFFICIERS, BRIGADIERS ET CAVALIERS
DU 1er CORPS DE CAVALERIE.

Nos armées victorieuses sont solidement établies sur le Rhin, la guerre touche à sa fin et le maréchal commandant en chef a décidé de dissoudre le corps de cavalerie.

Je ne veux pas vous quitter sans vous remercier en mon nom, au nom aussi de mes prédécesseurs : le général Sordet, le général Bridoux, le général Conneau, du dévouement et du bel esprit militaire que vous avez montrés en toutes circonstances. Depuis deux ans, nous avons connu ensemble des jours souvent difficiles, et aux heures les plus rudes, je vous ai trouvés toujours animés de la même énergie, et de la même confiance.

Au jour du départ, tous sans exception, cavaliers des régiments à cheval, cyclistes, artilleurs, cuirassiers à pied, soldats de toutes armes qui comptiez au corps de cavalerie, vous pourrez être également fiers de la tâche accomplie, parce que tous, sans exception, vous vous êtes consacrés à cette tâche de toute votre énergie et de tout votre cœur.

La guerre ne vous a sans doute pas permis de vivre les chevauchées audacieuses que nous avions rêvées ; mais sur l'Yser, dans les tranchées qui ont jalonné notre front de Nieuport à la Suisse, sur les hauteurs de Laffaux, à travers les plaines de Noyon et de Montdidier, dans la Somme, à Fismes, sur l'Oise, sur la Marne, partout où l'heure fut la plus critique, vous avez opposé à l'ennemi l'obstacle d'une résistance que rien n'a pu briser.

Vous pouvez être fiers aussi de notre arme, car c'est elle, c'est son esprit, ce sont ses traditions qui vous ont animés d'une foi inébranlable aux heures les plus douloureuses ; c'est par elle que vous êtes restés ces soldats énergiques, audacieux et disciplinés que j'étais si heureux de commander.

Nous allons nous séparer, mais quatre années de guerre ont créé entre nous des liens que rien ne saurait briser.

Ma pensée affectueuse vous suivra, vous, les aînés qui allez rentrer dans vos foyers pour reprendre la tâche abandonnée ou pour reconstruire la maison détruite ; vous, les jeunes que les nécessités militaires maintiennent encore sous les armes.

Ma pensée fidèle s'unira aussi à la vôtre pour évoquer le souvenir des camarades si nombreux, hélas ! qui, ayant payé de leur vie la victoire commune, n'auront pas la joie d'en connaître la gloire.

Je vous dis adieu ; n'oubliez pas qu'après avoir été votre chef je demeure votre ami ; et, en souvenir du passé, en souvenir des camarades tombés à nos côtés, je vous demande de rester demain ce que vous étiez hier, et après avoir été au milieu des dangers les soldats sans défaillance de la guerre, de devenir, malgré les difficultés de la vie, les citoyens sans faiblesse de la paix.

Je vous demande surtout de rester fidèlement unis autour de ce drapeau que vous avez défendu, dont vous avez grandi la gloire, qui, sur une France plus belle, flotte aujourd'hui très haut, afin que, toujours aimé et respecté, il puisse abriter à jamais dans ses plis la vie de vos enfants, devenue, grâce à vous, meilleure, plus facile et plus sûre.

Le Général commandant le 1ᵉʳ corps de cavalerie

Général FERAUD.

ANNEXES

Ordre de bataille du 1er corps de cavalerie

Etat-major et éléments non endivisionnés

15 avril 1917

Commandant du corps de cavalerie	Général FÉRAUD.
Chef d'état-major	Commandant BOUCHERIE.
Sous-chef d'état-major	Command^t POMIER-LAYRARGUES.
1er *bureau*....................	Commandant PICHAT.
	Capitaine BARRAS.
	Capitaine DE FONTANGES.
2e *bureau*	Capitaine DE LA VAISSIÈRE.
	Capitaine DE MARGERIE.
	Capitaine LAVAURS.
	Interprète ANDRIEUX.
3e *bureau*	Capitaine TOUSSAN.
	Capitaine FARGE.
	Capitaine DE LAVAL.
	Capitaine DE LA NOÉ.
	Capitaine CHIAPPINI.
Section topographique	Lieutenant COLIN.
Commandant du génie..........	Commandant DORIDO.
Commandant du Q. G...........	Capitaine DES ISNARD.
Commandant de l'escorte.......	Lieutenant DE SAINT-SERNIN.
Service télégraphique	Capitaine CORPS.
	S^s-lieutenant CHAUVET (T.A.P.).
	S^s-lieutenant GOHADON (T.S.F.).
Service de l'intendance.........	Adjoint à l'intendance DESTENAY
	Officier d'administration DUGUÉ.
	Officier d'administration LE BOT.
Prévôté	Lieutenant CHAUVEAU.
Service automobile	Capitaine DE CHATEAU-THIERRY.
1er groupe T. M...........	Capitaine BLONDEL.
2e groupe T. M...........	Capitaine HIRIART.
Service du Q. G........:.....	Lieutenant MACAIRE.

Equipage de pont : DELACROIX.

Escadrille, F 63. — Une compagnie d'aérostiers.

31 décembre 1918

Commandant du corps de cavalerie	Général FÉRAUD.
Chef d'état-major	Lieutenant-colonel BOUCHERIE.
Sous-chef d'état-major	Lieutenant-colonel POIREL.
1er *bureau*...................	Commandant PICHAT.
	Capitaine MALLET.
	Capitaine DE LA NOÉ.
	Capitaine VIEIRA.
	Lieutenant DE MARTIGNAC.
2e *bureau*	Commandant DE LANGLOIS.
	Capitaine BRENET.
	Interprète ANDRIEUX.
3e *bureau*	Commandant LALANDE.
	Capitaine DE LAVAL.
	Capitaine CUÉNOT.
	Capitaine LE PROVOST DE LAUNAY
	Capitaine CHIAPPINI.
Section topographique	Lieutenant CHAPUIS.
Section du courrier...........	Capitaine DE LA MOTTE.
	Sous-lieutenant LEBEL.
Commandant du Q. G..........	Capitaine BOURGADE.
Commandant de l'artillerie......	Colonel GUERRIER.
Adjoint	Lieutenant-colonel BROSSE.
Commandant du génie.........	Lieutenant-colonel NORMAND.
Chef du Service télégraphique....	Capitaine PLACE.
Prévôt	Commandant AVET.
Commandant du train.........	Commandant LABURTHE.
Chef du Service automobile......	Capitaine BLONDEL.
Commandant du Service automobile du Q. G...............	Lieutenant DECAZES.
Directeur de l'intendance........	Intendant BAILLY.
Directeur du Service de Santé.....	Médecin principal OBERLÉ.
Directeur du Service vétérinaire..	Vétérinaire principal PÉCUS.
Commandant du Secteur aéronautique	Capitaine BOSC.

Eléments non endivisionnés

Artillerie : 2 groupes 75, 52e R. A. C., 1 groupe 105, 106e R. A. L., 1 atelier mobile.

Génie : compagnies 14/14, 14/15 du 4e Régt et 5/17, du 1er Régt.

Aviation : Escadrille Sal. 30. . . . .   Lieutenant BABINET.
           Escadrille Spa. 63. . . . .   Lieutenant MENDIGAL.
           Compagnie d'aéronautique 92.   Lieutenant GEORGES.

Service automobile : 1 groupe T. M., 1 groupe T. M., 1 atelier de réparations.

Service de l'intendance : groupe d'exploitation 237, C. V. A. D. 237.

Service de Santé : ambulances 2/85 et 237, S.H.O. 1/55, 209, S. S. A. 104

Service télégraphique : une compagnie du 8e génie, A. C. M., 2 groupes

ANNEXE II

Ordre de bataille de la 1re division de cavalerie

15 Avril 1917

Commandant de la division......	Général ROBILLOT.
Chef d'état-major	Commandant VILLEMONT.
Intendance	Adj^t à l'intendance DU CHAXEL.
Service de Santé..............	Médecin-major de 1re classe GUICHEMERRE.
Trésor et postes..............	Payeur particulier COURTOIS DE MALLEVILLE.
Prévôté	Lieutenant MARGUET.
Service télégraphique	Lieutenant MENEGAUX.
Conseil de guerre.............	Commissaire rapporteur, sous-lieutenant COLIN.
2e brigade de cuirassiers........	Colonel DE RASCAS DE CHATEAUREDON. Capitaine LIPPMAN.
1er régiment de cuirassiers...	Lieutenant-colonel DE VIRY.
2e régiment de cuirassiers....	Lieutenant-colonel DU HAMEL DE CANCHY.
5e brigade de dragons..........	Colonel REY. Capitaine LAMBERT DE FRONDEVILLE.
6e régiment de dragons.......	Colonel DUMAS DE CHAMPVALLIER
23e régiment de dragons......	Colonel TRUTAT.
11e brigade de dragons.	Colonel ROUSSEL. Capitaine BONNEAU DE BEAUFORT.
27e régiment de dragons......	Colonel LEMANT.
32e régiment de dragons......	Colonel DE BARRY.
4e régiment de cuirassiers à pied.	Colonel BODIN DE GALEMBEST.
Artillerie (13e régiment)........	Commandant GRANET.
Groupe cycliste (26e B. C. P.)....	Capitaine AUBRY.
1er groupe A. C. M............	Capitaine ROUZAUD.
2e groupe A. C. M.............	Capitaine O. GORMAN

31 décembre 1918

Commandant de la division......	Général DE RASCAS DE CHATEAU-REDON.
Chef d'état-major	Lieutenant-colonel VILLEMONT.
Intendance	Sous-intendant DU CHAXEL.
Service de Santé.............	Médecins-major de 1re classe GUICHEMERRE.
Trésor et Postes..............	
Prévôté	Capitaine MARGUET.
Service télégraphique	Lieutenant MENEGAUX.
Conseil de guerre	Rapporteur, lieutenant COLIN.
2e brigade de cuirassiers.......	Général DE BRANTES. Capitaine DE FERRON.
1er régiment de cuirassiers....	Colonel DE VIRY.
2e régiment de cuirassiers.....	Colonel CHASSOUX.
3e brigade de dragons..........	Général REY. Capitaine DE FRONDEVILLE.
6e régiment de dragons.......	Colonel JOANNARD.
23e régiment de dragons......	Colonel DE BAZELAIRE.
11e brigade de dragons........	Colonel DE PARTOUNEAUX. Capitaine DE BEAUFORT.
27e régiment de dragons......	Lieutenant-colonel DE MAGY.
32e régiment de dragons......	Lieutenant-colonel HUET.
Artillerie	Capitaine DEVAUX.
Groupe cycliste	Capitaine AUBRY.
Groupes A. C. M. :	
1er groupe	Capitaine ROUZAUD.
2e groupe	Capitaine DE VALENCE.

ANNEXE III

Ordre de bataille de la 3e division de cavalerie

15 avril 1917

Commandant de la division......	Général DE BOISSIEU.
Chef d'état-major	Capitaine BERTHIER DE GRANDRY.
Intendance	DIÉTLIN.
Service de Santé.............	Médecin-major de 1re classe DU-MERY.
Trésor et Postes.............	Payeur particulier BOUIX.
Conseil de Guerre	Lieutenant HENRY.
3e brigade de légère...........	Colonel LE GOUVELLO.
3e hussards................	Colonel MOINNEVILLE.
8e hussards................	Colonel BALARESQUE.
13e brigade de dragons........	Général VIOLAND.
5e dragons	Colonel MAISSIAT.
21e dragons	Colonel BERNARD.
10e brigade de dragons........	Général DUMAS DE CHAMPVAL-LIER.
15e dragons	Colonel CLOUZET.
20e dragons	Colonel LE BRET.
9e cuirassiers à pied...........	Colonel THUREAU.
3e groupe cycliste (18e B. C. P.).	Capitaine GRANDE.
Sapeurs Cyclistes.............	
Artillerie	Commandant MAREY-MONGE.
2e groupe A. C. M............	Capitaine LABROSSE-LUUYT.
12e groupe A. C. M...........	Capitaine CHALMETON.

13 décembre 1918

Commandant de la division......	Général DE BOISSIEU.
Chef d'état-major............	Commandant DE BERTHIER DE GRANDRY.
Intendance	M. DIÉTLIN.
Service de Santé............	Médecin-major de 1re classe DU-MÉRY.
Trésor et Postes............	Payeur particulier M. BURE.
Prévôté	Capitaine SERVANT.
Service télégraphique..........	Sapeurs-Télégr. Lieutenant DE FRANCE.
Conseil de guerre............	Capitaine HENRY.
3e *brigade de légère*...........	Général LE GOUVELLO.
3e hussards................	Colonel MOINNEVILLE.
8e hussards................	Colonel BALARESQUE.
13e *brigade de dragons*........	Général MAGNIN.
5e dragons	Lieutenant-colonel LETIXERANT.
21e dragons	Colonel BERNARD.
10e *brigade de dragons*.........	Général FORQUERAY.
15e dragons	Lieutenant-colonel DE MARMIÈS.
20e dragons	Lieutenant-colonel DELATTRE.
3e *groupe cycliste* (18e B. C. P.)..	Capitaine GRANDE.
Sapeurs cyclistes	Lieutenant DE LIVONNIÈRE.
Artillerie	Commandant MOTET.
2e *groupe A. C. M*...........	Capitaine PAPIN.
12e *groupe A. C. M*...........	Capitaine COLONNA DE GIAVEL-LINA.

———

ANNEXE IV

Ordre de bataille de la 5ᵉ division de cavalerie

15 avril 1917

Commandant de la division	Général Brécard.
Chef d'état-major	Commandant Donop.
Sous-intendance	Sous-intendant Dejean de la Batie.
Service de Santé	Médecin-major Pourcines.
Trésor et postes	Payeur Marchand.
Prévôté	Sous-lieutenant Bellemanière.
3ᵉ brigade de dragons	Colonel Ritleng.
16ᵉ dragons	Colonel de Tavernost.
22ᵉ dragons	Colonel Secrettand.
7ᵉ brigade de dragons	Colonel Laurent.
9ᵉ dragons	Colonel Bastien.
29ᵉ dragons	Colonel Wimpffen.
5ᵉ brigade légère	Colonel de Latour.
5ᵉ chasseurs	Colonel d'Epenoux.
15ᵉ chasseurs	Colonel de Trémont.
Groupe cycliste	Capitaine Basse.
Artillerie	Commandant Leclerc.
11ᵉ *cuirassiers à pied*	Colonel Durand.
11ᵉ *groupe A. M. C.*	Capitaine Tassin.
13ᵉ *groupe A. M. C.*	Capitaine Dubois.

---

31 décembre 1918

Commandant de la division	Général Simon.
Chef d'état-major	Command* Pomier-Layrargues.
Sous-intendance	Sous-intendant William.
Service de Santé	Médecin-major Pourcines.

Trésor et postes.............. Payeur MARCHAND.
Prévôté .... Sous-lieutenant BELLEMANIÈRE.

3e brigade de dragons......... Général DE CHAMPVALLIER.
  16e dragons .... Lieutenant-colonel D'AMARZIT.
  22e dragons .... Colonel SECRETTAND.

7e brigade de dragons......... Général ARRAULT.
  9e dragons .... Lieutenant-colonel RICAUD.
  29e dragons .... Colonel THUREAU.

5e brigade légère.............. Général DE LA TOUR.
  5e chasseurs .... Colonel D'EPENOUX.
  15e chasseurs .... Lieutenant-colonel VERNIER.

5e groupe cycliste.............. Capitaine BASSE.
Artillerie .... Commandant GRENIER.
11e groupe A. M. C........... Capitaine TASSIN.
12e groupe A.M. C........... Capitaine GELIN.

ANNEXE V

Ordre de bataille de la 1re division de cuirassiers à pied

A SA FORMATION

Général commandant la division.	Général BRÉCARD.
Chef d'état-major	Commandant JAMONT.
Commandant l'I. D............	Colonel DESTREMEAU.
Commandant l'A. D...........	Colonel JOALLAND.
4e *cuirassiers*	Colonel DE GALEMBERT.
	Lieutenant-colonel ORÉ.
Commandants de bataillon...	Chef d'escadron VAN HUFFEL.
	Chef d'escadron DE SALVERT.
	Chef d'escadron DOMMANGET.
9e *cuirassiers*	Colonel THUREAU.
	Lieutenant-colonel CALLA.
Commandants de bataillon...	Chef d'escadron LARMOYER.
	Chef d'escadron DE VAUCRESSON.
	Chef d'escadron BOULENGER.
11e *cuirassiers*	Colonel DURAND.
	Lieutenant-colonel LACOUR.
Commandants de bataillon...	Chef d'escadron SAGOT.
	Chef d'escadron PORTALIS.
	Chef d'escadron DUTHU.
1er *bataillon du* 65e *R. I. T*.....	Chef de bataillon LAFONT.
1/2 *régiment du* 10e *dragons*.....	Chef d'escadron DE BOYSSON.
Artillerie	Lieutenant-colonel ARNAUD.
270e R. A. C.	
101e batterie de 58 du 270e R. A. C.	
12e groupe, 101e A. L. (155 S.)	
P. A. D	
Génie....................	Commandant REGIMBAL.
Compagnie 19/3 du 2e génie.	
Compagnie 4/59 du 1er génie.	
Compagnie de parc.	
Section téléphoniste du 8e génie.	
Santé	Médecin principal FAIVRE.
Ambulances 1/81 et 4/13.	
Groupe de brancardiers divisionnaires.	
S. S. A. V/72.	
Sous-intendance	Sous-intendant DE TRÉTAIGNE.
C. V. A. D.	

31 Décembre 1918

Général commandant la D. C. P.	Général BRÉCARD.
Chef d'état-major	Commandant JAMONT.
Général commandant l'I. D.....	Général DESTREMAU.
Colonel commandant l'A. D.....	Lieutenant-colonel LEROY.
Chef de bataillon commandant le génie	Commandant CHATILLON.
Service de l'intendance.........	Adjoint à l'intendance GOMIEN.
Service de Santé..............	Médecin principal FAIVRE.
Prévôté	Capitaine AUBRY.
Trésor et postes..............	Payeur particulier, HOMASSEL.
Conseil de guerre.............	Capitaine RAVIART.
4e régiment de cuirassiers.......	Colonel DE GAIL.
	Lieutenant-colonel DUTHEIL DE LA ROCHÈRE.
1er bataillon	Chef d'escadron DE LAFOND.
2e bataillon	Capitaine DE LA LONDE.
3e bataillon	Chef d'escadron SALA.
9e régiment de cuirassiers.......	Colonel CALLA.
	Lieutenant-colonel DU BOURG.
1er bataillon	Capitaine DE LAMERVILLE.
2e bataillon	Chef d'escadron DE VAUCRESSON.
3e bataillon	Chef d'escadron BOULENGER.
11e régiment de cuirassiers......	Colonel DURAND.
	Lieutenant-colonel DE CLAVIÈRE.
1er bataillon	Chef d'escadron SAGOT.
2e bataillon	Chef d'escadron LUSSAUD.
3e bataillon	Capitaine LAHURE.
C. I. D....................	Chef d'escadron WALLACE.
1er bataillon du 65e R. I. T.....	Chef de bataillon LAFONT.
Artillerie de 75 (270e R. A. C.)..	Lieutenant-colonel ROBERT.
Artillerie lourde courte (12e groupe, 101e A. L.)..............	Capitaine FOLLIET.
Parc	Chef d'escadron CAUCHY.
Génie :	
Compagnie 19/3.............	Capitaine FARGET.
Compagnie 4/59.............	Capitaine EVRARD.
Compagnie 4/26.............	Sous-lieutenant TAPIN.

TABLE DES MATIÈRES